农产品市场营销理论与策略

主　编　王图展
副主编　吕唯因

科 学 出 版 社
北 京

内 容 简 介

本书以市场营销的基本理论为指导，以农产品为营销对象，将理论阐释和策略介绍有机融合在一起，体系完整、讲解清楚、策略可取、案例鲜活。全书包括导论、农产品市场营销环境、消费者购买行为、农产品市场细分和定位、农产品产品策略、农产品定价、农产品分销渠道设计、农产品促销和农产品国际营销九章内容。每章根据理论知识的系统性和实践需要安排相关内容，并以“理论传承—策略实践—知识强化”的思路划分了理论讲解、策略介绍、案例讨论等板块，以期达到“理论联系实际，学以致用”的效果。

本书适合各高校、科研机构的经济管理类专业作为教学和科研用书，也可满足农产品经营企业的实战需要，作为市场营销活动的理论参考和策略借鉴。

图书在版编目(CIP)数据

农产品市场营销理论与策略 / 王图展主编．—北京：科学出版社，2015.1

ISBN 978-7-03-042959-9

Ⅰ.①农… Ⅱ.①王… Ⅲ.①农产品市场—市场营销学—高等学校—教材 Ⅳ.①F762

中国版本图书馆 CIP 数据核字(2015)第 004011 号

责任编辑：兰　鹏 / 责任校对：邵　静

责任印制：张　伟 / 封面设计：蓝正设计

科学出版社 出版

北京东黄城根北街 16 号

邮政编码：100717

http://www.sciencep.com

北京凌奇印刷有限责任公司 印刷

科学出版社发行　各地新华书店经销

*

2015 年 1 月第　一　版　开本：787×1092　1/16

2022 年 8 月第四次印刷　印张：12 1/4

字数：290 000

定价：49.00 元

（如有印装质量问题，我社负责调换）

目　录

第一章

导　论

第一节　农产品

一、农产品的概念和分类

（一）概念

农产品是指来源于农业的初级产品，即在农业活动中获得的植物、动物、微生物及其产品。

（二）分类

国家规定初级农产品是指种植业、畜牧业、渔业产品，不包括经过加工的这类产品。其包括以下类型。

(1)烟叶。烟叶是指以各种烟草的叶片经过加工制成的产品，因加工方法不同，又分为晒烟叶、晾烟叶和烤烟叶。晒烟叶是指利用太阳能露天晒制的烟叶；晾烟叶是指在晾房内自然干燥而成的烟叶；烤烟叶（复烤烟叶除外）是指在烤房内烘烤成的烟叶。

(2)毛茶。毛茶是指从茶树上采摘下来的鲜叶和嫩芽（即茶青），经吹干、揉拌、发酵、烘干等工序初制的茶。

(3)食用菌。食用菌是指自然生长和人工培植的菌类，包括鲜货、干货，以及农业生产者利用自己种植、采摘的产品连续进行简单保鲜、烘干、包装的鲜货和干货。

(4)瓜、果、蔬菜。瓜、果、蔬菜是指自然生长和人工培植的瓜、果、蔬菜，包括农业生产者利用自己种植、采摘的产品进行连续简单加工的瓜、果干品和腌渍品（以瓜、果、蔬菜为原料的蜜饯除外）。

(5)花卉、苗木。花卉、苗木是指自然生长和人工培植并保持天然生长状态的花卉、苗木。

(6)药材。药材是指自然生长和人工培植的药材，不包括中药材或中成药生产企业经切、炒、烘、焙、熏、蒸、包装等工序处理的加工品。

(7)粮油作物。粮油作物是指小麦、稻谷（含粳谷、籼谷、元谷）、大豆、杂粮（含玉米、绿豆、赤豆、蚕豆、豌豆、荞麦、大麦、元麦、燕麦、高粱、小米、米仁)、鲜山芋、山芋干、花生果、花生仁、芝麻、菜籽、棉籽、葵花籽、蓖麻籽、棕榈籽、其他籽。

(8)牲畜、禽、兽、昆虫、爬虫、两栖动物类。其包括：①牛皮、猪皮、羊皮等动物的生皮。②牲畜、禽、兽毛，是指未经加工整理的动物毛和羽毛。③活禽、活畜、活虫、两栖动物，如生猪、菜牛、菜羊、牛蛙等。④光禽和鲜蛋。其中光禽是指农业生产者利用自身养殖的活禽宰杀、褪毛后未经分割的产品。⑤动物自身或附属产生的产品，如蚕茧、燕窝、鹿茸、牛黄、蜂乳、麝香、蛇毒、鲜奶等。⑥除上述动物以外的其他陆生动物。

(9)水产品。其包括：①淡水产品，是淡水产动物和植物的统称。②海水产品，是海水产动物和植物的统称。③滩涂养殖产品，是利用滩涂养殖的各类动物和植物。水产品类也包括农业生产者捕捞收获后连续进行简单冷冻、腌制和自然干制的产品。

(10)林业产品。其包括：①原木，是指将伐倒的乔木去其枝丫、梢头或削皮后，按照规定的标准锯成的不同长度的木段。②原竹，是指将竹砍倒后，削去枝、梢、叶后的竹段。③原木、原竹下脚料，是指原木、原竹砍伐后的树皮、树根、枝丫、灌木条、梢、叶等。④生漆、天然树脂。生漆是漆树的分泌物，包括从野生漆树上收集的大木漆和从种植的漆树上收集的小木漆；天然树脂是指木本科植物的分泌物，包括松脂、虫胶、阿拉伯胶、古巴胶、黄耆树胶、丹麦胶、天然橡胶等。⑤除上述以外的其他林业副产品。

(11)其他植物。其包括：①棉花，是指未经加工整理的皮棉、棉短绒、籽棉；②麻，是指未经加工整理的生麻、宁麻；③柳条、席草、蔺草；④其他。

(12)上述所列农产品还应包括种子、种苗、树苗、竹秧、种畜、种禽、种蛋、水产品的苗或种(秧)、食用菌的菌种、花籽等。

二、无公害农产品

(一)概念

无公害农产品是指产地环境符合无公害农产品的生态环境质量，生产过程符合规定的农产品质量标准和规范，有毒、有害物质残留量控制在安全质量允许范围内，安全质量指标符合《无公害农产品(食品)标准》的农、牧、渔产品(食用类，不包括深加工的食品)经专门机构认定，许可使用无公害农产品标识。

广义的无公害农产品包括有机农产品、自然食品、生态食品、绿色食品、无污染食品等。这类产品在生产过程中允许限量、限品种、限时间地使用人工合成的、安全的化学农药、兽药、肥料、饲料添加剂等，它虽符合国家食品卫生标准，但比绿色食品标准要宽。无公害农产品保证人们对食品质量安全最基本的需要，是最基本的市场准入条件，普通食品都应达到这一要求。

(二)产品标准

无公害农产品标准是无公害农产品认证和质量监管的基础，其结构主要由环境质量、生产技术、产品质量标准三部分组成。其中，产品标准、环境标准和生产资料使用准则为强制性国家及行业标准，生产操作规程为推荐性国家行业标准。

(1)环境质量。环境质量评价应从调查无公害农产品基地的环境条件(空气、灌溉水、土壤)入手，搜集评价所需信息，按国家或行业标准相关要求，选定评价因子、评价模型、评价标准，对基地环境质量状况进行综合评定，从而正确评价无公害农产品生产环境质量状况，为无公害农产品生产基地的有效开发提供环境质量依据。

(2)生产技术。无公害化生产是清洁生产的初级阶段，也是适合我国国情的主要生产方式，包括耕地净化、品种优质高抗、投入品无害化、栽培管理等关键技术、检测与加工等配套技术。只有严格执行关键技术规范，合理运用配套技术，才能生产出真正的无公害农产品。

(3)产品质量标准。8 项国家标准有《无公害蔬菜安全要求》、《无公害蔬菜产地环境要求》、《无公害水果安全要求》、《无公害水果产地环境要求》、《无公害畜禽肉产品安全要求》、《无公害畜禽肉产品产地环境要求》、《无公害水产品安全要求》、《无公害水产品产地环境要求》。

(三)认证

无公害农产品认证是为保障农产品生产和消费安全而实施的政府质量安全担保制度，属于政府行为、公益性事业，不收取任何费用。

无公害农产品认证采取产地认定与产品认证相结合的方式。产地认定主要解决产地环境和生产过程中的质量安全控制问题，是产品认证的前提和基础；产品认证主要解决产品安全和市场准入问题。无公害农产品产地认定与产品认证的审批事项是对申报种植业、畜牧业无公害农产品产地认定与产品认证项目进行审核，审核其产地环境、生产过程、产品质量是否符合农业部无公害农产品相关标准和规范的要求。

图 1-1 是中国无公害农产品标志，图案由麦穗、对勾和“无公害农产品”字样组成，麦穗代表农产品，对勾表示合格，金色寓意成熟和丰收，绿色象征环保和安全。该标志由农业部和中国国家认证认可监督管理委员会(简称国家认监委)联合制定并发布，由农业部农产品质量安全中心监制，是施加于获得全国统一无公害农产品认证的产品或产品包装上的重要证明性标识。其使用涉及政府对无公害农产品质量的保证和对生产者、经营者及消费者合法权益的维护，是国家有关部门对无公害农产品进行有效监督和管理的重要手段。

图 1-1 中国无公害农产品标志

三、绿色食品

(一)产生背景与概念

第二次世界大战以后，欧美和日本等发达国家和地区在工业现代化的基础上，先后实现了农业现代化。这一方面大大丰富了这些国家和地区的食品供应，另一方面也产生了一些负面影响：随着农用化学物质源源不断地、大量地向农田中输入，造成有害化学物质通过土壤和水体在生物体内富集，并且通过食物链进入农作物和畜禽体内，导致食物污染，最终损害人体健康。可见，过度依赖化学肥料和农药的农业(也叫做“石油农业”)，会对环境、资源及人体健康构成危害，并且这种危害具有隐蔽性、累积性和长期性的特点。

1962年，美国的雷切尔·卡逊女士以密歇根州东兰辛市为消灭伤害榆树的甲虫所采取的措施为例，披露了杀虫剂DDT(dichloro-diphenyl-trichloroethane，即滴滴涕)危害其他生物的种种情况。该市大量用DDT喷洒树木，树叶在秋天落在地上，蚯蚓吃了树叶，大地回春后知更鸟吃了蚯蚓，一周后全市的知更鸟几乎全部死亡。卡逊女士在《寂静的春天》一书中写道：“全世界广泛遭受治虫药物的污染，化学药品已经侵入万物赖以生存的水中，渗入土壤，并且在植物上布成一层有害的薄膜……已经对人体产生严重的危害。除此之外，还有可怕的后遗祸患，可能几年内无法查出，甚至可能对遗传有影响，几个世代都无法察觉。”卡逊女士的论断无疑给全世界敲响了警钟。

20世纪70年代初，由美国扩展到欧洲和日本的旨在限制化学物质过量投入以保护生态环境和提高食品安全性的“有机农业”思潮影响了许多国家。一些国家开始采取经济措施和法律手段，鼓励、支持本国无污染食品的开发和生产。自1992年联合国在里约热内卢召开环境与发展大会后，许多国家从农业着手，积极探索农业可持续发展的模式，以减轻“石油农业”对环境和资源造成的严重压力。欧洲、美国、日本和澳大利亚等发达国家和地区及一些发展中国家纷纷加快了对生态农业的研究。在这种国际背景下，我国决定开发无污染、安全、优质的营养食品，并且将它们定名为绿色食品(green food)。

绿色食品在中国是对具有无污染的安全、优质、营养类食品的总称，是指按特定生产方式生产，并经国家有关专门机构认定，准许使用绿色食品标志的无污染、无公害、安全、优质、营养型的食品。类似的食品在其他国家被称为有机食品、生态食品或自然食品。

绿色食品标准分为两个技术等级，即AA级绿色食品标准和A级绿色食品标准。AA级绿色食品标准要求：生产地的环境质量符合《绿色食品产地环境质量标准》，生产过程中不使用化学合成的农药、肥料、食品添加剂、饲料添加剂、兽药及有害于环境和人体健康的生产资料，而是通过使用有机肥、种植绿肥、作物轮作、生物或物理方法等技术，培肥土壤、控制病虫草害、保护或提高产品品质，从而保证产品质量符合绿色食品产品标准要求。A级绿色食品标准要求：生产地的环境质量符合《绿色食品产地环境质量标准》，生产过程中严格按绿色食品生产资料使用准则和生产操作规程要求，限量使用限定的化学合成生产资料，并积极采用生物学技术和物理方法，保证产品质量符合绿色食品产品标准要求。

绿色食品标志由特定的图形来表示。绿色食品标志图形由三部分构成：上方的太阳、下方的叶片和中间的蓓蕾，象征自然生态。标志图形为正圆形，意为保护、安全。颜色为绿色，象征着生命、农业、环保。AA级绿色食品标志与字体为绿色，底色为白色；A级绿色食品标志与字体为白色，底色为绿色(图1-2)。整个图形描绘了明媚阳光照耀下的和谐生机，告诉人们绿色食品是出自纯净、良好生态环境的安全、无污染食品，能给人们带来蓬勃的生命力。绿色食品标志还提醒人们要保护环境和防止污染，通过改善人与环境的关系，创造自然界新的和谐。

（二）申请范畴

绿色食品标志是中国绿色食品发展中心1996年11月7日经国家工商局下属的商标局核准注册的我国第一例证明商标。其核定使用的商品范围极为广泛，在1类的肥料上，注册了图形商标；在2类的食品着色剂上注册了文字、图形、英文及组合四个商标；在3类的香料、5类的婴儿食品上注册了四个商标，并对29类肉类、煮熟的水果、蔬菜、果冻、果酱等，30类糖、咖啡、面包、糕点、蜂蜜、糖调味香料，31类水果、蔬菜、种子、饲料，32类啤酒、饮料，33类含酒精的饮料中进行了全类注册。据不完全统计，迄今为止绿色食品证明商标现已在八类1 000多种食品上核准注册了33件证明商标。

（a）AA级　　（b）A级

图1-2　中国绿色食品标志

概括地说，可以申请使用绿色食品标志的一类是食品，如粮油、水产、果品、饮料、茶叶、畜禽蛋奶产品等，包括：①按国家商标类别划分的第5.29.30类、第31.32.33类中的大多数产品均可申请认证；②以“食”或“健”字登记的新开发产品可以申请认证；③经卫生部公告既是药品也是食品的产品可以申请认证；④暂不受理油炸方便面、叶菜类酱菜（盐渍品）、火腿肠及作用机理不甚清楚的产品（如减肥茶）的申请；⑤绿色食品拒绝转基因技术。由转基因原料生产（饲养）加工的任何产品均不受理。

另一类是生产饲料，主要是指在生产绿色食品过程中的物质投入品，如农药、肥料、兽药、水产养殖用药、食品添加剂等。

具备一定生产规模、生产设施条件及技术保证措施的食品生产企业和生产区域还可以申报绿色食品基地。

（三）具体标准

绿色食品标准是由农业部发布的推荐性农业行业标准（NY/T），是绿色食品生产企业必须遵照执行的标准。绿色食品标准以全程质量控制为核心，由以下六个部分构成。

（1）绿色食品产地环境质量标准。制定这项标准的目的，一是强调绿色食品必须产自良好的生态环境地域，以保证绿色食品最终产品的无污染、安全性。二是促进对绿色食品产地环境的保护和改善。绿色食品产地环境质量标准规定了产地的空气质量标准、农田灌溉水质标准、渔业水质标准、畜禽养殖用水标准和土壤环境质量标准的各项指标，以及浓度限值、监测和评价方法，提出了绿色食品产地土壤肥力分级和土壤质量的综合评价方法。

（2）绿色食品生产技术标准。绿色食品生产技术标准是绿色食品标准体系的核心，包括绿色食品生产资料使用准则和绿色食品生产技术操作规程两个部分。绿色食品生产资料使用准则是对生产绿色食品过程中物质投入的一个原则性规定，包括生产绿色食品的农药、肥料、食品添加剂、饲料添加剂、兽药和水产养殖药的使用准则，对允许、限制和禁止使用的生产资料及其使用方法、使用剂量等做出了明确规定。绿色食品生产技术操作规程是以上述准则为依据，按作物种类、畜牧种类和不同农业区域的生产特性分别制定的，用于指导绿色食品生产活动，规范绿色食品生产技术的技术规定，包括农产品种植、畜禽饲养、水产养殖等技术操作规程。

(3)绿色食品产品标准。此项标准是衡量绿色食品最终产品质量的指标尺度。其卫生品质要求高于国家现行标准，主要表现在对农药残留和重金属的检测项目种类多、指标严。而且，绿色食品使用的主要原料必须是来自绿色食品产地、按绿色食品生产技术操作规程生产出来的产品。

(4)绿色食品包装标签标准。此项标准规定了绿色食品产品包装时应遵循的原则、包装材料选用的范围、种类，包装上的标识内容等，要求产品包装从原料、产品制造、使用、回收和废弃的整个过程都应有利于食品安全和环境保护，包括包装材料的安全、牢固性，节省资源、能源，减少或避免废弃物产生，易回收循环利用，可降解等具体要求和内容。绿色食品产品标签，除要求符合国家《食品标签通用标准》外，还要求符合《中国绿色食品商标标志设计使用规范手册》的规定。

(5)绿色食品贮藏、运输标准。此项标准对绿色食品贮运的条件、方法、时间做出了规定，以保证绿色食品在贮运过程中不遭受污染、不改变品质，并有利于环保、节能。

(6)绿色食品其他相关标准。其包括“绿色食品生产资料”认定标准、“绿色食品生产基地”认定标准等。

四、有机食品

(一)产生背景与概念

1939年，Lord Northbourne在*Look to the Land*中提出了“organic farming”(有机耕作)的概念，意指整个农场作为一个整体的、有机的组织，而相对的“chemical farming”(化学耕作)则依靠了“imported fertility”(额外的施肥)，而且“cannot be self-sufficient nor an organic whole”(不能自给自足，也不是一个有机的整体)。

从物质的化学成分来分析，所有食品都是由含碳化合物组成的有机物质，都是有机的食品，没有非有机的食品，因此从化学成分的角度，把食品称做“有机食品”的说法是没有意义的。所以，这里所说的“有机”不是化学上的概念——分子中含碳元素——而是指采取一种有机的耕作和加工方式。有机食品，是指按照这种方式生产和加工的；产品符合国际或国家有机食品要求和标准；并通过国家有机食品认证机构认证的一切农副产品及其加工品，包括粮食、食用油、菌类、蔬菜、瓜、果、干果、奶制品、禽畜产品、蜂蜜、水产品、调料等。

有机食品的主要特点来自于生态良好的有机农业生产体系．有机食品的生产和加工不使用化学农药、化肥、化学防腐剂等合成物质，也不用基因工程生物及其产物。因此，有机食品是一类真正来自于自然、富营养、高品质和安全环保的生态食品。

有机食品在不同的语言中有不同的名称，国外最普遍的叫法是“organic food”，在其他语种中也有称生态食品、自然食品等。联合国粮农和世界卫生组织(Food and

Agriculture Organization/World Health Organization，FAO/WHO)的食品法典委员会(Codex Alimentarius Commission，CAC)将这类称谓各异但内涵实质基本相同的食品统称为“organic food”。

图 1-3 是中国有机食品标志，图案采用人手和叶片为创意元素。其一，是一只手向上持着一片绿叶，寓意人类对自然和生命的渴望；其二，是两只手一上一下握在一起，将绿叶拟人化为自然的手，寓意人与自然和谐美好的生存关系。该标志是施加于经农业部所属中绿华夏有机食品认证中心认证的产品及其包装上的证明性标识。

图 1-3 中国有机食品标志

(二)等级区别

从本质上来讲，绿色食品是从普通食品向有机食品发展的一种过渡产品。有机食品与其他食品的区别体现在如下几方面。

一是有机食品在其生产加工过程中绝对禁止使用农药、化肥、激素等人工合成物质，并且不允许使用基因工程技术；而其他食品则允许有限地使用这些技术，且不禁止基因工程技术的使用。例如，绿色食品对基因工程和辐射技术的使用就未作规定。

二是生产转型方面，从生产其他食品到有机食品需要 2～3 年的转换期，而生产其他食品(包括绿色食品和无公害食品)没有转换期的要求。

三是数量控制方面，有机食品的认证要求定地块、定产量，而其他食品没有如此严格的要求。

因此，生产有机食品要比生产其他食品难得多，需要建立全新的生产体系和监控体系，采用相应的病虫害防治、地力保护、种子培育、产品加工和储存等替代技术。无公害食品、绿色食品和有机食品的质量要求由低到高如图 1-4 所示。

(三)认证要求

有机食品要求来自于有机农业生产体系，根据国际有机农业生产要求和相应的标准生产加工，并通过独立的有机食品认证机构认证。

1. 有机食品生产的基本要求

(1)生产基地在三年内未使用过农药、化肥等违禁物质。

(2)种子或种苗来自自然界，未经基因工程技术改造过。

(3)生产单位需建立长期的土地培肥、植保、作物轮作和畜禽养殖计划。

(4)生产基地无水土流失及其他环境问题。

(5)作物在收获、清洁、干燥、贮存和运输过程中未受化学物质的污染。

(6)从常规种植向有机种植转换需两年以上转换期，新垦荒地例外。

(7)生产全过程必须有完整的记录档案。

分类	农药	化肥	生长激素
有机食品	禁止	禁止	禁止
绿色食品	限制使用	限制使用	限制使用
无公害食品	限制使用	限制使用	不限制使用
普通食品	不限制使用	不限制使用	不限制使用

图 1-4　不同食品(农产品)的等级

2. 有机食品加工的基本要求

(1)原料必须是自己获得有机颁证的产品或野生无污染的天然产品。

(2)已获得有机认证的原料在终产品中所占的比例不得少于 95%。

(3)只使用天然的调料、色素和香料等辅助原料，不用人工合成的添加剂。

(4)有机食品在生产、加工、贮存和运输过程中应避免化学物质的污染。

(5)加工过程必须有完整的档案记录，包括相应的票据。

第二节　农产品特性

一、农产品的一般特性

中国商务部《中国农产品进出口月度统计报告》将农产品定义为，WTO(World Trade Organization，即世界贸易组织)《农业协定》口径加上水海产品。一般认为，农产品是来源于农业的初级产品，即在农业生产活动中获得的植物、动物、微生物及其产品。国家规定的初级农产品是指种植业、畜牧业、渔业产品，如稻子、小麦、高粱、棉花、烟叶、甘蔗等，一般不包括经过加工的这类产品。

农产品市场营销的特征取决于农产品，因此研究农产品市场营销必须弄清农产品在生产、流通和消费等各个环节表现出来的特性。

(一)商品特性

农产品的商品特征主要体现在：①非标准性。作为生物产品，农产品受自身基因和自然条件的决定与影响较大，即便是同一品种，甚至是一株作物上结出的果实在品质、外观、成熟时间等方面都存在一定差异，不同于工业品那样进行标准化的生产和管理，农产品生产的标准化程度一般不高。②易腐性。农产品受自然和环境因素的影响程度大，很容易腐烂变质，也不易于储存和运输，这大大缩短了农产品销售的货架期，而且农产品的重量和体积一般较大，但市场售价较低，单位产品的运输费用较高。

（二）生产特征

农产品供给具有波动性的特征，主要原因在于：①各地区农业生产受当地自然环境条件的影响，生产季节性、年度差异性、地域性的特征非常明显。风调雨顺的年份农业增产，农产品供给增加使得市场价格下降；反之，农产品供给量不足引起市场价格上升。而且，农业生产受气候、土壤、光照、物种等因素制约，有非常强的地域性，如水果就分热带水果、亚热带水果和温带水果。②农业生产周期长，响应农产品市场需求变化信号的速度慢，供求难于达到一致就往往会导致剧烈的市场价格波动。③当前，我国农业生产的主体仍然是农户，他们规模较小、经营零散、组织化程度很低，这样的经营主体适应市场的能力肯定比工业品要差。

（三）消费特性

农产品大多数都是为了满足人们的基本生活需要，其消费需求具有普遍性、必需性、大量性和常年性的特点，但是需求弹性却相对较小。从消费者购买行为看，农产品又属于典型的便利品，消费者喜欢就近购买，具有单次购买量少、品种多、购买频率高的特点。

（四）安全特性

农产品是人们每日必需的商品，由于农产品消费而导致的疾病、中毒甚至死亡的情况很多，因此世界各国对农产品从生产、流通到消费各个环节的卫生要求极为严格，许多国家都颁布了相应的农产品卫生法和食品安全法，以杜绝和限制农产品中有害病菌和物质的污染，从而确保消费者的身体健康。

二、农产品的价格特性

（一）非垄断性

农产品市场上的买者和卖者众多，属于典型的完全竞争型市场结构。对于大多数农产品而言，买卖双方都是市场价格的被动接受者，谁也无法制定和操控农产品价格的涨跌。

（二）季节性和周期性

农业生产具有明显的季节性，农产品在收获期的价格一般要下跌，其他时期特别是超过农产品贮存期的时候，农产品往往供不应求导致价格上扬。另外，农产品价格周期性变化的特点也比较突出，一般在若干年内，生猪、茧丝、中药材等特定农产品价格要经历复苏、上涨、稳定、下跌的过程，而且这种变化往往循环地、周期性地进行，这与农业生产周期长、生产者反应滞后有关。以生猪为例，其价格往往在年际间周期性变化，一般2～3年为一个周期。行情好时，生猪养殖户一窝蜂地补栏，供应量快速增加，导致价格下跌，亏损程度严重；深度亏损维持一定时间后，又大量淘汰母猪，导致母猪存栏迅速减少，生猪供应量快速下降，价格上涨。

（三）受突发事件影响大

作为基本的生活必需品，农产品受到社会、经济、政治和自然等领域突发事件的影响极大。例如，重大自然灾害、动植物疫情的发生可能使农产品严重减产而导致供不应求；政治局势不稳造成居民抢购粮食、中间商囤积居奇。

三、农产品的促销特性

（一）人员推销的作用很大

农产品是传统产品，人员推销作为一种传统的农产品促销手段，即利用销售人员推销农产品，在农产品促销中的作用很大。

（二）广告应用越来越广泛

广告在农产品促销中应用越来越多，很多农业产业化企业通过大量的广告宣传打造了一大批农产品知名品牌。

（三）公共关系手段得到重视

公共关系是一种重要的促销手段，随着农业生产经营者营销意识的增强，利用新闻发布会、新闻报道甚至政府扶持等手段来加强农产品促销的情况已经越来越常见。

（四）营业推广手段不断创新

在农产品的促销上，农业正在向工商业学习中间商、消费者的营业推广工作，如免费品尝、折扣销售、征文比赛等方法的应用越来越多。

四、农产品的销售渠道特性

在过去，农产品的直接销售比较普遍，即通过一家一户的农户自己生产、自己销售，这种小规模作坊式生产可以大大降低营销成本。但是，随着国内外市场的扩大和竞争加剧，农产品经营企业迫切需要找到一批合格的中间商，通过建立稳定、畅通、灵活、高效的销售渠道来解决日益严重的“农产品卖难”问题。一般而言，农产品的销售渠道具有如下几个特征。

（一）销售渠道相对较短

生鲜农产品易腐易烂、不耐储运，因而农产品在销售渠道中不应设置过多的中间商环节，“批发＋零售或代理＋零售”的方式较为常见。

（二）中间商作用显著

批发商和代理商在农产品流通中的作用非常关键。一个大的农产品批发商、代理商往往控制着一个地区某种特定农产品的市场，他们对消费者需求信息把握较准确，借助他们开展营销工作对于解决农产品销售至关重要。

五、农产品的市场特性

农产品与人们的生活息息相关，大多数农产品及其加工农产品是人们的日常生活用品，这一市场也被称做生活消费品市场。农产品市场包括以下几方面特征。

(一)消费者众多

“民以食为天”，人人都要消费农产品，世界上每天消费的农产品数量惊人，因此农产品具有一个巨大的消费市场。

(二)市场需求比较稳定

很大一部分农产品是为了满足人们的基本生活需要，这部分市场的需求比较稳定，不会像奢侈品那样大起大落。

(三)购买频率高

农产品是非耐用商品，作为生物产品其贮存比较困难，消费者对农产品新鲜度的要求也比较高，因而农产品的购买频率通常较高，这就要求农产品经营企业尽量贴近消费者。

(四)季节性波动大

农业生产有明显的季节性，但消费者对农产品的需求却是常年性的，因此农产品市场供求的季节性矛盾比较突出。农产品在收获季节往往滥市，非收获季节却供不应求，这就要求农产品生产经营者通过加强技术创新来调节季节供求矛盾。

(五)国际市场技术壁垒高

近年来，发达国家不断提高技术标准，而且技术壁垒的指标要求也越来越高，甚至达到了苛刻的程度，这对中国农产品出口构成了巨大的阻力。例如，日本为了阻拦中国菠菜对其出口，2002 年 4 月公布菠菜中农药毒死蜱残留限量为 0.01 毫克/千克，这项明显针对中国的技术壁垒措施，既远远严于日本蔬菜中其他有机磷农药的残留限量，也大大超出美国、欧盟及国际组织标准。

第三节　农产品市场营销

一、农产品市场

(一)市场的特点与功能

市场起源于古时人类对于固定时段或地点进行交易的场所的称呼，是指买卖双方进行交易的场所。发展到现在，市场具备了两种意义：一个意义是交易场所，如传统市场、股票市场、期货市场等；另一个意义为交易行为的总称，即市场一词不仅仅指交易场所，还包括了在此场所进行交易的行为。故当谈论到市场大小时，并不仅仅指场所的大小，还包括了消费行为是否活跃。广义上，所有产权发生转移和交换的关系都可以称为市场。

市场体系是由各类专业市场，如商品服务市场、金融市场、劳务市场、技术市场、信息市场、房地产市场、文化市场、旅游市场、服务市场等组成的完整体系。同时，在市场体系中的各专业市场均有其特殊功能，它们互相依存、相互制约，共同作用于社会经济。

随着社会交往的网络虚拟化，市场不一定是真实的场所和地点，当今许多买卖都是通过计算机网络来实现的。

1. 市场的特点

市场是社会分工和商品经济发展的必然产物，同时，市场在其发育和壮大过程中，也推动着社会分工和商品经济的进一步发展。市场通过信息反馈，直接影响着人们生产什么、生产多少及产品的上市时间、产品的销售状况等，联结商品经济发展过程中产、供、销各方，为产、供、销各方提供交换场所、交换时间和其他交换条件，以此实现商品生产者、经营者和消费者各自的经济利益。

(1)自发性。在市场经济中，商品生产者和经营者的经济活动都是在价值规律的自发调节下追求自身的利益，实际上就是根据价格的涨落决定自己的生产和经营活动。因此，价值规律的第一个作用，即自发调节生产资料和劳动在各部门的分配、对资源合理配置起积极促进作用的同时，也使一些个人或企业由于对自身利益的过分追求而产生不正当的行为。例如，生产和销售伪劣产品；欺行霸市，扰乱市场秩序；一切向钱看，不讲职业道德；等等。而且价值规律的自发调节还容易引起社会各阶层的两极分化，由此而产生的矛盾将不利于经济和社会的健康发展。

(2)盲目性。在市场经济条件下，经济活动的参加者都是分散在各自的领域从事经营，单个提生产者和经营者不可能掌握社会各方面的信息，也无法控制经济变化的趋势，因此其进行经营决策时，也就是仅仅观察市场上什么价格高、有厚利可图，并据此决定生产、经营什么，这显然有一定的盲目性。这种盲目性往往会使社会处于无政府状态，必然会造成经济波动和资源浪费。

(3)滞后性。在市场经济中，市场调节是一种事后调节，即经济活动参加者是在某种商品供求不平衡导致价格上涨或下跌后才做出扩大或减少这种商品供应的决定。这样，供求不平衡—价格变化—做出决定—实现供求平衡，必然需要一个长短不同的过程，有一定的时间差。也就是说，市场虽有及时、灵敏的特点，但它不能反映出供需的长期趋势。当人们竞相为追求市场上的高价而生产某一产品时，该商品的社会需求可能已经达到饱和点，而商品生产者却还在那里继续大量生产，只是到了滞销引起价格下跌后，才恍然大悟。

2. 市场的功能

市场功能是指市场在运行过程中发生的功用或效能。尽管由于社会形态和市场经济发达程度的不同，市场在性质、规模及发育状况、地位、作用等方面存在着差别，但其基本功能是一切市场所共有的，是市场活动所具有的内在属性。这具体表现在以下几方面。

(1)交换功能。其表现为以市场为场所和中介，促进和实现商品交换的活动。在市场经济条件下，商品生产者出售商品，消费者购买商品，以及经营者买进、卖出商品的活动，都是通过市场进行的。市场不仅为买卖各方提供交换商品的场所，而且通过等价交换的方式促成商品所有权在各当事人之间让渡和转移，从而实现商品所有权的交换。与此同时，市场通过提供流通渠道，组织商品存储和运输，推动商品实体从生产者手中向消费者手中转移，完成商品实体相交换。这种促成和实现商品所有权交换与实体转移的活动，是市场最基本的功能。尽管随着市场经济的发展，商品的范围已扩展到各种无形产品及生产要素，如服务、信息、技术、资金、房地产、劳动力、产权等，但上述商品仍然是通过市场完成其交换和流通运动的。

(2)反馈功能。市场把交换活动中产生的经济信息传递、反映给交换当事人，就是市场的反馈功能。商品出售者和购买者在市场上进行交换活动的同时，不断输入着有关生产、消费等方面的信息。这些信息经过市场转换，又以新的形式反馈输出。市场信息的形式、内容多种多样，归结起来都是市场上商品供应能力和需求能力的显像，是市场供求变动趋势的预示，其实质反映了社会资源在各部门的配置比例。市场的信息反馈功能可以为国家宏观经济决策和企业生产经营决策提供重要依据：一方面，国家可以根据市场商品总量及其结构的信息反馈，判断国民经济各部门之间的比例关系恰当与否，并据此规划和调整社会资源在各部门的分配比例；另一方面，企业也可以根据商品的市场销售状况的信息反馈，对消费偏好和需求潜力做出判断和预测，从而决定和调整企业的经营方向。随着社会信息化程度的提高，市场的信息反馈功能将日益加强。

(3)调节功能。调节功能是指市场在其内在机制的作用下，能够自动调节社会经济的运行过程和基本比例关系。作为市场经济的运行载体和现实表现，市场在本质上是价值规律发生作用的实现形式。价值规律通过价格、供求、竞争等作用形式转化为经济活动的内在机制。市场机制以价格调节、供求调节、竞争调节等方式，对社会生产、分配、交换、消费的全过程进行自动调节。例如，调节社会资源在各部门、行业、企业间的配置与生产产品总量和种类构成；调节各个市场主体之间的利益分配关系；调节市场商品的供求总量与供求结构；调节社会消费水平、消费结构和消费方式等。在上述调节的基础上，最终达到对社会经济基本比例关系的自动调节。调节功能是市场最主要的且具有核心意义的功能。

(二)农产品市场及其特征

1. 农产品市场

农产品市场是农产品交换的场所或领域，也表示一种农产品生产者与消费者的交换关系，同时，农产品市场也是对农产品的特定需求和欲望，并愿意且能够通过交换来满足该种需求的所有现实和潜在的消费者的集合。

市场营销学主要研究企业如何通过营销活动适应并满足买方的需求，从而实现自身的经营目标。在此，农产品市场是农产品的现实购买者与潜在购买者需求的总和，其他供给者都是竞争者，而不是市场。生产者或销售者构成行业，购买者构成市场。

农产品市场包含三个因素，即对农产品有需要的人、为满足这种需要的购买能力和购买欲望。这三个因素相互制约、缺一不可，只有三者结合起来才能构成现实的农产品市场，才能决定农产品市场的规模和容量。例如，一个国家或地区人口众多，但收入很低，购买力有限，则不能构成容量很大的市场。又如，一个国家或地区购买力虽然很大，但人口很少，也不能成为很大的市场。只有人口既多，购买力又高，才能成为一个有潜力的大市场。但是，如果农产品不适合需要，则不能引起人们的购买欲望，对销售者来说，仍然不能成为现实的市场。因此，农产品市场是上述三个因素的统一。农产品市场的大小，取决于那些对农产品有特定需要，并拥有使别人感兴趣的资源，同时愿意以这种资源来换取其需要的东西的人数。

2. 农产品市场特征

农产品市场与工业产品市场特征各异，农产品市场营销也具有自身的运行规律。农产品经营企业在市场营销活动中，要自觉地按照客观规律指导自己的生产经营活动，才能达到预期的经营目标。因此，弄清农产品市场特征是确定农产品市场营销策略的前提。从宏观层面看，农产品市场具有如下特征。

(1)市场供给的季节性和周期性。农业生产的季节性、周期性导致农产品市场的货源也因季节和生产周期而变动，解决季节性、周期性的矛盾，维持供应均衡对维持农产品市场稳定非常重要。

(2)农产品的鲜活性。农产品市场上的产品是具有生命力的动植物产品，在运输、储存和销售中容易发生腐烂、霉变和病虫害，极易造成损失。因此，农产品市场必须做好组织工作，改善基础设施和缩短流通时间以求降低这种风险。

(3)分布的地域性。农产品的产地市场小而分散，批发市场则集中在各大中城市和交通枢纽地带。农产品市场的地域性特点明显，多采用集市贸易，符合当地农产品产业特点和日常消费习惯。

从微观层面看，农产品市场供给具有如下特征。

(1)农产品供给缺乏弹性。即使农产品市场供不应求、价格上涨，农产品生产也会因受季节、生长周期制约而无法大量增加市场供给。当农产品市场供给过剩、价格下跌时，因为前期的生产已经开始，收获季节无法立即减少产量，也使农产品市场短期内难以减少供给。

(2)农产品供给量决定价格。由于大多数农产品不耐长期储存，生产量基本上等于供给量。在丰产年份农产品的市场供给大幅增加从而引发农产品价格普遍下降，而在歉收年份农产品供给量减少造成农产品价格上涨。因此，这与工业品市场价格决定供给量的机制有所不同，农产品市场机制则是供给量决定价格的成分更大。

农产品市场需求在微观角度也具有如下几个特点。

(1)农产品的需求价格弹性不足，需求量对价格变化反应较为迟钝。在收入弹性方面，农产品在家庭消费结构中多属生活必需品与低档品，随着人们收入水平的提高，恩格尔系数有所降低，因此，农产品市场需求量一般维持不动或降低，收入弹性一般缺乏甚至是负数。

(2)农产品市场需求在短期内可以用人口数量及收入水平来预测。影响农产品市场需求的因素有很多，如人口、收入、价格、消费偏好和消费习惯等，其中可以较为准确计量的有人口数量及收入水平。因此，短期预测一个国家或地区对某种农产品的需求可以以上述两项指标值为据。

二、农产品市场营销的概念

(一)市场营销的AMA定义

关于市场营销的第一版官方定义是1935年被AMA(American Marketing Association，即美国市场营销协会)的前身——美国营销教师协会所采用的，1948年被AMA正式采用。1960年，当AMA重新审视第一版定义时决定依然保持不变，不作任何修改。因此，关于市场营销的最初定义一直沿用了50年，直到1985年才被重新修订。修订后的定义也就是目前我们见到的关于市场营销最普遍的定义——市场营销是计划和执行关于商品、服务和创意的观念、定价、促销和分销，以创造符合个人和组织目标的交换的一种过程。这个定义一直沿用至今，直到2004年才被重新修订——市场营销既是一种组织职能，也是为了组织自身及利益相关者的利益而创造、传播、传递价值给客户，并进行客户关系管理的一系列过程。这次新定义是近20年来关于市场营销定义的首次修订，引起了广大营销者的普遍重视。当然，引起大家关注的原因也还包括AMA的地位。AMA是一个值得尊敬的组织，市场营销行业中的许多人都目睹了它为市场营销的实践和教育制定了一系列的标准。

(二)AMA市场营销定义的创新

康俊认为，AMA对市场营销的新定义较之以往发生了很大的变化。具体表现为以下两方面。

(1)着眼于顾客。新定义中最显著的变化就是把定义的立足点和表述的侧重点都放在了顾客身上。

第一，明确了顾客的地位。新定义在表述上始终是围绕“顾客”而展开的，尤其强调要重视“管理客户关系”。关于营销的定义，不同的学者或者机构都会从不同的角度给出不同的看法。但是在定义中这么着重突出“顾客”，而且是由AMA提出的，这在市场营销发展史上可以说是第一次，当然，从中也可看出“顾客”在市场营销中的地位。其实，随着技术和营销的发展，在近年来的市场营销实践中，尤其是近5～10年来，对“顾客”的重视程度已经被提到了前所未有的高度，因此市场营销必须随着环境的变化而同步发展。

第二，承认了顾客的价值。新定义不是停留在市场营销要有盈利这样一个水平上，新旧定义的交替实际上承认了顾客价值驱动着市场。顾客构成市场，市场沉浮企业。无论何时何地，争取顾客的支持，千方百计地满足顾客，应当永远是企业思考营销问题的核心。顾客凭借什么力量来驱动市场？凭借的就是他们的购买权。这种购买权对于企业来说是稀缺的，因而也就具有了价值。这种价值足以使得企业千方百计追求为顾客提供利益。

第三，强调了与顾客的互动。市场营销活动应该在哪些环节强调与顾客的互动？应该在营销的各个环节。对此，新定义给出了明确的阐述。新定义在描述市场营销过程时紧紧围绕顾客价值来阐述。新经济条件下的市场营销发展趋势之一就是客户越来越多地参与到营销活动中。从新产品开发到售后服务，从营销战略开发到营销策略实施，一系列的过程中应当重视客户更多的参与，也只有这样才能真正做到尊重客户价值。

(2)肯定了市场营销的特质。新定义不仅肯定了顾客的价值，而且也指明了市场营销的特质。

第一，继续肯定了市场营销是一个过程。市场营销不仅是一种经营哲学，更是一种应用性很强的学科。它的发展历程就注定了它的实践性。强调它的操作性，自然可以把市场营销活动看做一个过程。和1985年的定义一样，新定义也讲了市场营销是一个过程，但是这次定义的过程和旧版定义的过程有了明显的差别。1985年的定义主要注重从企业营销的自身角度来阐述，而新定义主要是从客户价值的角度来阐述的，角度的转变其实是对市场营销提出了更高的要求。它要求抛弃市场营销就是围绕4P(product，price，place，promotion，即产品、价格、渠道、促销)而展开的传统看法，而应该着眼于客户价值来综合运用各种营销策略，以期给客户提供更多的、更有意义的价值。

第二，肯定了市场营销的地位。市场营销是一项组织职能。诚然，在国外的组织中，市场营销作为组织的作用受到了高度的重视，但不可否认的是，在中国的企业中，对营销的重视不过也就是近些年来的事情，是否将其上升到组织职能这样的地位，还有待进一步研究。目前，大多数企业还只是把市场营销看做一项盈利的手段而已，并没有将其当做一项经营哲学或理念来指导组织的行为。新定义中一开始就明确了市场营销作为组织职能的地位。

第三，肯定了市场营销的目标。市场营销不仅仅是某一个组织的事情。在现代社会里，随着经济全球化的发展，组织与组织之间的联系比历史上任何一个时候都更为广泛。市场营销不仅要以本组织的利益为目标，而且要兼顾与它相关的各种组织的利益，这样才能保证组织市场营销活动的可持续发展。

第四，肯定了市场营销的导向。市场营销以客户为导向还是以竞争者为导向？不同的市场营销者会有不同的观点。新定义中明确给出了市场营销应该着重于客户价值的表述。市场营销在理念上应该以关注客户价值为核心，专注于更好地创造、传播和传递客户价值，管理客户关系，专注于把自己的事情做好，这就是最好的市场营销，也是市场营销最本质的要求。当然，重视竞争也是在市场营销操作上应关注的，但是要强调的是应该始终围绕“客户”这样一个核心，不然就会偏离了方向。

(三)农产品市场营销

农产品市场营销，是为了满足人们对农产品的需求特别是食用的需求，农产品经营企业在农产品“从田间到餐桌”的整个生产、采集、加工、运输、批发和零售流程中，实现个人和社会需求目标的各种农产品创造和市场交易的一系列营运活动。农产品市场营销的主体是农产品经营的个人或组织，贯穿于农产品生产、流通和交易的全过程，它决定了应该生产何种农产品、制定何种价格、在何处及如何销售农产品以及广告宣传。

农产品市场营销具有以下含义。

(1)消费者的需求是农产品经营企业的出发点和归宿。农产品生产必须根据消费者的需求和欲望来决定生产什么，农产品经营企业不仅要研究人们的现实需求，也要研究人们对农产品的潜在需求。

(2)农产品市场营销是包括农业生产在内的整体营销过程。不能像过去那样把农产品生产称为农业，把农产品流通归入商业活动，人为地将两者分离开来，要把农业生产视为市场营销活动的一个重要环节。同时，所有能创造或增加农产品效用的过程都是生产，要把农产品营销的各个环节当做是农业生产的延续，有所区别的是，农业生产是原始生产，而营销活动中的增值是次级生产。

(四)几个相关的概念

1. 需要、欲望和需求

需要，是指人们因为某种欠缺没有得到满足时的心理感觉状态。市场营销者不能创造这种需要，但能适应它。

欲望，是指人们欲获取某种能满足自己需要的东西的心愿。市场营销者能够影响消费者的欲望。

需求，是指对具有支付能力并且愿意购买某种物品的欲望，即有支付能力的欲望。市场营销不仅要了解有多少消费者欲求其产品，还要了解他们是否有相应的购买能力。

在上述三个概念中，需求对农产品市场营销最具有现实意义，农产品经营企业必须高度重视对市场需求的研究，分析种类、规模、人群等需求的特征，尤其是研究需求的发展趋势，准确地把握市场需求的方向和水平。

2. 效用、费用和满足

效用，是指消费者对农产品满足其需要程度大小的整体评价。

费用，是指消费者为了获得某种效用而必须支付的花销。

满足，是指消费者在全面衡量产品的费用和效用之后，选择效用最大的农产品满足其需求。

消费者在对能够满足某一特定需要的一组农产品进行选择时，所依据的主要标准就是各种农产品的效用或其价值。效用是农产品满足消费者欲望的能力，实际上是一种自我心理感受，这种感受来自于人的主观评价。价值也是一个复杂的概念，消费者根据不同农产品满足其需要的能力来决定它们的价值，并据此购买效用最大者。

3. 交换、交易和市场营销

交换属于一个经济活动过程，并非一个独立的事件。交换能否发生取决于交换双方是否找到了交换的条件，即交换双方是否能认同交换物品的价值。当双方确认通过交换能得到更大的好处或者满足时，交换就会实际发生。如果买卖双方达成了一项协议则称之为发生了交易，交易是交换的基本单位。

交换是定义市场营销的基础，当消费者决定通过市场交换来获取农产品从而满足自己的需要时，市场营销才会发生。训练有素的市场营销人员总是在不断的交换中，来努力建立与供应商、批发商、零售商及消费者之间长期有效、相互信任和互利共赢的关系。

三、农产品市场营销的功能与流程

(一)农产品市场营销功能

农产品市场营销的根本任务，就是农产品经营企业通过解决农产品“从田间到餐桌”

过程中生产与消费的各种分离、差异和矛盾，使生产者不同的农产品供给与消费者不同的需要与欲望相适应，实现生产与消费的统一。因此，市场营销在实现农产品社会化大生产与社会需要之间发挥着重要的平衡作用。具体而言，农产品市场营销有三方面功能。

(1)便利功能。农产品市场营销具有便利交换和物流的功能，包括资金融通、风险承担、信息沟通、产品标准化和分级等。借助资金融通和商业信用，可以控制或改变农产品的流向和流量，在一定条件下能够给买卖双方带来交易上的方便和利益。风险承担是指在农产品交易和储运中，要承担某些财务损失。例如，农产品积压而不得不降价出售；产品损耗、腐烂造成的经济损失。市场信息的收集、加工和传递对于生产者、中间商、消费者都极为重要，没有信息的沟通其他功能都难以实现。农产品的标准化和分等分级可以大大简化和加快交换过程，方便产品储运和顾客购买。

(2)农业结构调整推进器。农产品经营企业面临的是国内外动态市场，消费者的需求在其中不断变化。在市场环境的瞬时变化中，要根据市场趋势准确地识别和成功预测消费者需求是一件极难的事。如果不能随时准确地把握市场变化和消费者的需求，就难以适应市场，更谈不上经营企业的目标实现。有效的市场营销活动可以成为农业结构调整的推进器，使农产品经营企业清楚地了解消费者需求的方向、结构及其分布，从而调整科研、技术部门的农产品研发方向和农业生产结构，为企业和农户寻找到生存、发展的良机。

(3)维护消费者的凝聚器。农产品市场营销不仅要准确把握并满足消费者的需要，而且要通过食品安全保障计划和体验式消费等多种途径不断扩展服务，促进消费者形成对一系列农产品的依赖感和吸引力，使消费者自发、自愿地向农产品经营企业靠拢，保持和增加对企业或品牌的忠诚度，扩大农产品的潜在市场。这种维持和增加消费者忠诚度的任务，在供需矛盾突出的农产品买方市场上是非常艰巨和重要的，但这完全可以依靠市场营销这个凝聚器来完成。

(二)农产品市场营销流程

农产品市场营销的基本流程由五个部分组成，即分析营销环境、发现市场机会、选择目标市场、拟定市场营销组合以及组织、执行和控制市场营销，如图 1-5 所示。

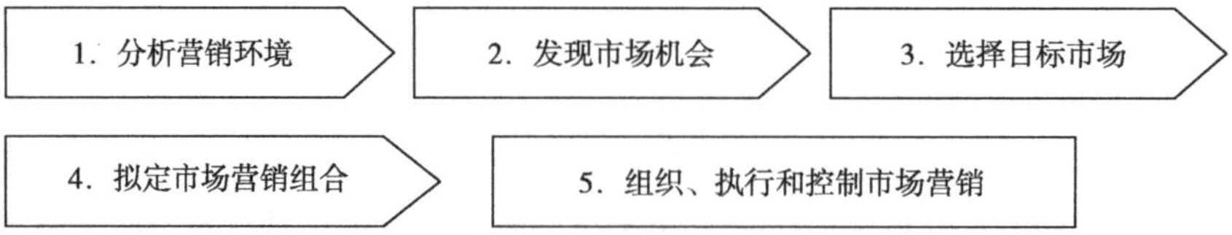

图 1-5 农产品市场营销的流程

1. 分析营销环境

农产品市场营销环境包括农产品经营企业为之制定相应营销策略的不可控行动者与力量，这些行动者与力量影响着企业的生存发展和维持同目标顾客进行成功交易的能力。市场营销环境分为宏观环境和微观环境。宏观营销环境是指对农产品经营企业营销活动造成市场机会和环境威胁的主要社会力量，包括人口、经济、科学技术、政治法律、自然环境和社会文化六大因素；微观营销环境主要由农产品经营企业的供应商、营销中介、顾客、竞争对手、社会公众及企业内部参与营销决策的各部门组成。

2. 发现市场机会

市场机会是指农产品市场上存在的、但未被满足的消费需求。从来没有一家农产品经营企业可以依赖于当前的市场需求和供给能力而长盛不衰，任何企业都必须不断地寻找、发现和分析新的市场机会，为企业的长期生存和可持续发展寻找出路，其包括两个方面。

(1)发掘市场机会。农产品经营企业要通过各种方法获取市场情报，搜寻新的市场机会。一是在现有市场上深挖潜力，把现有的农产品进一步渗透到现有的目标市场以扩大销量和市场份额；二是以现有的农产品开发新的市场；三是在市场已无潜力可挖时进行产品结构调整；四是根据自身资源条件进行多元化经营，在多种经营中寻找新的市场机会。

(2)评估市场机会。基于市场机会发掘，进行市场机会的鉴别和评估是农产品市场营销成功的关键。要使市场机会最终变成企业机会，市场机会必须与企业目标相一致，而且企业还要有充分利用市场机会的能力。如果市场机会与企业目标不一致，或企业暂时无力进行市场开发，则是不适宜的市场机会。因此，评估到与企业目标相匹配的市场机会，是正确制定企业市场营销战略的重要环节。

3. 选择目标市场

在发现和评估市场机会中，农产品经营企业常会面临许多市场开发的构想。此时，企业必须从若干构想中遴选出最符合企业长远目标与营销能力的一项作为市场营销的任务。通常，选择目标市场有以下四个步骤。

(1)市场需求评估。农产品经营企业要对市场现状与未来的发展趋势做出严密的估计。虽然每个企业都希望把握未来趋势，进入市场前景良好的市场，但由于影响市场发展的因素太多，这种预测往往很难。

(2)市场细分。即使企业对市场发展的趋势判断跟实际走势很一致，也必须开展市场细分的工作。市场细分可以是地理指向、人口指向、心理指向或行为指向。

(3)选择目标市场。细分后的农产品市场仍然面临众多的需求群体，农产品经营企业要选择其中的一个或几个进行重点营销。

(4)市场定位。农产品经营企业选定目标市场后，就要分析如何在目标市场上进行市场定位，勾画自身产品的形象，为农产品确定合适的市场位置。

4. 拟定市场营销组合

市场营销组合是农产品经营企业针对确定的目标市场，综合运用各种营销手段，组建一个系统化的整体策略以便达到市场营销的目标。通常，市场营销的手段多达几十种，麦卡锡把这些手段归为四个因素，简称4P。

(1)产品(product)。一切在市场中用于交换的、顾客可接受的有形和无形的东西都是产品。任何产品都存在生命周期，在市场上停留一段时间以后必然要被新的产品所替代，企业必须不断进行新产品开发，以产品组合来响应市场。

(2)价格(price)。价格代表消费者为获得某件产品所愿意付出的金额。好的农产品必须要有一个合适的价格。合适的价格并不一定是低价格的，因为不同的人有不同的收入水平、生活环境、需求特征和支付意愿。合适的价格有可能是很高的价格，也有可能是很低的价格。

(3)分销(place and distribution)。分销是农产品经营企业为了使农产品到达目标顾客所采取的各种活动，包括发挥批发商和零售商的作用等。对企业来讲，要想使产品顺利地被顾客接受，就必须构筑通畅的渠道网络。密集的渠道网络往往是赢得市场营销成功的关键性因素。

分销包括商流和物流两方面的内容。商流是所有权的转移，农产品所有权从生产者转到中间商，再转到消费者，最终实现农产品价值，而企业则获得相应的回报；物流则是农产品实际物体的移动。物流伴随着商流而发生，但是转移、流动的次数并不相等。例如，农产品购销合同转让后，所有权发生再次转移，但物流可能只有一次。随着市场经济的发展，商流和物流的次数存在着越来越大的背离。

(4)促销(promotion)。促销是农产品经营企业为宣传其产品优点及说服目标顾客购买所采取的各种活动，包括广告、人员推销、营业推广及公共关系等。高效的促销是激发顾客购买欲望非常直接的营销手段。一个成功的促销活动对市场份额的拉动效果非常明显。

5. 组织、执行和控制市场营销

为了贯彻落实营销工作，农产品经营企业必须设立一个营销组织来负责组织实施。营销经理的任务：一是协调所有营销人员的工作：二是同财务、生产、研究与开发、采购和人事主管密切配合；三是督导、激励、考核、培训下属，检查营销任务的执行情况。在市场营销计划落实中，常会发生许多意料不到的情况，农产品经营企业必须以控制行动来保证市场营销目标的最终实现。通常，市场营销控制有三种类型。

(1)年度计划控制。其目标是确保农产品经营企业完成年度计划所规定的任务，达到销售额、利润和其他既定目标。具体操作中，一是要在营销年度计划中设定每月、每季的明确目标；二是采用能衡量市场实际成效和进度的方法；三是找出执行计划中存在严重偏差的原因；四是及时解决问题，消除目标与成效间的差距。在实际运作中，有时可能要改进计划执行方式，甚至改变原定的目标。

(2)利润控制。企业经营的直接目的是利润，因此农产品经营企业要定期分析不同产品、顾客群和分销渠道上的实际获利情况，尽力完成或超额完成利润任务。

(3)策略控制。农产品市场营销的内外环境变化多端，农产品经营企业的市场营销目标、计划和策略极易过时从而招致困境。因此，企业要时常检查市场营销环境、策略、组织运行等情况以加强实施控制。对此，企业要加强营销情报、营销策划、营销组织和营销控制这四大营销系统间的彼此协作和控制。

➢案例讨论

生鲜"触网"，路有多远

"想吃的吃不到，想卖的卖不掉。"每年冬天，北方消费者和海南农民都在为热带生鲜烦恼。而今后，这种"烦恼"有望得到缓解。海南省农业厅联合阿里巴巴集团，启动

“淘宝网·特色中国海南馆”，开拓海南农产品快速、远距离、跨区域营销新渠道。

海南生鲜第一次集中“触网”，境况如何？面临哪些困难？记者走进海南田间地头、农业企业，一探究竟。

2013 年 11 月 25 日，海南生鲜农产品第一次集中“触网”预演。聚划算汇聚海南之“海南厨房”活动，挑选出了七仙金葵牌黄秋葵、呀子美椰子饭等 13 个特色农产品进行促销。3 天时间，共售出琼中绿橙 44 吨、藻花香猪 7 吨、黄椒 4 万瓶、黄秋葵 5 000 份……成交量 2 409 万元。仅椰子饭一项，3 天就销掉了以往线下全岛一年总销量的 63%。

琼中佳佳绿橙专业合作社种植了 1.6 万多亩(1 亩≈666.67 平方米)绿橙。2013 年首次与电商合作，通过网上销售绿橙 20 多万斤(1 斤=0.5 千克)。“我们的绿橙不打催熟剂，品质好，消费者可通过二维码追溯质量，所以卖得特别火。”合作社负责人廖孝文说。

2013 年 12 月 12 日，2013 年中国(海南)国际热带农产品冬季交易会期间，海南举行网络冬交会，开通“淘宝网·特色中国海南馆”，建设常态性的网络促销平台。网上促销，成为该届“冬交会”的最大亮点。

海南省农业厅副厅长王晓桥说，线下拓展市场，宣传推广费用高，影响相对有限，而网上销售可以以更少的投入，让更多的人，感受海南农产品的魅力。

电子商务对品牌推广作用巨大。传统农产品打造品牌，需要建连锁店，在媒体做广告，投资较大。而电子商务可以轻松做大品牌，还能把区域化的品牌变成全国性大品牌。王晓桥说：“海南省政府出台推进品牌农业发展的意见，去年拿出 1 亿元财政资金，扶持农业品牌，其中包括市场营销。这有利于打造海南农产品整体品牌。”

“目前，海南农产品电子商务处于起步阶段，还存在不少问题。”海南省商务厅副巡视员王学钟说。据王学钟介绍，海南农产品的标准化程度还比较低，给网上交易带来一定障碍。此外，农产品的物流体系不健全、冷库资源缺乏，使鲜活农产品在保鲜、运输和后期处理方面存在不少困难。“海南农产品的目标市场主要在岛外，对于物流、配送、冷链运输的要求更高。”

澄迈桥沙现代农业开发有限公司董事长王文克就经历过物流方面的尴尬。“桥沙地瓜”主打“富硒”、“长寿之乡”概念，是海南省著名商标，东北、华北等地的消费者很想在网上购买。可是，地瓜从海南运到东北，运费成本高，让许多消费者望而却步。“桥沙地瓜每公斤售价 16 元，在海口、三亚等地卖得非常好，但是，地瓜包装体积大，一箱 10 斤，没几个，运费太高。”王文克说，目前公司在各区域建立冷库仓储中心，按就近原则，异地配送。

三亚木瓜种植户邓福斌也尝试过网上销售。“通过航空快递送到成都，每 10 箱木瓜就有 1 箱损坏，这么高的损坏率，再往北，几乎不敢寄送了。”

王晓桥说：“海南农村信息化基础设施比较薄弱，宽带普及率低。”海南一些涉农企业、农民对电子商务缺乏足够认识，相关知识、技术、经营能力不足，也制约了农产品电子商务的发展。

如何做大生鲜产品网上销售？首先要严把质量关。海南潭牛文昌鸡食品有限公司董事长于吉英说，公司在网上销售生鲜产品时，按出口新加坡的标准进行生产、加工。他建议政府制定网上销售农产品的质量标准，提高“上网”门槛。

海南省农业厅厅长江华安介绍，下一步海南将实施品牌农业战略，确保农产品质量安全。5 年内将改造 300 万亩标准化菜田，测土配方施肥面积达到 1 200 万亩次以上，最大限度地减少了农业面源污染。高起点制定特色农产品地方标准和生产技术规程，2016 年将建成 1 490 个标准化示范园。严格管理农业投入品，建立省、市县、乡镇三级检测机构，形成产销区一体化的质量安全追溯信息网。

“品牌农业最终是企业做出来的。海南农业规模小、实力弱、比较分散，要通过企业整合，推行标准化生产，形成大品牌。”于吉英说。

为缓解物流这一农产品网上销售的最大瓶颈，海南省已制定出台《关于进一步加快发展服务业的若干意见》，对现代物流业进行政策支持。此外，还将建立海南农产品现代流通综合试点，在产区、销区建立农产品基地，支持企业购买冷藏运输车。

物流短板正在慢慢加长。阿里巴巴副总裁张建峰认为，今天的快递、物流、配送，比前两年有了飞速发展，阿里巴巴集团投资的“菜鸟网”，准备建设基础性、框架性基点，帮助海南农产品更快捷地运向内陆。

顺丰速递海南区公共事务部总经理助理李晟哲表示，公司可第一时间按客户要求承运农产品。“去年的荔枝运输是一个成功案例。我们先派专业人士现场鉴定、打包，直接用专件车送到机场，发出岛外。”

潭牛文昌鸡从 2013 年 11 月 26 日网上销售起，全天发货，与顺丰等物流公司签订协议，要求必须在 48 小时内送到客户手中。现在，潭牛文昌鸡已发往 73 个城市，送达的产品仍很新鲜。

“单品企业在全国建物流中心成本过高。假如由政府部门主导，在北京等地设定海南综合物流中心，将附近区域的生鲜产品集中起来，整体打包、配送，既节省费用，又宣传了海南农产品。”王克文建议。

（资料来源：马跃峰，陆丽．生鲜“触网”，路有多远．人民日报，2014-01-05，第 009 版．）

讨论题：

1. 相对其他商品，生鲜农产品试水电子商务有什么特殊困难？

2. 生鲜农产品做大网上销售的出路在哪里？

第二章

农产品市场营销环境

第一节　农产品市场营销环境的概念及特点

一、农产品市场营销环境概念

美国著名营销学大师菲力普·科特勒认为："市场营销环境是指影响企业的市场和营销活动的不可控制的参与者和影响力。"具体而言就是："影响企业的市场营销管理能力，是其能否卓有成效地发展和维持与其目标顾客交易及关系的外在参与者和影响力。"由此可见，市场营销环境是指与企业营销活动有潜在关系的所有外部力量和相关因素的集合，是影响企业生存和发展的各种外部条件。根据这个定义，农产品市场营销环境，也就是影响农产品市场营销活动的各种外部因素的总和。农产品经营企业研究市场营销环境的主要目的，在于识别市场机会和威胁，从而综合考虑自身的优势与劣势，积极主动地"趋利避害"以保证经营目标的顺利实现。

二、农产品市场营销环境特点

农产品市场营销环境复杂、多变，是一个多因素、多层次的复合体，具有多重特点。

(1)客观性。农产品市场营销环境是农产品经营企业市场营销活动之外，影响营销绩效的各种因素的总称。任何企业都是在特定的社会、经济、政治、文化等外界环境条件下生存和发展的，企业只要是从事市场营销活动，就必然面对各种环境因素的影响和制约。因此，农产品经营企业要对环境影响的客观性有深刻的认识，从而加强营销策略的灵活性以适应环境可能发生的变化。

(2)相关性。农产品市场营销环境是一个综合系统，各种影响因素相互依存、相互作用和制约。每个企业赖以存在的小系统要与社会化的大系统保持平衡，一旦环境变化导致这种平衡被打破，每个企业的市场运行和营销策略都会受到影响。

(3)差异性。不同的农产品经营企业会受到不同环境因素的影响，而且同种环境因素的变化也会给不同企业带来差异化的影响。因此，一个环境因素的变化对某个企业是威胁，但对另一个企业可能就是机会，企业决策者必须采取不同的营销策略予以应对。

(4)动态性。市场上没有固定不变的营销环境，环境因素总是处于不断变化的过程。当然，这种变化有快慢和大小之分。科技、经济类因素变化快而大，而人口、社会文化和自然因素变化慢而小，但对市场营销活动的影响相对长而稳定。

(5)不可控性。影响农产品市场营销环境的因素复杂多样，而且来自于企业的外部，具有不可控性，如政治法律制度、人口增长、社会文化习俗等。

(6)可适应性。尽管农产品经营企业对市场营销环境不可控制，但完全可以通过对内部环境因素的调整来适应外部影响，达到将不利因素向预期方向转化的目的。现代营销学认为，企业经营成败的关键，就在于企业能否适应不断变化的市场营销环境。"适者生存"既是自然界演化的法则，也是企业营销活动的法则。

第二节 农产品市场营销的宏微观环境

一般而言，农产品市场营销环境可以分为宏观环境和微观环境两类。宏观环境是决定或影响农产品经营企业市场营销活动的外在力量，主要包括人口、经济、自然与科技、政治法律和社会文化环境五个方面；微观环境是在市场营销过程中与农产品经营企业发生直接联系的对象，主要包括本企业、生产者和运销中介、消费者、竞争者和社会公众。

一、农产品市场营销宏观环境

农产品市场营销的宏观环境是指对农产品经营企业营销活动造成市场机会和环境威胁的主要社会力量。任何一个市场营销机构都处在宏观环境之中，因此不可避免地受到环境变化带来的影响。对农产品经营企业而言，这些宏观环境都是不可控制的，企业乃至企业所处的微观环境均受宏观力量的控制，它们能给企业提供机会的同时也可能造成危机，加强研判、顺势而为是农产品经营企业的重要策略选择。

(一)人口环境

人口是构成市场的首位因素，因为市场是由那些想购买商品同时又具有购买力的人组成的。人口数量一定程度上决定了市场规模和潜在容量，人口越多，市场越大。与此同时，人口的年龄结构、家庭组成、分布及流动特点则决定了市场的需求结构，并直接影响企业的市场营销策略及其执行。人口环境主要包括总人口、人口分布与流动和人口结构。

(1)总人口。目前，我国总人口已超过 13 亿人，另据估测，2025 年全世界人口将达 83 亿人。人口快速增长带来的食物需求膨胀给粮食生产部门和政府带来巨大压力。然而，人口规模是市场潜力最重要的标志，人口增长形成的食物消费市场同样十分巨大，可以为农产品经营企业提供巨大的市场空间。

(2)人口分布与流动。人口城市化是市场经济和工业化的必然结果，城市化使人口需求和消费市场的规模迅速扩大。在已经完成城市化的发达国家，随着高收入者从市中心迁往郊区，许多现代化的购物中心也随之在郊区出现。而发展中国家的人口城市化远未完成，农村人口正大规模、快速地向城市流动，这给消费市场总量和需求层次带来了深刻影响。我国人口分布的特点是西部疏东部密、农村疏城市密，但农产品生产结构则遵循因地制宜的区域分工规则并主要布局在广大农村地区，上述矛盾充分体现了我国经济发展水平、消费习惯及产业布局等诸多方面的区域差异。

(3)人口结构。人口按照年龄、性别、民族、婚姻、受教育水平等人口学特征分为不同的人群，呈现一定的结构性差异。一般而言，不同的人群对农产品的偏好和需求不一样，人口的结构决定了农产品的需求结构。以年龄结构为例，发达国家由于人口出生率下降和平均寿命延长，人口趋于老龄化，又由于孩子数量减少，丰裕的家庭闲暇时间增多了旅游和娱乐活动，因此给旅馆、餐饮和航空业带来了新的营销机会。而发展中国家由于卫生条件和医疗技术的进步，人口死亡率持续下降、出生率居高不下，这就决定了婴幼儿用品、教育设施的市场需求巨大，对老年用品的需求量则相对较小。最近的一项研究也表明，少儿抚养系数和老年抚养系数与居民消费率正相关。而近年来我国社会总抚养系数的下降(少儿抚养系数大幅下降，老年抚养系数缓慢上升)，则可以作为现阶段国内消费不足的一个重要解释。按照当前我国人口年龄结构的变化趋势，未来我国人口老龄化程度将加速上升，老年抚养系数对居民消费率的影响可能会进一步强化①。

(二)经济环境

经济环境较为复杂，主要包括国内外经济形势、经济发展阶段、居民家庭收支、经济政策等，此处简要分析以下三方面。

(1)城乡居民收入增长。收入与支出呈正相关关系。当经济形势良好、城乡居民收入增长较快时，收入对消费的拉动作用强劲，反之，消费市场低迷，市场营销艰难。尽管恩格尔定律指出，随着经济发展食物支出在家庭总支出中的比重趋于下降，但不可否认收入增长对居民食物消费和农产品销售总量的拉动作用。

(2)收入分配。在宏观层面，收入分配不均会导致社会整体消费需求下降。在图2-1中，城乡居民收入基尼系数(Gini coefficient，GINI)与平均消费倾向(average propensity to consume，APC)呈现明显的负相关关系，并有相关的计量检验证据。在微观层面，不同收入水平的家庭在消费支出模式上存在差异，低收入家庭花费在食品上的消费支出比重往往比高收入家庭要高。当然，随着经济发展，不同收入水平的家庭比例也会发生相应的变化，进而影响到农产品需求。

(3)经济政策。政府根据经济运行的实际状况，可以采取金融、财政、税收等综合性政策刺激、引导消费，以及影响农产品经营企业的经济行为。因此，农产品经营企业要深入分析政府出台的相关方针政策，适时把握政策动向以调整市场营销的重点和策略。

表2-1的计量检验结果，从统计显著性角度表明了我国消费水平与人口因素、经济因素之间的相关关系。

---

① 邱俊杰，李承政．人口年龄结构、性别结构与居民消费——基于省际动态面板数据的实证研究．中国人口资源与环境，2014，(2)：125～131.

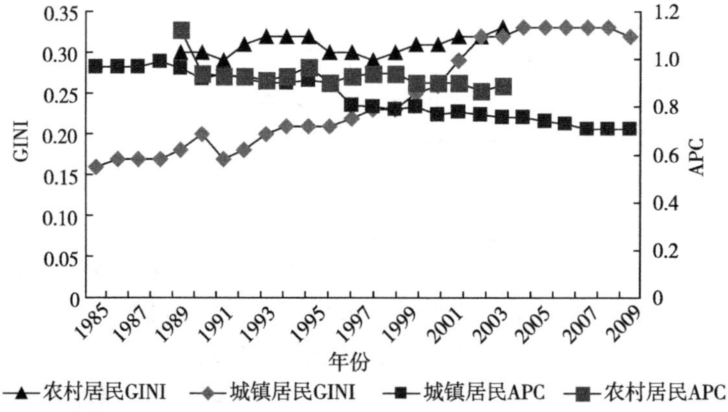

图 2-1 收入分配与消费需求关系

表 2-1 我国消费水平与人口、经济因素的相关性

变量	区域消费	政府消费		居民消费	
	相关系数	相关系数	计量结果	相关系数	计量结果
储蓄	0.993 1	0.966 7		0.990 8	显著
国内生产总值	0.953 8	0.952 2		0.943 3	显著
城乡人均收入	0.947 6	0.945 0		0.937 7	
少儿人口比重	0.920 7	0.911 1		0.914 3	
每十万人口大学生数	0.919 3	0.919 7	显著	0.909 4	显著
人口规模	0.909 6	0.868 8	显著	0.916 9	显著
人口流入率	0.876 1	0.857 8	显著	0.874 4	显著
老龄化程度	0.872 9	0.865 3	显著	0.867 5	
劳动力人口比重	0.863 8	0.851 3		0.860 4	
城镇化	0.851 3	0.835 5	显著	0.849 6	

资料来源：石贝贝，王金营．人口发展变化对区域消费影响的实证研究——基于中国省级区域的数据．人口研究，2014，(1)：77～89

(三)自然与科技环境

自 20 世纪 60 年代以来，人们越来越多地关心工业发展对自然环境的影响。当前，“先污染、后治理”的发展道路正在被“新型工业化”模式所替代，科学技术的弊端也正被人们所认识，在此过程中，人们的饮食习惯和消费观念也在悄然发生变化，这无疑对农产品及农产品市场营销提出了新的要求。特别是 20 世纪后期互联网的出现，使市场营销观念得到彻底的更新。互联网的即时双向互动、时空不再限制、信息交流自由、崇尚分享等特点对传统营销理论产生重要影响和冲击，网络营销在一定程度上已成为定制营销、整合营销、双向互动营销、远程或全球营销、无纸化交易等多种营销方式的综合，并与传统营销方式有机结合而形成一种新型的经营行业。当前，农产品销售也开始采用互联网技术，依托农产品生产基地与物流配送系统，利用电子商务平台进行供求、价格发布和电子支付，为各地农产品开拓了广阔的网络销售渠道。

(四)政治法律环境

政治法律环境，是指一个组织所在国家的政治总体稳定性、宏观管理手段及政策的连续性、政府对组织发展及其作用所持的态度，以及由此制定的相关法律法规。道德是人类行为的上限，法律则是下限和准则。一个国家的政治和法律对企业的市场营销活动有着深刻的影响，并以此达到其所要实现的政治与经济目的。因此，农产品经营企业从事市场营销活动，既要有良好的职业道德，又要有强烈的政治与法制意识，在法律法规允许的范围内从事各项农产品的推广活动。

（五）社会文化环境

社会文化主要是指一个国家或地区的社会阶层、风俗习惯、伦理道德和价值观念等。不同社会文化背景下的市场群体具有迥然不同的消费观念和生活习惯，并进而影响到购买行为。以宗教信仰为例，据统计，全世界信奉基督教的教徒有 19 亿多人，信奉伊斯兰教的教徒有 11 亿人，印度教徒 7 亿人，佛教徒 3 亿人，部落宗教 2 亿人。教徒信教不一样，信仰和禁忌也不一样，这些信仰和禁忌限制了教徒的消费和购买行为，如印度教徒视牛为圣物，不吃牛肉；伊斯兰教忌食猪肉和含酒精的饮料；佛教徒不沾荤腥。这些都是市场营销时必须严格关注的因素。因此，农产品经营企业在推广内容、商标设计、广告及服务等方面要充分考虑目标市场的社会文化环境，有取舍地开展市场营销活动。

二、农产品市场营销微观环境

市场营销的目标是在盈利的前提下为目标消费者提供相应服务，满足目标市场的特定需求。农产品经营企业要完成这个任务就必须把自身与农产品生产者、运销中介等联系起来，以便更接近目标消费者。本企业、生产者和运销中介、消费者、竞争者和社会公众共同构成了农产品经营企业的基本营销系统和微观环境。

（一）本企业

农产品经营企业的市场营销部门不是孤立存在的，除此之外还有高层管理（董事会、总裁等）、财务、研发和采购等其他职能部门。农产品经营企业在制定和实施营销计划时必须综合考虑各部门的现实情况，协调好各部门的衔接关系。来自本企业的微观市场营销环境主要是指企业文化和治理机制。

1. 企业文化

企业文化是近年来日益受到重视的市场营销内部因素。农产品经营企业的文化，是经营者及其率领的团队长期积淀的企业性格，表现为团队精神、价值标准、管理制度和行为规范等。员工普遍接受和认同的企业文化能为农产品市场营销提供良好的微观环境，有利于调动员工的积极性，发挥员工的主动创造力，提高团队凝聚力，从而有助于传播企业形象和增进营销业绩。创造良好的企业文化环境，需要农产品经营企业建立并实施相应的人事、激励、组织等方面的规章制度，并积极开展各种文化活动，吸引全体员工参与，增进员工对企业宗旨的了解和主人翁责任感。

2. 治理机制

农产品经营企业的内部有各种职能部门，营销管理部门在制订营销计划时，必须考虑到与公司其他部门的协调与合作。因此，企业治理机制以及营销部门在其中的地位直接影响到营销活动能否顺利开展。成功的市场营销往往需要经营者形成良好的治理机制，协调各部门的利益和规范各部门的行为。

（二）渠道企业

农产品经营企业作为一种社会化的组织形式，是一个与外界存在各种物质、信息交换关系的开放系统。与之联系的渠道企业主要是指生产者和运销中介。

1. 生产者

农产品生产者就是指为农产品经营企业及其竞争者提供农产品原材料的农户。农户供应的农产品数量、质量、价格，以及供应的及时性直接影响到企业的成本及质量。因此，农产品经营企业要在市场营销活动中获得较高的利益，就要选择在农产品品质、价格、信用及运输等方面条件最好的农户或其组织，这样才能为最终的加工和销售环节提供可观业绩。

我国改革开放特别是加入 WTO 以来，在农产品产业链上农产品经营企业与农户之间产生了众多的渠道协作模式。根据近年来的发展，我们按照渠道协作程度由低到高归纳出五种，即传统随行就市的市场化交易、农民组织化基础上的订单模式、公司领办型合作社模式、股份或股份合作模式和纵向一体化模式。具体如表 2-2 所示。

表 2-2 农产品经营企业与农户协作模式

模式	协作特征	利益分配机制	适用性
传统随行就市的市场化交易	完全市场化交易	市场价格调节	大量存在于传统农产品领域
农民组织化基础上的订单模式	农民组织与企业订立合同，约定协作内容及规程	合同约定（包括保证价、市场保护价、市场保护价＋优惠服务、市场保护价＋二次返利）	专业化生产、合作社发展良好、农产品经营企业实力较强的农产品领域
公司领办型合作社模式	企业领办合作社，合作化管理	按交易量分红＋二次返利	农民组织化程度低、加工专用性强、企业实力较强的农产品
股份或股份合作模式	农户入股企业，企业化管理	按股分红	面临诸多制度和法律障碍
纵向一体化模式	农产品经营企业完全企业化管理	利润归农产品经营企业，农户获得土地租金和劳务报酬	资本投入和标准化要求较高、专用性强的农产品领域

(1)传统随行就市的市场化交易。在传统模式下，农产品经营企业根据市场行情和加工经营需要，在农产品市场上向农户采购原料，双方无须事前签订任何形式及内容的合同，且都是价格的接受者并进行自由买卖、现货交易。这种模式是农产品经营企业与农户协作的初级形态，由于农户与企业全凭当期意愿自由决定交易对象和交易数量，以此获取短期最大的市场利益，因而基本不存在事后的合同纠纷和协作上的组织与管理成本。但其弊端在于，农户低下的组织化程度给渠道协作带来高

额的市场交易费用，而且作为初级农产品的提供者，农户必须独立承担自然风险和价格波动带来的市场风险，由此而来的交易不确定性及收益风险使农户对农产品结构调整缺乏主动性，造成生产基地建设落后，给下游产业带来严重的原料供给风险。同时，农产品经营企业由于没有稳定的采购来源，需要付出高额的搜寻费用，所购农产品的规格、品质和安全性等也难以保证。因此，传统的市场化交易存在巨大的不确定性和交易成本，农产品经营企业对产业链的控制力极弱，双方的协作关系极不稳定。在实践中，该模式大量存在于传统的农产品领域，这些农产品在专用性、规格及品质上只能基本满足下游企业的需要，难以应对日益加剧的农产品产业链竞争，如何转型升级是该模式当前面临的主要问题。

(2)农民组织化基础上的订单模式。订单模式也称契约式、订单农业，最早可追溯到1885年日本侵占台湾时期糖厂向农民收购甘蔗的案例。当前我国的订单模式是伴随20世纪90年代农业产业化的发展而兴起的，由农产品经营企业与农户签订以远期交易价格为核心、具有法律效力的农产品产销合同，从而将渠道双方联结起来的一种协作机制。订单模式通过契约关系明确了企业与农民之间的责、权、利，使农产品产业链上的交易费用有所节约，交易不确定性降低，协作效率提高，农户进行品种结构调整、发展加工原料的积极性得到保护，企业也稳定了协作关系并强化了对农产品产业链的控制。为此，农业部《关于发展和规范订单农业的意见(2002)》充分肯定并支持订单农业的发展。然而，受到资产专用性、不确定性、交易频率等交易特性，以及合约不完全性、行为主体有限理性等因素的影响，纵向协作的远期交易风险很大，据调查，“公司＋农户”模式的订单履行率并不高，全国80％以上的订单最终未能兑现。郭红东的研究表明，提高订单履约率可以采取完善订单条款、提高农民组织化程度、创造良好外部环境等多种办法，其中，通过专业合作社将分散的农户组织起来被各地广泛采纳，2006年全国人大还专门立法给予农民专业合作社以法律地位。在农民组织化基础上的订单模式中，农户以会员身份加入合作社并按要求生产，合作社则全权负责与农产品经营企业的联结并订立购销合同和履行协议。与分散的农户相比，合作社既是谈判力和竞争力更强的市场主体，又是连接农户与农产品经营企业的桥梁和纽带，降低了交易成本和履约风险，提高了纵向协作的效率。

虽然订单模式的纵向协作具有广泛的适应性，但在实践中仍然存在一些急待解决的问题，这表现在：①农产品经营企业在利益分配上遵循自身利润最大化原则，并不承担将利润返还给农户的义务，只提供农户订立和履行合同所能接受的最小利益，农产品加工增值的超额利润基本归属于企业。这对于产业链上依存关系极强的农户具有很大的不公平性。②农民组织与农产品经营企业在协作中的职能及合同规定的权利义务不同，但企业占据协作的主导地位，弱小的农民组织议价能力依然很弱，在利益分配上处于消极的、被动接受的地位，因而利益分配极不平衡，农户权益难以保证。③缺乏行之有效的执法措施对农民组织和农产品经营企业履约行为进行有效的监管和督促，协作关系存在合同约束的脆弱性和协调困难的问题，实践中仍然有相互违约的现象。因此，目前该模式主要适合农民专业合作经济组织发展良好且农产品经营企业实力较强的农产品领域。

(3)公司领办型合作社模式。按照《农民专业合作社法》规定，合作社可由具有民事行为能力的公民，以及从事与合作社业务直接有关的企业、事业单位或者社会团体领办。公司领办型合作社正是由农产品经营企业牵头成立，企业采取全额出资或者持有大部分股份的方式成为合作社的主要出资者、实际控制者和分配规则制定者。农产品经营企业既是合作社的领办方，也是农产品产业链的下游组织，在共同遵守合作社规程的条件下企业与农户将外部交易内部化，在合作化管理的平台上建立起共赢的协作机制，从而约束双方的经营行为，提高农产品产业链上的纵向协作层次和效率。特别是在农产品买方市场的条件下，企业领办合作社有利于帮助农户更快、更好地融入国内外市场，提升农产品品质，延伸农产品产业链条和分享增值收益。例如，四川省邛崃市金利猪业合作社就是由成都市、邛崃市两级政府共同出资 10 万元，金利实业有限公司出资 40 万元牵头成立的，金利合作社每年 100 多万元的经费开支，包括合作社办公室租费、专职工作人员报酬、社员技术培训等，均由金利公司承担①。与订单模式不同，公司领办型合作社模式中约束协作双方的不是市场购销合同，而是更为紧密的合作社规则，如金利合作社提出的“五统三分”要求，即统一品种、统一投入品、统一防疫、统一技术指导、统一保护价收购和分户饲养、分户管理、分户核算。

这种模式综合了农产品经营企业集约化经营和合作社对分散的农户进行组织化管理的优点，不仅通过合作社的管理平台对农业生产要素进行整合，约束和规范农户的生产行为，使农产品达到企业的标准要求，而且使企业的技术、管理等要素延伸到农业生产过程中，提高了农户生产效率，分解了农户的资金投入、技术服务、产品销售等风险。然而，公司领办型合作社模式潜藏的风险也很突出，表现为公司领办型合作社以企业利益最大化为目标，对社员的利益维护不够②。企业法人社员容易操控合作社，作为弱势群体的农户无从保护权益，但是企业却通过合作社的平台垄断了本地的农产品原料来源，并最大限度地攫取国家的扶持和优惠政策。尽管一些合作社在收益分配中引入了盈余返还的形式，但由于合作社的财务管理、收益分配方案完全控制在公司领办者手中，实际返还的比例仍然非常有限，它表现出的是对农民社员的“施舍”，而不是成员间平等地分享收益。该模式主要存在于农民组织化程度低，但农产品加工专用性强、企业实力较强的农产品领域。

(4)股份或股份合作模式。农户以资金、劳动，特别是土地承包经营权折价入股农产品经营企业，农户与企业由相互独立的利益主体转变为统一的利益主体，通过股权、红利作为最主要的利益调节器，进而形成紧密结合的农产品产业链和纵向协作关系，成为“风险共担、利益共享”的经济利益共同体。与公司领办型合作社模式不同的是，在该模式中，农户是农产品经营企业的股东而不是社员，对企业的经营风险承担共同责任，没有合作社的退社自由。参股农户按照公司章程享有对企业利润的索取权，但需按股分红而不是按交易量分红。农产品经营企业对农户的入股要素具有统一经营和管理的权

---

① 廖祖君，赵璐，凌渝智．公司领办型合作社发展研究——邛崃市金利猪业专业合作社的案例分析．农村经济，2008，(10)：119～121.

② 邓军蓉，祁春节．公司领办型合作社与社员的订单安排及履约分析——以湖北省宜昌市柑橘合作社为例．农村经济，2011，(1)：123～126.

力，实施企业化运作，不再限于通过合作社平台对农户进行生产指导和支持，因而协作程度更高，是农产品领域纵向协作机制的高级形式。这种模式符合利益相关者一致同意原则①，有利于实现从不同利益主体的联合向利益共同体的转变。但从实践来看，农户持有的股份很少，在经营决策中的权力微乎其微，而且要素折价困难，农户也不能退股只能转让，存在诸多制度、法律障碍问题和很大的社会风险，因而实际运用不多，只在沿海地区有所探索。

(5)纵向一体化模式。尽管中央并不鼓励工商企业大面积、长时间地租种农户土地，但纵向一体化模式仍在一些设施农业或技术示范与推广项目中被采用。这种模式是指由农产品经营企业买断农户的土地及其附属生产资料的经营管理权，把农产品的生产、加工、销售等经营管理完全纳入企业化运营，使之更稳定地联结在一起，从而形成了"产加销"纵向一体化的农产品产业链结构。纵向一体化完全脱离了企业与农户之间的商品买卖行为，企业把农业生产作为第一生产车间，实行农业生产与加工的一体化管理和标准化运作，部分农民成为企业的雇佣工人，这极大地减少了原料搜寻、利益谈判、合约订立和监督等外部交易成本，很好地解决了纵向协作不稳定的问题，提高了农产品的质量安全系数和市场竞争力，降低了农民的收入风险。但不可否认的是，农业生产监督成本太高的弊端也被该模式吸收，导致企业的内部组织管理成本很高，因而只适合少数资本投入和生产标准化程度要求较高、专用性较强的农产品领域。

2. 运销中介

运销中介是协助农产品经营企业运输、促销的组织或个人，主要包括农产品经纪人、物流公司等。农产品经纪人主要是指通过从事农产品收购、储运、销售及销售代理、信息传递、服务等中介活动而获取佣金或利润的经纪组织和个人。根据从业构成，农产品经纪人可以分为销售型经纪人、科技型经纪人、信息型经纪人和复合型经纪人等。目前，根据我国实行的行业准入制度要求，为规范全国各地大量存在于农产品流通领域的各种中介行为，国家劳动和社会保障部制定了农产品经纪人职业资格制度，即所有在农村从事农产品经营中介活动的人员都需要经过培训取得农产品经纪人职业资格证书，持证上岗。而且，国家劳动和社会保障部已将农产品经纪人职业资格的管理行为授权给中华全国供销合作总社，由中华全国供销合作总社根据授权实施行业培训，制定行业标准及资格证书的管理工作。

(三)消费者

消费者是农产品经营企业面对的最重要的公众，是农产品市场营销的中心。农产品市场营销环境的每一个层级都要对消费者进行分析研究。

(四)竞争者

竞争者是农产品经营企业的直接威胁者，它们不仅服务于同一消费者群体，而且共同构成一个市场结构，并以此决定彼此的市场行为及绩效。

---

① 钱忠好，曲福田．农地股份合作制的制度经济解析．管理世界，2006，(8)：47～55.

（五）社会公众

社会公众是指对农产品经营企业实现其营销目标具有实际或潜在利害关系或影响的一切组织和个人。社会公众主要包括以下几类。

(1)融资公众，是指那些关心并可能影响农产品经营企业获取资金的组织，如银行、投资公司、证券交易所等。

(2)媒体公众，是指报社、杂志社、广播电台和电视台等大众传播媒体，它们对企业的声誉和市场形象具有举足轻重的影响。

(3)政府公众，是指有关的政府部门。农产品经营企业在制定和实施市场营销计划时要充分考虑政府的政策，要向相关部门和机构咨询涉及食品安全、广告宣传和经营权利等政策，从而与政府形成更好的关系。

(4)社团公众，是指消费者组织、环境保护组织及其他群众团体。20 世纪 60 年代以来盛行的消费者保护运动使得社团公众成为农产品市场营销中不可忽视的力量。

(5)社区公众，是指农产品市场营销所在地附近的居民及社区组织。农产品经营企业在营销活动中要避免与周围群众发生利益冲突，平时要注意对社区的公益事业多作贡献，非常时期要指派专人负责处理此类问题。

(6)一般公众，是指除了上述公众以外的其他社会公众。农产品经营企业要了解和把握一般公众对农产品及相关营销活动的态度，其在一般公众心目中的形象对农产品市场营销具有重要影响。

(7)内部公众，是指农产品经营企业内部的职工，包括高层管理者和一般员工。企业内任一员工都有其内部的供应者和客户，他们都要通过自身的努力与上下游员工保持良好的合作关系，共同实现企业战略目标。例如，企业发行的内部通信就起到了良好的沟通和激励作用。

第三节 农产品市场营销环境的分析方法

一、PEST 分析法

对农产品市场营销宏观环境的分析方法通常采用 PEST 分析法，包括影响农产品行业及企业的各种宏观力量(表 2-3)。虽然，不同农产品行业和企业因其自身特点和经营需要，在对宏观环境因素作分析时存在具体内容的差异，但一般都会对政治(political，包括法律)、经济(economic)、社会(social)和技术(technological)这四大类影响企业的主要外部宏观环境因素进行分析，因此这种方法被简称为 PEST 分析法。

PEST 分析因子在农产品价值创造过程中扮演着重要角色。但是，因为这些因子往往超出农产品企业的掌控，所以通常既被视为威胁，又被当成机会。值得一提的是，不同洲、不同国家，甚至同一国家的不同地区的宏观经济环境都存在差异，因此 PEST 分析通常以地区为分析单元。

表 2-3　农产品 PEST 分析模型

政治	经济	社会	技术
国际贸易章程与限制 税收政策 环保制度 食品安全政策 竞争规则 政治稳定性	国民经济运行 消费价格指数 居民收入 恩格尔系数 汇率调整 进出口贸易	人口环境 教育环境 文化环境 生态环境 城市化率 居民消费观念和习惯	种植与养殖技术 农产品加工程度 农业机械化水平 农业技术推广体系 农业科研与投资 新技术应用

二、SWOT 分析法

SWOT 分析法也被称为态势分析、知己知彼战略，最早是由美国旧金山大学的管理学教授在 20 世纪 80 年代初提出来的，是农产品企业研究内外部环境因素，制定市场营销战略决策和进行竞争情报分析的常用方法之一。管理者可以运用这种方法，了解企业当前面临的市场环境和未来竞争状况，以此制定一套能适应当前和应对未来的市场营销策略。

农产品市场营销 SWOT 分析，将与农产品市场营销密切相关的各种主要内部的优势因素(strengths)、劣势因素(weaknesses)、外部的机会因素(opportunities)、威胁因素(threats)通过调查罗列出来，并依照一定的次序按矩阵形式排列，然后运用系统分析的思想，把各种因素相互匹配加以分析，从中得出相应的结论或对策。农产品 SWOT 分析应考虑的因素见表 2-4。

表 2-4　农产品市场营销 SWOT 分析应考虑的因素

外部环境	威胁因素	机会因素
	市场增长缓慢 竞争压力增大 不利的行业政策 新的竞争者进入 替代产品销量逐步上升 下游企业讨价还价能力增强 消费者需要和偏好转变 通货膨胀递增及其他	纵向协作或一体化 市场增长 能争取到新的买方 有进入新市场的可能 在同行业中竞争业绩优良 结构调整满足消费者需要及其他
内部环境	优势因素	劣势因素
	成本优势 渠道优势 产品增值与创新 具有规模经济 良好的财务状况 高素质的管理队伍 良好的企业形象 适应能力强的经营战略及其他	战略方向不明 设备老化 竞争地位恶化 产品线范围狭窄 技术开发滞后 营销水平低于同行业水平 管理不善 高成本及其他

农产品市场营销 SWOT 分析主要包括以下几个步骤。

(1)分析环境因素。其是指运用各种调查研究方法，分析出农产品企业所处的各种环境因素，即外部环境因素和内部环境因素。外部环境因素包括机会因素和威胁因素，它们是外部环境对农产品企业的发展有直接影响的有利和不利因素，属于客观因素，一般归属为经济的、政治的、社会的、人口的、产品和服务的、技术的、市场的、竞争的等不同范畴；内部环境因素包括优势因素和劣势因素，它们是农产品企业在其发展中自身存在的积极和消极因素，属于主动因素，一般归类为管理的、组织的、经营的、财务的、销售的、人力资源的等不同范畴。在调查分析这些因素时，不仅要考虑到农产品企业的历史与现状，还要考虑到企业的未来发展。

(2)构造 SWOT 矩阵。其是指将调查得出的各种因素根据轻重缓急或影响程度等排序方式，构造出农产品市场营销的 SWOT 矩阵。在此过程中，将对企业发展有直接的、重要的、大量的、迫切的、久远的影响因素优先排列出来，而将间接的、次要的、少许的、不急的、短暂的影响因素排列在后面。

(3)制订行动计划。其是指在完成环境因素分析和 SWOT 矩阵的构造后，可以制订出相应的农产品市场营销行动计划。制订计划的基本思路是：发挥优势因素，克服劣势因素，利用机会因素，化解威胁因素；考虑过去，立足当前，着眼未来。运用系统的综合分析方法，将排列与考虑到的各种环境因素相互匹配加以组合，得出一系列农产品企业市场营销可选择的对策。

SWOT 分析作为选择和制定战略的一种方法，为农产品市场营销提供了四种战略，分别是优势、劣势、机会和威胁的相互组合，即优势—机会(SO)战略、劣势—机会(WO)战略、优势—威胁(ST)战略、劣势—威胁(WT)战略，具体见表 2-5。

表 2-5 农产品市场营销 SWOT 组合战略

战略组合	外部威胁	外部机会
内部优势	优势—威胁战略 依靠内部优势 回避外部威胁	优势—机会战略 依靠内部优势 利用外部机会
内部劣势	劣势—威胁战略 减少内部劣势 回避外部威胁	劣势—机会战略 利用外部机会 克服内部劣势

SWOT 方法的基本点，就是农产品企业市场营销战略的制定必须使其内部能力(优势和劣势)与外部环境(机会和威胁)相适应，从而获取市场竞争的成功。

☞策略介绍

一、陕西苹果营销环境与策略①

(一)陕西苹果微观营销环境分析

陕西鲜苹果商品质量低，使得鲜苹果的档次不高，缺乏高档次的竞争能力。而安全

① 於志东．陕西苹果营销环境及营销策略研究．International Conference on Engineering and Business Management，2012：888～891.

卫生方面远落后于欧美国家，亦制约和影响了陕西苹果在国际市场上的营销能力。就生产力水平来讲，虽然陕西的单产上升明显，但仍然落后于美国和欧盟，2004 年陕西苹果单产不到美国和欧盟单产的 40%。生产水平低会制约生产者的盈利能力，但在陕西已经有巨额产量，却普遍出现卖果难的情况下，单纯追求生产力的提高有可能进一步恶化陕西苹果种植者的经营状况，损害果农的获利能力。在品种资源结构上，早中晚熟品种不合理，大量的晚熟品种集中上市压低了市场价格，降低了陕西苹果的获利能力。加工苹果专用品种缺乏使得苹果汁质量低而难以控制。而红富士一统天下，又难以满足消费者的多样化需求。老品种过多新品种不足，从长远来看对陕西苹果的竞争力进一步提高不利。生产要素投入上，要素投入总量偏低不利于高档苹果的生产，要素投入结构中化肥农药比例过大，影响和制约苹果的质量安全性能。这些也从根本上决定了陕西苹果难以在高档苹果市场上和欧美进行竞争。生产者组织化程度过低，市场讨价还价能力弱，长期处于规模不经济状态，从深层次上造成陕西苹果质量差、档次低、竞争力弱的现状。而从产业集中度上来看，陕西正在逐步提高中，这有利于发挥产业集聚效应，从而提高陕西苹果的竞争力。陕西苹果商品化处理程度低，只能以较低端的初级产品形式出现，档次较低，从而缺乏品牌效应。商品化处理程度低是陕西苹果在高档市场上缺乏竞争力的主要原因之一。而运输与储藏方面，冷冻链建设不足，苹果毁损率高，在带来经济损失的同时也影响了苹果的质量，最终使得陕西苹果整体竞争力不高。虽然陕西苹果加工(主要是苹果汁)取得了较大的发展，在国际市场上具有较大的市场份额，是世界上最主要的苹果汁出口地之一。但实际上陕西苹果汁加工业存在很多问题，例如，因为没有专用加工品种所以质量不够稳定，苹果汁加工厂大多规模较小且分布不太合理，过于密集。在出口中各自为政，恶意竞争。苹果汁加工的快速发展一方面提升了陕西苹果的国际竞争力，但另一方面其存在的这些不容忽视的问题将制约陕西苹果竞争力的进一步提高。

(二)提高陕西苹果产业竞争力的营销策略

(1)加快苹果品种结构调整，增加苹果产品项目，提高苹果质量。品种是保持产业竞争优势的核心技术，在产业发展的过程中需不断地进行调整，以适合市场需求的变化。加强对陕西新鲜苹果市场定位研究，确定陕西新鲜苹果营销的国际与国内目标市场，对目标市场的消费需求现状和趋势进行研究，规划不同品种的适宜栽植区域和面积，繁育具有品牌优势、高附加值、出口创汇能力强的苹果优良新品种，加快苹果品种结构调整。

(2)构建苹果营销企业与农户间的向前一体化的营销战略模式。陕西省农村改革开放的深入发展和新鲜苹果出现卖果难现象，充分显示了陕西果农参与国际与国内市场营销的必要性和紧迫性。但是农村实现家庭联产承包责任制后，陕西省农产品的流通渠道主要是国营商业系统和农村供销合作社，由于国有企业改革滞后，难以发挥农产品销售主渠道的地位，需要适应市场需求的苹果营销企业和组织来组织、带动农民进入市场，参与市场营销与竞争。这种模式的基本形式是公司与农户通过鉴定合同或其他方式，在明确各自权利和义务的条件下，把产、供、销统一起来，结成利益共同体，按照风险共担、利益共享的原则进行农产品的生产、加工、流通的一种组织形式。目前，向前一体化营销战略的苹果营销模式在陕西省苹果产业区已经初露苗头，必将在带动农户参与国际与国内市场营销，引导苹果产业结构调整，增加农民收入，促进苹果生产技术推广与应用等方面发挥重要的作用。

(3)构建苹果生产农户间的水平一体化的营销战略模式。果农通过建立苹果营销合作社，建立比较稳固的营销协作关系，合作社在一定区域内进行技术引进、技术指导、咨询服务、物资供应和苹果销售等活动，以建立示范样板的形式，以点带面，逐步推广扩大。陕西省已经开始了这种模式的推广，这种组织模式通过技术服务有效地提高了科技成果的普及率，引导果农调整苹果产业结构，使之进一步适应市场经济，达到合理和优化。但是这种方式要有充足的机遇，并需要做好各方协调管理工作，才能发挥应有的积极作用，增加果农收入。

二、湖南农产品绿色营销环境与策略①

(一)国外绿色营销沿革

学者对绿色营销含义的界定大都从环境保护的角度出发，认为绿色营销不仅要满足消费者的需求并由此获得利润，而且要满足和符合环境保护的长远利益的需要，它与传统营销的根本区别在于强调环境责任，是以社会及企业自身的可持续发展为最终目标的营销活动，因此对企业的要求更高，对政府的依赖也更强。

20 世纪 60 年代末 70 年代初，人类的环保意识开始萌芽；到 80 年代，绿色意识和绿色观念在西方一些发达国家开始广为传播；进入 90 年代，环境保护意识和市场营销观念相结合，产生了绿色营销思路。国外开发有机食品、自然食品、生态食品和绿色食品较早，1972 年在欧洲成立的有机农业运动国际联盟(International Federal of Organic Movement，IFOAM)，推动了许多国家生产、开发有机食品和绿色食品。如今在美国、西欧、北欧等发达国家和地区，绿色营销不仅体现在企业的生产与营销方面，而且已经扩展到了社会的各个方面。

(二)湖南省农产品绿色营销策略的构建

湖南省农产品在国际市场和国内市场上的竞争力还有待提升。立足于本省市场，在绿色营销策略方面苦练内功，是湖南省农产品走向全国、走向世界的基础所在。

(1)基于绿色消费者需求特征的促销策略。据笔者对长沙、株洲、湘潭、常德等城市所做的市场调查结果显示，目前绿色农产品的购买主要以家庭主妇作为决策主体。这类人群的消费行为特征是：实在，理性，注重产品的实际功能，关注家人健康，以及一旦成为忠实的绿色消费者，其价格敏感度较低。而其购买绿色产品时最关注的要素有：是否真正具有绿色效果、价格因素、品牌形象。另外，处于青年时期的独生子女一代也可能因为追求时尚而成为绿色消费的主体，其消费行为特征为：冲动性购买多于计划性购买，品牌忠诚度低；需求价格弹性低；注重绿色产品的时尚度，而其购买绿色产品时最关注的是绿色产品是否符合时尚的消费潮流。这就为湖南省农产品生产企业采取针对

① 杨丽华，邓德胜．湖南省农产品绿色营销环境分析及营销策略探讨．生态经济，2006，(10)：259～262.

性的促销策略提供了思路，即针对不同的目标消费群体，采取针对性的绿色促销策略。对关注家庭型的绿色消费者，其广告诉求要关注消费者切身利益，揭示核心产品利益，突出绿色产品的安全、健康、环保优势，以增强其消费信心；对关注时尚的绿色消费者，则注重产品在引领时尚潮流、体现消费品位等方面的诉求。通过广告、公关、人员推销、营业推广、包装、绿色标志等各种绿色促销策略的整合运用，迎合特定消费者的绿色消费偏好，营造绿色消费氛围，促进消费者潜在需求向现实需求的转变。

(2)绿色渠道创新。就渠道创新而言，鉴于目前绿色产品在我国尚处于导入期，其消费群体主要是知识分子和高收入人群这一现状，目前适宜选择短而窄的营销渠道，以直接营销为主要形式，具体分析包括：①依托“长沙红星绿色食品专营市场”和“湖南长沙国际农博会”等直销渠道。此类营销渠道具有聚集效应，能充分发挥绿色产品的规模效应和整体效应，能保证产品的货真价实，有利于直接接触消费者，引导和刺激绿色农产品的消费需求。②发挥传统直销渠道在绿色分销系统中的特殊作用。例如，农业高度发达的美国采用了地摊市场开展绿色农产品直销，定期集中周围地区的农民向市民出售水果、蔬菜、海鲜、奶制品、花卉等农副产品。我国企业也可借鉴这种方法，在大、中型居民小区内设立绿色食品销售网点，在大型酒店、宾馆和机关食堂开展绿色食品粮油配送业务，不仅可以减少流通环节和再次污染，还可以降低成本。③发挥新兴营销渠道的作用。例如，直接邮购和在线订购等运用网络数据库的营销，可以促进绿色农产品的个性消费，作为农产品营销渠道的有效补充。随着绿色消费意识的不断形成，则可采取长而宽的分销渠道，以解决绿色食品的市场占有率和覆盖面问题，方便消费者的购买。目前，湖南省的绿色农产品可以红星绿色食品专营市场为依托，有选择地在各大、中型超市建立统一设计的绿色农产品连锁店或连锁柜台，以扩大绿色农产品的销售。

(3)绿色产品的生产与开发。在绿色营销中，绿色产品的开发和生产是关键，为此，湖南省企业要依托资源优势和传统习惯进行绿色产品开发。可在湘东、湘中重点发展蔬果、花卉苗木等的生产和加工。例如，湘东的浏阳河花木走廊，跨越长沙、浏阳二县，覆盖雨花、洞井、跳马、黄兴、江背、柏加、官桥、普迹、枨冲九个乡镇共 100 多千米，打造出了湖南花木的知名品牌，取得了规模经济效益；湘南则可重点开发南山奶牛、武冈铜鹅、双峰辣酱、雪峰云雾茶、雪峰蜜橘等系列产品；湘西要突出“山”字特色，发展以旅游服务为中心的产业，重点发展独具特色的山区果品、果茶、药材、草食畜禽产品等，发展民族工艺品及系列产品；湘北则突出“湖”字特色，重点发展稻米、优质棉花、油菜、特种水产、水禽养殖等，在现有的国家级、省级重点扶持的金健米业股份有限公司、正虹饲料、益鑫泰服装公司等龙头企业的基础上，有选择地开发其他特色农副产品加工。在产品设计中，企业要优先考虑环境保护准则，实行“绿色设计”，在生产过程中推行“清洁生产”，尽量避免使用有害原料，实行绿色包装，打造湖南农产品的绿色品牌。

此外，由于绿色农产品是一项具有社会公益性的产业，在其培育与发展阶段，政府的扶植和引导是至关重要的，为此政府要加快绿色农产品的立法工作，为绿色农产品发展创造良好的法律环境；加大绿色农产品认证力度，规范绿色市场秩序，制定适合我国国情和湖南省省情的环境和技术标准，通过政府行为引导农民“种什么”，教会农民“怎么种”；建立绿色产品服务体系，积极扶持和指导优势企业参加在国内举办的“中国国际农产品交易会”、“中国国际渔业博览会”、“中国国际绿色食品博览会”等国际性展会，为绿色食品、无公害农产品进入专业化流通渠道牵线搭桥，提供服务，并加强绿色农产品生产的金融支持和税收优惠扶持。

➢案例讨论

H7N9 来袭，禽业“折翼”

H7N9，一种新型禽流感，于 2013 年 3 月底在上海和安徽两地率先被发现后，迅速波及相关行业，影响最直接的就是禽类养殖等“带翅膀”的行业。对于这个恐怖“杀手”，企业有哪些反应，对肉类市场产生了哪些影响？

2013 年 4 月 8 日，清明小长假后股市第一个交易日，受 H7N9 流感蔓延消息影响，养殖、饲料板块跌幅居前，当日，相关个股大康牧业、罗牛山、益生股份、华英农业跌停，民和股份逼近跌停，福成五丰、新五丰、西部牧业、雏鹰农牧等跌幅靠前。

1. 毛鸡价格“跳水”，养殖户亏本受“重伤”

4 月 10 日在山东一家大型农贸市场，一位售卖活鸡的商贩马师傅一个人坐在小板凳上，正埋头冲洗鸡杂。搁在“禽流感”来临之前，这里的 20 多家商贩每天都要卖给当地餐馆 3 000 多只鸡，马师傅一天也能卖 200 多只。但那天，太阳快下山了，马师傅只卖了 2 只。

“主要是餐馆都不要了，当地的居民也不敢来买。”马师傅说。他指了指停在小商贸街头的一辆白色卡车，那是从沂州来的养鸡户，平时每天都会给这里的商户送一卡车活鸡，价格是每斤 6～7 元。但是近几天，他的鸡每斤降到了 1 元，拉一小半车都卖不完。

记者找到该车车主，车主表示，当地有很多养殖户，如今价格都跌了好几块，“这季肯定赔钱。”说着，他拉开车门上了车，不愿再多说。

4 月 9 日，河南鸡肉经销商王海利也如此反映。“养殖户在上游，他们挺着急。巨亏，但是还得养着，死了就一分钱不值了。所以毛鸡价格掉得很低，之前是小幅波动，几分钱几毛钱地上下波动，这几天十分明显呼啦呼啦往下掉，从 4 块多一直降到 3 块多，每吨降了两三千块钱。”

中国畜牧业协会禽业分会相关负责人预言，现在的行情再持续 10 天，“就要倒一半”。“现在吓得养殖户开始打禽流感疫苗，饲料价格不动，药涨了，卖不出去，谁吃得消?”

而由于受禽流感影响，猪肉价格也在下跌。以前谣传死猪事件跟禽流感事件联系，虽然消息不实，但还是对猪价产生了很大影响。彼时还没有在“鸭”中检测出 H7N9 病毒，但是鸭与鸡、鸽子等同属禽科，受影响也比较大。

2. 员工离职，流通、餐饮渠道遇阻

禽流感的爆发，让禽类生产加工企业提前感受到了“寒冬”，有些甚至影响到了经营稳定。“影响挺大的，我们在上海的市场促销员都离职了。”华英农业市场总监仝文娟说，H7N9 流感严重影响消费者购买信心，终端消费力明显下降。“流通渠道和商超渠道、熟食店等直接面向消费者，因此影响都很大。”

因为华英实行考核机制，一定的货必须在一定的时间内销售出去，经销商压力非常大。“现在他们也开始跟公司协商，说屠宰后不拉走，占用库存，他们也在反馈和抱怨。”全文娟说道。

由于直接面对销售通路，因此流通渠道影响也最直接。作为经销商，王海利唯一的办法就是极力压缩库存，但十分困难。“这两天影响比较厉害。好多单位禁止采购禽类产品，不少院校食堂停止采购。”

作为快餐供应商，苏州鸿海食品有限公司的销售通路主要供给当地食堂团膳。该公司董事许跃德也反映，有一些学校暂时不用禽肉产品，一些单位也停止采购此类产品。河南一位肉鸡屠宰、生产企业市场部负责人也感到了流通、餐饮渠道的销售压力。他说，国家对部分地区活禽交易市场采取了关闭，销售方面消费者心理影响比较大。“但是现在不能停，养多少宰多少。这个时期比较敏感，一些快餐公司和航空公司、学校餐厅都取消了禽类产品用餐，这是目前最直接的影响，我们也在帮助经销商进行产品分销。”

3. 水产品遇利好，冰鲜肉短期迎机遇

各种肉类的消费本来就存在替代性，现在禽类“沦陷”，猪肉也受到连累，消费就转向了水产。中国水产养殖网黑鱼行情直通车数据显示，4月12日武汉白沙洲水产市场黑鱼价格与同月7日相比上涨了0.5～1元，其中2斤以上本地黑鱼每斤价格上涨了1元，而2斤以下的中小规格广东黑鱼价格，每斤也都上涨了1元左右。

而随着多地疫区农贸市场取消活禽交易，上海大量捕杀活禽，业界猜测“重灾区”上海是否会永远停止活禽交易。该市农委孙雷称，冰鲜肉经过排酸，产品口感不错，只是一个消费习惯的问题，他们会征求市民意见。这更让业界猜测，冰鲜肉是否迎来了机遇？

北京东方艾格咨询公司畜牧饲料分析师王晓悦分析称，南方地区绝大部分是黄羽肉鸡，以活禽交易为主，冰鲜产品现在还没有铺开。“南方经历了那么多次禽流感，还是保留了活禽交易，就算没有禽流感，现在的冰鲜禽类产品产能也根本跟不上。”“品牌性企业少，而且品牌企业也主要以活禽交易为主。”王晓悦说，养殖、屠宰、冷链环节、冷库仓储等各个环节都很重要。“尤其是冷链环节，如果做不到全程冷链运输，就不能保证冰鲜产品的安全。更重要的是，消费者的消费习惯难以改变，不可能一下子因为禽流感就会取代活禽交易。”

另外，他认为，屠宰好的冰鲜产品也未必就是安全的，不能保证没有病死鸡或者药残鸡的混入。“停止活禽交易，是禽流感事件顶峰期缓解民众心理采取的极端措施，可以理解。”中投食品行业研究院简爱华分析，“当前看来，各方面炒作冰鲜肉会有短期机会，但是这个机会会随着事件的退减而消失。”从整个行业来讲，冰鲜肉和活禽交易在常规下并存，也是政府大力扶持发展的对象。但是现在的比例很小，需要企业加快发展将品牌做大。

4. 小企业被淘汰，规模化养殖会扩大

山东是全国的养鸡大省，记者了解到，这里的养殖户分两种类型：自己养殖和合同养鸡。在这次禽流感爆发之初，毛鸡价格暴跌，并且销售渠道受阻，靠卖鸡或者鸡蛋为生的自养农户都赔了不少钱。一位山东大型养殖企业负责人告诉记者，很多自己养殖的农户承受不住打击，当地已经关了好几家。“风险太大，赔不起，大家都不敢养了。”这位负责人说。

而合同养鸡的农户在这次疫情发展过程中则显得相对轻松。青岛正大有限公司负责销售的副总裁于华介绍，合同养殖的农户承担风险比较小。“在毛鸡价格暴跌的时候，我们能保证相对比较高的收购价格，而市场价格提升时，我们也会提升对他们的收购价格。”

“禽流感”其实每年都有，只不过今年又出现禽感染人的事情，公众比较紧张，不敢再吃鸡。“如今大家都有风险意识了，我感觉农户可能都不太敢自己养殖了，未来，他们选择跟企业合作的可能性比较大。”“这对我们来说是一个非常好的机会。”于华说，未来统一、标准的规模化养殖会越来越大。

此外，这次 H7N9 流感对正大等大型企业影响相对较小，对小企业影响相当大。“我们有前端追溯体系，消费者可以放心购买。”于华说，“农民散养时，对用药很难控制，存在一些很危险的隐患。”

王海利是河南知名肉鸡生产、屠宰企业大用集团的经销商。他坦言，现在市场整体的价格比较混乱，而品牌性企业有相对稳定的价格体系，自己会控制进货量来控制风险。另外，王海利也说：“规模化养殖企业从鸡苗开始采取集约化控制，手段比较多。而散养户的鸡、土鸡就比较可能存在隐患，难以控制。”有行业分析人士称，现在要靠大企业稳住市场，低价抛售只会扰乱市场价格。“大企业会熬过这段时间，最痛苦的是小企业，可能被淘汰。”

（资料来源：底真真，孙瑞丽．H7N9 来袭，禽业“折翼”．中国食品报，2013-04-18，第 001 版．）

讨论题：

1. H7N9 来袭，属于何种市场营销环境的恶化？
2. 面对市场恐慌，给“H7N9 禽流感”更名重要，还是加强禽业生产管理重要？

第三章

消费者购买行为

农产品市场营销的目的，是为农产品找到准确匹配的购买对象，满足消费者多样化的需求。随着社会经济的快速发展和城乡居民收入水平的不断提高，消费者的消费需求日益丰富和多样化，不仅要求消费各种数量充足、质量上乘的农产品，而且还要求能够获得更好、更便利的购买服务；除了满足生理需要，还希望获得心理上的满足。在市场竞争日益激烈的背景下，农产品经营企业之间的竞争集中在对消费者的争夺上，谁的农产品和售卖服务能够赢得更多的消费者，谁就能在竞争中脱颖而出，占据较大的市场份额，否则，将会失去竞争力和市场，因此企业必须充分把握消费者对农产品的需求及购买行为规律，以便更好地开展市场营销活动。

第一节 农产品消费者市场特点

农产品的消费者市场，是指为了满足生活消费需要而购买农产品的一切个人、家庭或组织。由于日常生活消费是农产品生产和流通的终点，因此农产品消费者市场也被称为最终农产品市场。而农产品消费者需求是指具有支付能力的消费者对于农产品的购买愿望和消费要求，消费者需求决定着消费者利益的实现，也决定着农产品经营企业营销目标的实现方式和营销决策的可行性。通常，农产品的消费者市场具有如下特点。

(1)需求的无限扩展性。人类的欲望是无穷的，需求也是永无止境的。美国心理学家马斯洛通过对人的需求研究，提出了需求层次论，将人类的需求划分为生理需求、安全需求、社会需求、尊重需求和自我实现需求五个层次。马斯洛认为，一个人同时存在多种需求，但在不同时期，不同需要的重要性有所不同。当最重要的需求得到满足后，人们就会转而追求另一个需求。人们对农产品的需求随着社会经济发展和技术进步而不断扩展。一种农产品满足了某个需求，而新的需求又会在此基础上对农产品提出新的要求。因此，农产品经营企业要不断开发新的农产品以满足新的市场需求。

(2)需求的多层次性。消费者在社会地位、经济条件乃至文化修养等方面存在一定的差异，由此导致消费者对农产品必然表现为多层次的需求。因此，农产品市场营销人员要认真细分和选定目标市场，并为农产品准确定位。

(3)需求的复杂多变性。消费者对农产品的需求不仅受制于家庭收入，还受自然灾害、流行风尚及个人偏好等多种因素的影响，因而消费者对农产品的需求是复杂多变的。因此，农产品市场营销人员要始终保持对消费者市场动向的敏感，加强预测能力，从而提高市场竞争能力。

(4)需求的可诱导性。消费者需求不完全是刚性和本能的，在外部因素的刺激和诱导下能够发生转移。潜在需要可以转变为现实需求，微弱的兴趣可能形成强烈的购买欲望，而不良的、有损身心的嗜好也可以得到有效抑制。这些外部因素包括消费环境、营销活动、人际沟通和政策导向等。因此，农产品市场营销人员要善于运用各种促销手段引导目标消费者消费。

除此以外，农产品的消费者市场还有其他一些特点，如需求及购买行为的分散性、批量小而频率高、需求价格弹性小、购买的流动性大等。

第二节 消费者购买行为

一、消费者购买行为模式

消费者购买行为是指消费者为了满足自身的需求而发生的一系列商品购买活动的决策过程。消费者对农产品的购买决策内容包括原因决策(why)、客体决策(what)、主体决策(who)、时间决策(when)、地点决策(where)、方式决策(way)、数量或频率决策(how many or how often)，简称“6WH”。

人类行为受心理活动支配，因此消费者对农产品的购买行为也受其心理活动的影响。按照心理学上“刺激—反应”(stimulus-response，S-R)的观点，人类行为的动机是一种内在的心理活动过程，就像“黑箱”(black box)一样让人难以捉摸。外部刺激经过“黑箱”的心理活动过程而产生反应，并引导行为。要了解心理活动过程就必须加强对人类行为的研究。

营销刺激是农产品经营企业市场营销活动中的各种可控因素，包括产品、价格、分销、促销，简称4P。其他的刺激还来自于消费者所处的环境因素，如政治局势、通货膨胀、失业率等。这些刺激均通过购买者的心理活动，继而产生反应和购买者行为。

“刺激—反应”之间的购买者“黑箱”主要有两个部分：一部分是购买者的特征，它受到年龄、性别、受教育程度等多种因素的影响，不同特征的购买者对同一种刺激会产生不同的认知及反应；另一部分是购买者的决策过程，它直接影响最后的购买行为。

二、消费者购买行为的影响因素

美国社会心理学家库尔特·卢因在进行了大量的分析试验后提出了著名的行为理论模型：

$$B=F(P-P_1, P_2, \cdots, P_n, E-E_1, E_2, \cdots, E_n)$$

其中，B 表示个人行为；P 表示个人内在特征；P_1，P_2，…，P_n 则表示构成个人内在特征的相关生理和心理因素；E 表示个人所处的外部环境；E_1，E_2，…，E_n 表示构成环境的各种环境因素。该行为模型在一定程度上解释了人类行为的一般规律，也为后来针对影响行为的因素划分奠定了坚实基础。

消费者对农产品的购买行为取决于他们的欲望、需求乃至消费习惯，而这些又是在多种因素的作用下形成的。这些因素大致可分为文化因素、社会因素、个人因素和心理因素四大类，这四类因素对于消费者购买行为的影响程度存在一定的差异。

(一)文化因素

文化对消费者的购买行为具有广泛而深远的影响。人们对农产品的消费行为首先受到核心文化的制约，它是决定人们思维和行为的内在因素，体现为基本信仰、价值观念和生活准则等方面。文化因素对消费者购买行为的影响具体表现在以下几个方面。

(1)文化对个人的影响。这表现在文化为人们提供了看待事物、解决问题的基本观点和方法，使人们建立起是非标准和行为习惯。

(2)文化规范群体的行为。现代社会由于社会结构的复杂化，文化对个人的约束趋于松散，成为一种潜移默化且深远持久的群体影响。文化对行为的约束可以规范社会行为，能够通过如道德标准、制度规则、组织纪律等规定并制约人们的社会行为。

(3)文化对消费活动的影响。在特定的文化环境下，消费者之间通过互相认同、模仿、追随等方式，形成共有的生活方式、消费观念、消费偏好等。

同时，社会分为不同的阶层，一个阶层就是一个群体，所有的社会成员均被一定的等级标准划分成许多相互区别、内部具有同质性和持久性的群体。通常，社会阶层有以下几个特点：一是每个阶层的成员在认知、消费模式和价值观念、兴趣爱好等方面都具有文化上的相似性，同一阶层的内部成员的交往会使得成员间的相互影响加深。二是社会成员按照不平等的标准来进行阶层分级，从而根据自己所处的社会阶层来判断占有社会资源的多少及地位的高低。三是社会阶层不是由单一变量决定的，而是受包括如职业、收入、教育等在内的多种因素的综合制约。四是社会阶层具有动态性，随着时间的推移，个人所处的阶层会发生变化，既有可能从低阶层转向高阶层，也有可能从高阶层进入低阶层，产生这种现象主要是由于两方面的原因：一个是个人原因，通过勤奋学习和努力工作赢得社会的认可，从而获得更多的社会资源，实现社会阶层从低向高的转变；另一个是社会条件的变化。

(二)社会因素

消费者对农产品的购买行为也受到参照群体、家庭、角色与地位的影响。

(1)参照群体，是指那些直接或间接影响消费者认知与行为的群体。直接参照群体又称成员群体，即消费者所属的群体或与其有直接关系的群体。在参照群体中，某种对参照群体具有影响力的任务称为“意见领导者”，而参照群体对消费者购买行为的影响体现在三个方面：一是参照群体为消费者展示新的行为模式和生活方式；二是消费者对农产品的看法和态度也会受到参照群体的影响；三是参照群体引导人们的行为趋于“一致化”，从而影响消费者对农产品的购买。

参照群体不可能对消费者的每一个农产品购买决策都产生影响，在不同的情况下，参照群体对于消费者购买行为的影响程度也不一样。

第一，消费者购买农产品的必需程度越低，参考群体的影响程度越大；农产品的公众性越强，则群体影响力也越大。

第二，个人对于参照群体的忠诚度越高，参照群体的影响就越大；同时，消费者越渴望加入某个群体，则其购买行为就会越偏向于该参照群体的行为准则。

第三，消费者在购买决策中自信度越低，受到参照群体影响就越大，尤其是在购买不熟悉的农产品时。如果消费者希望在该参照群体中有价值体现，受到参照群体的影响也越大。

第四，群体的凝聚力越高、意见领导的能力越大，参照群体对消费者的影响也就越大。但如果群体的规模大、人数多，观点难以形成异质性时，参照群体的影响力就会逐渐削弱。

相关群体是指那些影响和制约消费者观念和行为的群体。按照与消费者接触的密切程度，相关群体可分为主要群体和次要群体。主要群体是指与消费者有着密切接触的群体，如亲朋好友、同事等；次要群体是指与消费者接触较少但在一定程度上也对其消费行为产生影响的群体，如购买时偶遇的其他消费者等。

相关群体按照是否存在较为正式的组织，可分为正式群体和非正式群体。正式群体是指存在正式组织的群体，如协会成员等；非正式群体则是不存在正式组织的群体，如名人的追随者等。

相关群体按照群体的吸引力，可分为正相关态度群体和负相关态度群体。正相关态度群体是指行为被消费者所同意的群体，此时该群体对消费者的吸引力为正。人们通常会愿意加入该群体。负相关态度群体是指行为被消费者所厌恶的群体，即该群体对消费者吸引力为负。

相关群体按照消费者是否属于特定相关群体成员，可分为成员群体和非成员群体。

通常，根据与消费者关系程度的不同将相关群体分为四个层次：一是接受群体，如家庭、单位、朋友及各种党派团体等，消费者与之具有成员关系，并认同该群体的价值观念和行为准则。二是拒绝群体，即消费者属于某一群体但由于不认同其价值观念和行为准则，往往反其道而行之，消费者通常不会购买与该群体表征相关的产品。三是向往群体，消费者实际上并不在群体中具有成员关系，但渴望加入其中的群体，如各种戏迷球迷俱乐部、文化群体等。这种群体的价值观和行为准则等受到人们青睐并推崇，对消费者的影响较大。四是逃避群体，是指与向往群体相反的群体，消费者与该类群体之间没有成员关系，也不同意该群体的价值观念和行为准则，此时消费者所尊崇的行为准则和价值观念与这一类群体相反(表 3-1)。

表 3-1 相关群体的类型

影响	成员群体	非成员群体
正面影响	接受群体	向往群体
负面影响	拒绝群体	逃避群体

(2)家庭是消费者购买农产品时最重要的相关群体，它对消费者个人价值观念、审美意识、生活方式及消费模式形成的影响最大。这种影响是潜移默化的，家庭中的农产品购买决策行为一般区分为四种，即丈夫决定型(传统型家庭)、妻子决定型(女权主义

家庭)、共同决定型(民主气氛较浓家庭)、各自决定型(现代白领女性家庭和夫妻有矛盾时期)。而在农产品的购买过程中，每个家庭成员可能扮演五种不同的角色，即发起者、影响者、决策者、购买者和使用者。人们对于农产品的购买行为、消费方式、消费习惯一般都是从家庭中延续并传承下来的。同时，家庭的结构也影响消费者对农产品的购买行为，例如，年轻家庭主要围绕孩子的成长需要进行购买，父母的影响力非常大。家庭分工越具体，家庭成员对于自己所涉及的农产品决策权也越大。在其他条件相同的情况下，家庭某个成员对农产品信息的掌握程度决定了其在农产品购买中所承担的角色。由于不同国家或社会阶层的情况不一，因此市场营销人员需要对目标市场的有关情况进行深入研究。

(3)角色与地位。角色是周围人对一个人的要求，即一个人在不同场合应起的作用。角色代表一种社会地位，消费者做出农产品购买选择时往往会考虑自己的身份和地位。农产品经营企业把自己的农产品或品牌变成某种身份或地位的标志或象征，将会吸引特定目标市场的顾客。分析消费者在购买决策上所扮演的角色能够使农产品经营企业采取恰当的营销策略，尽可能地取得购买商品决策者的好感，同时也照顾到其他有影响力的成员。采用这种方法，对促进商品多销、快销有着重要作用。

(三)个人因素

消费者对农产品的购买决策也受其个人特征的影响，如年龄、性别、职业、经济状况、生活方式、个性等。

(1)年龄与性别。年龄与性别是消费者最基本的个人因素，具有较大的共性特征。例如，年轻人喜欢追求新奇事物，勇于尝试新奇的农产品，而年长的人则易倾向于稳定的消费。一般而言，女性是农产品购买的主体，即家庭购买农产品的发起者、决策者和购买者，在家庭生活消费中的地位较高。由于农产品是家庭生活的生活基本品，因此农产品经营企业需要了解不同年龄层次和不同性别的消费者的购买特征，才能针对不同的农产品和顾客制定准确的营销方案。

(2)职业。不同职业的消费者由于所处的工作环境不同，接收的信息也不尽相同，对于农产品信息了解也不充分，因此农产品经营企业要对不同职业消费者的信息获取渠道及购买习惯进行分析，为不同职业的消费者推介不同类型的农产品。

(3)经济状况。经济状况是指消费者可支配收入、储蓄、资产和借贷的能力。尽管农产品对消费者而言属于必需品，但也受到经济因素的影响。经济因素在消费者购买农产品的行为中有着举足轻重的作用，决定了能否发生购买行为、发生多大规模的购买行为，以及购买的农产品种类和档次。例如，我国中低等收入的家庭较难选择国外进口的高档农产品，低收入家庭只能购买能维持温饱的基本农产品。农产品经营企业人员应密切关注居民收入、支付、利息、储蓄和借款等的变化，这对于价格敏感型农产品更为重要。

(4)生活方式。生活方式是指人们如何生活，往往取决于人们过去的生活、固有的个性特征及现在的环境等因素。生活方式从不同的侧面影响着消费者的消费行为。人们所追求的生活方式决定了其对于商品或服务的购买欲望与需求，为购买提供了基本的动机。消费者的生活方式一旦发生改变，就会产生新的需求。例如，随着城市生活和工作节奏的加快，脱水蔬菜、速冻蔬菜等受到消费者的喜爱，这些产品更适应人们对于现代食物的高要求和快节奏生活的需要。人的个性对于人们的生活方式和消费方式也有很大影响，或者说人的个性往往是通过其生活方式和消费方式而表现出来的。不同的生活方式群体对农产品及其品牌有着不同的需求，因此农产品经营企业要通过对消费者生活方式的调查来了解目标市场消费者的主要特征，在设计农产品和广告时提出有针对性的策略。

(5)个性。个性是消费者身上经常地、稳定地表现出来的心理特点的总和，包括个性心理倾向和个性心理特征。消费者的个性心理特征的差异是通过不同的购买行为表现出来的。例如，面对新鲜事物，有的消费者从众逐流，有的则固守己见；选购农产品时，有的消费者会慎重思考，有的消费者则盲目冲动。在农产品市场营销活动中，消费者的个性可以从能力和性格两方面来进行分析。

一是能力。消费者在购买商品时需要感知、鉴别、分析、比较、检验、鉴别、决策等各种能力。由于个人素质、社会实践等方面的不同，消费者之间的能力也各不相同。而能力上的差异使得消费者所体现的购买行为也不相同。有的消费者在面对各类农产品时比较自信，能够比较迅速地评价不同的农产品从而做出满足自身需求的决策；有的消费者则会因为能力不足，对农产品无法进行辨别，购买较为犹豫。

二是性格。从消费态度出发，将消费者分为节俭型、保守型和随意型三种。节俭型的消费者崇尚节俭，讲究物美价廉，因此在选购农产品时较为注重商品的质量。而保守型的消费者在消费上较为谨慎，习惯于传统的消费方式，对于新出的农产品及新的理念持怀疑态度。随意型的消费者在消费上没有形成稳定的看法，生活方式较为自由，对于农产品的消费也就没有固定的模式。

因此，农产品经营企业在研究了消费者的个性后，不仅可以解释当前消费者的购买行为，也可以在一定程度上预测其未来的消费趋向，从而更好地推出符合消费者理念的农产品。

(四)心理因素

心理因素一般是指消费者个人心理对农产品购买决策与购买行为产生的影响。心理活动是世界上极为复杂的活动之一。心理因素在影响消费者购买行为时，一般会受到某些刺激，从而产生消费的欲望和需求，当需求达到一定程度时，容易引发购买动机，在动机的驱使下，消费者会搜寻相关的信息，然后根据各方面的权衡，做出购买决策和购买行为。购买后消费者还会根据自己的使用感受进行评价，从而形成购买经验。具体而言，消费者对农产品的购买行为受到动机、知觉、学习、态度和信念等心理因素的影响。

1. 动机

动机是由需要引起，推动人们实施购买行为的驱动力，其产生需要一定强度的需要，以及满足需要的目标和诱因。动机是由需要引发的，所谓需要，是个体对内在环境和外部条件的稳定的要求。德国心理学家勒温指出，个人与环境之间存在一种平衡状态。这种状态一旦遭到破坏就会引起一种紧张，从而产生需要活动。如果需要无法得到满足，紧张状态就会维持，进而推动人们通过一系列活动消除紧张，恢复平衡。因此，需要是促进行为发生的动力。

动机的产生可以分为内在条件和外在条件两类。内在条件是达到一定强度的需要，需要越强烈，则动机越强烈。外在条件是存在诱因，诱因是驱使有机体产生一定行为的外在刺激，可分为正诱因和负诱因。正诱因是能够满足需求，引起个体趋向和接受的刺激因素。负诱因是不利于需求的满足，引起个体逃离和躲避的刺激因素。当内在条件和外在条件同时具备，个体的需求达到一定强度且存在诱因时，动机便会产生。

动机与需求之间的关系可以从以下几个方面解释。

(1)需要可以引起动机，驱使人们朝着特定的目标行动。但需求本身不一定引起个体的行动，需要只有处于唤醒状态时才能驱使个体采取行动，而需要的唤醒有可能源于外部刺激，也可能源于内部刺激。

(2)需要并没有规定实现目标的方法或途径，只为行为指明总目标。例如，在饥饿产生的时候，消除饥饿是需要，是总目标，消除饥饿的农产品如米饭、馒头、猪肉等都是实现目标的不同方法或途径，消费者选择哪种农产品无法由需求得出解释。在满足需求的多种途径中，消费者如何进行选择是可以用动机加以解释的。动机将从能量与具体方向两个方面说明行为的动因。

(3)在有些情况下，需要仅仅引起人体自动调节机制发挥作用，而不一定驱使人们采取行动去满足需要。

(4)内在需要是驱使人们采取行动的因素之一，绝不是唯一因素。外在刺激也能引起动机和驱动行为。例如，消费者在并不饥饿的条件下会受到美味农产品的刺激而产生购买行为。

动机可以分为以下三种。

一是感情动机。消费者对农产品生产、销售的企业都有亲疏好恶的态度，从而产生肯定或否定的感情体验。不同的体验会形成不同的购买动机，感情动机具有突发性、冲动性和易变性。

二是理智动机。这是消费者对农产品进行理性的分析后产生的购买动机，具有客观性、周密性和可控性。

三是惠顾动机。这是因为消费者对特定农产品生产销售者的信任和偏好而形成的购买动机，具有排他性和不可替代性。例如，由于服务态度、商品质量、营业环境等因素的影响，消费者易于对某个商场或超市等产生好感，在购买农产品时往往习惯于到该场所购买。

消费者的购买动机明确后，就会到市场上有目的地选择需要的品种、类型、品牌，以及他所要求的销售服务及支付价格的农产品，此时，农产品经营企业要尽可能地满足其需求并提供相应的服务。

如果消费者没有明确的购买目标，只知道购买某一农产品，但不知品牌、口味等，此时，农产品经营企业可以帮助他们做出选择，向他们传递本企业农产品的信息，影响并培养他们的购买行为。

2. 知觉

知觉是指直接作用于感觉器官的客观事物各个部分和属性及其相互关系在人脑所形

成的整体的、综合的一种反映。感觉则是指人脑直接作用于感觉器官的客观事物的个别属性的反映。感觉与知觉是两个相互联系的心理过程。两者的共同之处在于，都是对于客观事物的反映，客观事物消失，感觉和知觉也就随之消失。但两者也存在差异，具体可从以下几个方面区分。

其一，感觉是对客观事物个别属性的反映；而知觉是对客观事物整体的反映。

其二，感觉是产生于客观事物的物理属性，相同的刺激会引起相同的感觉；而知觉不仅产生于客观事物的物理属性，还产生于知觉者本身的特点，如以往的知识经验等。

其三，感觉是一种单一分析器活动的结果；而知觉是多个分析器分析活动的结果。

消费者对农产品的感知是一个有选择性的心理过程，并具有三种机制。

一是选择性注意。消费者时刻面对着许多农产品，但不可能都关注，只能有选择地注意某些能引起较强反应的刺激物。这种知觉的选择性保证了消费者能够把注意力集中到重要的刺激或者刺激的重要方面，排除次要刺激的干扰，更有效地感知和适应外界环境。基于此，农产品经营企业应当做出行动以引起消费者的注意。

二是选择性曲解。消费者即使注意到刺激物，也不一定能正确认知，他们通常按照自己头脑中早已形成的模式来理解客观事物并因此产生曲解。为此，农产品经营企业要注重信息沟通和对于农产品品牌的构建。

三是选择性记忆。消费者对所了解的农产品信息不可能全部记住，往往只记住支持自己观念的信息。因此，农产品经营企业要设法强化消费者对农产品信息的记忆。

正是因为上述机制，农产品经营企业要达到市场营销的目标，就必须努力以多次重复的、有吸引力的刺激来加深消费者对某一农产品的印象，从而突破消费者固有的感知模式。

3. 学习

人类行为有些出于本能，但大多行为包括购买行为却是通过后天的学习形成的。学习是通过接受外部信息及积累实践经验而产生的思想观念、行为或潜能的变化。一个人的学习是驱使力、刺激物、诱因、反映和强化等因素相互作用和影响的过程。消费者感到饥饿是驱使力，食物则是刺激物，驱使力发生作用并寻找刺激物时便形成动机。反应是驱使力对具有一定诱因的刺激物所发生的反射行为，如是否购买以及如何购买等。强化是指驱使力对具有一定诱因的刺激物所发生反应后的效果。如果效果良好，则反应得到增强。反之，则反应削弱。农产品经营企业要货畅其销，就很有必要使自身及农产品信息进入消费者的学习范围，使其主动或被动地接触相关信息，进而影响其观念和购买行为。促使消费者学习的方法主要有强化、重复、表象、刺激等。

4. 态度

态度是指消费者主观上对农产品或其经营者所持有的正面或反面的评价、感觉或倾向。态度在消费者群体中具有认同性，消费者对于熟悉或有过体会的事物的态度不会轻易改变。消费者态度的改变有两种，一种是态度强度的改变，另一种是态度方向的改变。态度的强度是指喜欢或不喜欢的程度，方向即喜欢、不喜欢或反对。态度不是与生俱来的，是通过后天的学习而形成的，一旦形成，将持续相当长的时间，虽然会产生变化，但变化较为困难且变化时期较长。消费者的态度主要包括品牌信念、品牌评估和购买意愿三个部分。

(1)品牌信念。品牌信念是指消费者根据某品牌农产品的属性和利益所形成的认识，如液态牛奶的属性有蛋白质含量、脂肪含量等，由此带来的利益有补充营养、能量、口感等。消费者的品牌信念为农产品经营企业提供了一种识别本企业品牌相对于竞争对手的优势和劣势的方法，可以通过市场调查检验农产品在属性与利益方面是否存在劣势，如果存在那么则需要考虑改进农产品或对该农产品进行重新定位。

(2)品牌评估。这一部分包含了消费者对于农产品品牌的情感反应。

(3)购买意愿。购买意愿是指消费者对农产品做出特定反映的倾向，即消费者是否决定购买该品牌农产品。此时消费者难以对农产品的一些具体属性做出反应，但需要对整个产品做出是否购买的决策。农产品经营企业可以通过对产品进行相关营销组合，分析消费者购买行为的因素，以确定影响购买的主要因素。

因此，农产品经营企业可以改变自己的产品以迎合消费者已有的态度，尽量不要尝试去改变消费者的态度，因为前者比后者付出的代价相对较小。

5. 信念

信念是指人们对事物所持有的肯定态度或看法，其根源是消费者对某事物带给自身的利益。人们对农产品经营企业及其农产品、服务所持有的信念，通常就构成了该企业及其农产品、服务的形象并成为购买行为的依据。在营销过程中，改变消费者的信念是较为困难的，因而经营者应使自己的农产品适应消费者的需求，在此基础上加大广告宣传并实施有效的促销。

三、消费者购买决策过程

决策在消费者购买活动中占有极为重要的地位。一般意义上的决策是指人们为了达到某一预定的目标，在两种或两种以上可备选方案中选择最优方案的过程。消费者对农产品的购买决策，则是指为了实现满足需求这一特定目标，消费者这一决策主体在农产品购买过程中所进行的评价、选择、判断、决定等一系列活动。通常，消费者决策进行与否决定了其购买行为是否发生；决策的内容，确定了购买行为的方式、时间和地点；决策的质量决定了购买行为的效用大小。因此，正确的决策能够让消费者以最小的投入购买到效益较大的商品，最大限度地满足消费者自身的需求。

(一)主要的参与者

一般而言，农产品消费不是一个人单独做出的，通常是以家庭为单位，但购买决策一般只是家庭中的一个或几个成员的行为。由于家庭中的决策者、购买者和使用者往往不一致，谁是决策者要依不同情况而定，因此农产品市场营销人员必须了解一般家庭中谁是决策者、影响者，以及谁参与购买，这样才能有针对性地开展农产品促销，取得好的效果。

家庭成员在农产品购买决策中分担不同角色，按其在决策过程中发挥作用的不同，可以将其分为五类。

(1)倡议者，是最初提出购买某种农产品的人。

(2)影响者，是直接或间接影响最后决策的人。

(3)决策者，是对购买决策有权做出最后决定的人，如是否购买、购买多少、如何购买、何处购买和何时购买等。

(4)购买者，是实际执行购买决策的人，会对农产品的价格、质量和购买地点进行比较选择，并同卖主进行谈判和成交。

(5)使用者，是实际使用和消费该农产品的人，决定了对农产品的满意度评价且会影响是否重复购买的决策。

这五类角色紧密相连，相互作用，共同促进了购买行为。必须明确的是，这五类角色的存在不代表每一次购买决策都需要 5 个人以上才能进行，在实际购买行为中有可能一个人兼有多重角色，如农产品的使用者有可能是发起者，决策者也可能是购买者，尤其是在一般的购买决策中，决策参与的角色会相对减少。因此，农产品经营企业需要认识到购买决策所具有的群体参与性，根据不同角色在购买决策中的作用，按照一定的程序分别进行相应的营销活动，只有找到准确的营销对象，营销活动的效果才能有所显示。

(二)购买行为类型

对于不同类型的农产品，不同类型消费者的购买决策行为也存在差异。一般根据参与者的介入程度和农产品品牌间的差异程度，将消费者的购买行为分为四种，如图 3-1 所示。

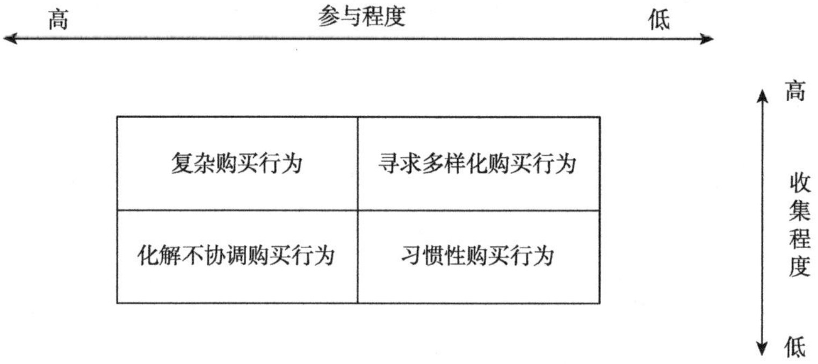

图 3-1 消费者购买类型决策

(1)习惯性购买行为。习惯性购买是指消费者持续购买同一品牌的农产品，然而持续购买并非出于消费者对于这一品牌的忠诚，而是消费者认为该农产品本身与其他品牌之间不存在显著性的差异。在这种购买行为下的农产品经营企业的营销策略可以有三种：一是利用价格和促销吸引消费者，由于消费者认为本企业产品与同类其他企业产品无显著差异，因此就只能通过合理价格和优惠等促进销售手段来吸引消费者购买，当消费者了解并熟悉该类产品后便会产生经常性购买行为。二是开展大量的、重复性的广告加深消费者印象，因为消费者并不主动了解和收集相关的农产品信息，也不评估品牌，如果农产品经营企业进行大量广告宣传，则会使这类消费者被动地接受各种产品的相关信息，购买时将根据这些信息造成的品牌熟悉度来进行决策。三是增加购买参与程度和品牌差异，在习惯性购买行为中，消费者只会买自己熟悉的品牌，极少进行品牌转换，因而通过技术进步和产品革新将原来低参与的产品转换为高参与的产品，使其与其他品牌的同类产品的差距不断扩大。而消费者将会改变原先的习惯性购买行为，寻求新的品牌。

(2)寻求多样化购买行为。如果消费者购买农产品时没有深入搜集信息或在品牌间进行比较、评估就做出决策，则可能导致参与的程度较低，具有较大的随意性，但在消费时会加以评价，在下次购买时有可能转换品牌，而转换的原因有可能是厌倦或者想尝试新的品种。对于这类购买行为，农产品经营企业如果属于市场的领导者，需要采取多品牌战略，并占据有利的货架，避免脱销，加大广告宣传，促使消费者形成习惯性购买行为；如果是挑战者，则要适时利用低价格、折扣、赠送等方式来鼓励消费者改变其原来的习惯性购买行为。

(3)化解不协调购买行为。消费者高度参与购买决策，但并不广泛收集农产品信息或精心挑选品牌，在购买后会发现所购买产品的缺点或与其他产品相对比存在劣势，进而怀疑原来购买决策的正确性。对于此类购买行为，农产品经营企业应当树立起企业的良好形象，提供完善的售后服务，提供有利于本企业和产品的信息，使顾客坚信自己的购买决策是正确的。

(4)复杂购买行为。复杂购买行为是指消费者高度参与购买决策，在深刻了解现有品牌农产品之间的差异后而产生的复杂的购买行为。此类行为需要经历大量的信息收集、全面的产品评估、慎重的购买决策和认真的购后评价等阶段。农产品经营企业应当制定详细的产品说明书，帮助购买者掌握企业产品知识，增强消费者对本企业产品的信心，简化购买过程，实行售后跟踪服务，加大企业与消费者之间的联系。

(三)购买决策过程的主要步骤

人们对农产品购买行为的复杂程度受两个因素的影响，一是农产品价值的高低，二是购买者对所购买农产品的熟悉程度。

在购买农产品时，消费者需要经历一个决策的过程，包括唤起需要、收集信息、备选方案评价、购买决策和购后行为。农产品经营企业应该了解每一阶段中消费者的行为，以及影响这些行为的因素，从而制定出针对目标市场的营销方案。整个购买决策的步骤如图 3-2 所示。

图 3-2　消费者购买决策的基本步骤

需要注意的是，图 3-2 的五个步骤是较为复杂的行为模式分析，不是每一次的购买决策都需要经过这五个步骤。一般而言，面临较为复杂且价格较高的农产品购买决策，消费者会进行反复权衡，并涉及较多的购买决策参与者。而对于日常生活必需品，如大米、油等，消费者则相对较为了解这些农产品的特点，也形成了一定的偏好，会依据自己平时的购买习惯或者过去的经验进行购买，不会花费过多的时间和精力，决策相对简单。

(1)唤起需要。需要是购买决策的起始点，当需要达到一定程度时会驱使人们采取行动满足需要。人们对农产品的需要通常因两种刺激而引起：一是内部刺激，即饥渴等生理刺激产生需要；二是外部刺激，即人们感知外界刺激物而激发的需要。农产品市场营销要善于发现和唤起消费者的潜在需要。产生需要的因素主要有缺货、不满意、新的需要、新产品等。另外，消费者对农产品的需要强度随时间的推移而变化，农产品经营企业要尽可能地强化消费者需求，从而使之进入购买行为的第二阶段。

(2)收集信息。一般而言，唤起的需要不是马上得到满足，但如果消费者需要被强化和唤起，他就会更加注意并主动收集有关农产品的信息。这种存入记忆中却未满足的需要不断增强，可以分为两种情况：一是消费者对能够满足需要的农产品信息较为敏感，尽管没有主动收集信息，但会留意接受信息，如比平时更关注该农产品的广告，更关注他人对该农产品的评价等；二是主动地收集信息，购买行为越复杂，需要收集的信息量就会越大。农产品经营企业需要了解消费者的信息来源，一般而言，消费者信息收集渠道有 4 个：①个人来源，是指家庭成员、朋友、同事和其他熟悉的人所提供的与农产品相关的信息；②商业来源，是指农产品经营企业通过广告、推销员介绍、农产品包装说明等方式为消费者提供的农产品信息；③公众来源，是指社会公众传播的信息，如政府相关部门、新闻传媒等信息；④经验来源，是指消费者通过自身对农产品的直接消费所得到的信息。同时，企业还需要了解不同的信息来源对于消费者的影响程度。一般而言，消费者通过商业来源获取的信息量较大，其次是公共来源和个人来源，最后是经验来源。但消费者对于经验来源和个人来源较为信任，对商业来源的信任度不高。在实际操作中，个人来源和经验来源难于操作，而企业可以通过充分利用商业来源和公众来源加强农产品的促销。除此之外，农产品经营企业还应当注意消费者信息搜寻范围的影响因素，主要有消费者对于风险的预期、对于农产品的认识等。

(3)备选方案评价。消费者收集了农产品信息后，要对所有备选方案进行评价，通过比较和筛选确定最终的购买对象。一般来说，消费者会列出农产品的一系列属性，然后根据各种属性的重要性做出取舍。通常，消费者对备选方案的评价涉及以下几个问题。

一是农产品属性，即农产品能够满足消费者需要的特性。在价格不变的条件下，某一农产品拥有更多的属性将更能吸引消费者购买，但对于农产品经营企业而言成本会提高。企业的营销人员可以通过了解消费者对于农产品的哪些属性较为需要，以确定本企业农产品所要具备的属性。

二是属性权重，即消费者对农产品相关属性所赋予的权重。

三是品牌信念，即消费者对某种农产品品牌的看法。每一个农产品品牌都有一些属性，消费者对每个属性进行评价，将这些评价连贯起来形成其对该品牌优劣程度的总体看法，也就是消费者对该品牌的信念。

四是效用函数，即描述消费者备选农产品属性与购买期望值之间关系的函数。

五是评价模型，即消费者对不同品牌的农产品进行评价、选择的程序和方法。

(4)购买决策。这是消费者购买行为中最关键和最谨慎的环节，同时也是农产品经营企业市场营销活动的希望所在。消费者做出购买决定和实施购买是购买决策过程的中心环节。在决定购买农产品时，消费者一般会发生尝试性购买、重复性购买和模仿性购买三类行为。

一是尝试性购买。其主要发生在消费者从未使用过的农产品购买行为中，由于没有实际的经验，因此消费者在购买时一般较为谨慎，为降低风险，常常购买少量的农产品进行试用。

二是重复性购买。一般发生在消费者曾经购买且认为货真价实的农产品购买行为中，这种重复性购买能够使消费者降低因决策失误而带来的购买风险，同时这种行为会逐渐形成消费者对于该农产品品牌的忠诚度。

三是模仿性购买。一般发生在消费者难以做出购买决策的农产品上。这种行为产生于从众心理，即消费者通过模仿他人或者绝大多数人的购买行为，以避免决策失误。

从购买意图到实施购买还受两个因素的影响。

一是他人的态度。当消费者决定购买某种农产品时，如果家人、朋友持反对态度，就很有可能改变其决策方案和购买意图。他人态度的影响程度受三个方面的影响：①他人的否定态度的强度。否定态度越强烈，影响程度越高。②他人与消费者的关系。关系越密切，影响程度越高。③他人的权威性。他人对此类农产品的专业水准越高，影响程度越高。

二是意外情况。购买意图形成的基础是家庭预期收入、农产品预期价格和购买的预期效用，其中任一发生意外变化都有可能改变消费者的购买决策。

消费者在出现购买意向时，还需要考虑其他一些问题，例如：①产品种类决策，也就是在资金有限的前提下优先购买哪一类农产品；②产品属性决策，即该农产品应具备哪些属性；③产品品牌决策，即在同类农产品中选择购买哪个品牌；④时间决策，即什么时候进行购买。

(5)购后行为。现代市场营销观念提倡重视对消费者购后过程的研究以提高其满意度。消费者购买农产品之后还有四个方面的行为内容。

一是决策确认。消费者购买农产品后，通常会主动寻求正面信息来支持自己的购买决策，以此来确认其购买决策的明智性。农产品经营企业应当关注消费者对于农产品的使用情况，通过对使用情况的调查，调整农产品的生产与革新。如果消费者使用的频率较高，说明该产品对消费者而言具有较好的价值，会增强其对购买决策的信心，企业可以增加对该农产品的投入；如果消费者对于该农产品的使用率过低，甚至丢弃，则说明该农产品的价值较低或者消费者对该产品不满意，甚至怀疑自己的购买决策，这将会影响农产品经营企业的销售量，则企业应对该农产品进行革新。

二是经历评估。消费者在使用农产品的过程中会更加熟悉和了解所购农产品，消费者的购后评估取决于农产品的质量和性能发挥状况，心理因素也发挥着重要作用。

三是满意与否。当购买农产品达到购买前的期望值时，消费者就会满意，否则就不满意。消费者满意的理论主要有两种：一是预期满意理论。该理论认为购买者对其购买产品的活动的满意感(S)是其产品期望(E)和该产品可察觉性能(P)的函数，即 $S=f(E,P)$。其中，期望值 E 主要来源于消费者自身从卖主、熟人等来源所获得的信息。如果 $E=P$，表示消费者会对自己的购买行为和决策感到满意；如果 $P>E$，则表示消费者会非常满意自己的购买活动；如果 $P<E$，表示消费者对自己的决策并不满意。如果卖方过于夸大自己的产品，消费者将会产生无法证实的期望，这种无法证实的期望会

导致消费者对于其购买决策的不满意。因此，农产品经营企业在农产品宣传时，应该实事求是，保留性地宣传农产品的优势，以免造成消费者购买前的期望过高，同时还能使消费者在购买农产品后产生高于期望的满意感，从而树立起良好的农产品形象和企业形象。二是认识差距理论，该理论认为消费者在购买和使用产品后对产品的主观评价与其客观实际之间总是存在差距的，分为正差距和负差距。正差距是消费者对产品的评价高于其预期；负差距则是消费者对产品的评价低于其预期。

四是未来反应。消费者对所购农产品满意与否会形成对该农产品的排斥、忠诚或信赖。这些未来反应包括：①退出，即个人不再购买并劝阻他人购买；②表达意见，即抱怨、索赔或向有关部门投诉；③忠诚，即重复购买该产品，并推荐给周围人群。

农产品经营企业应当采取相关措施减轻或消除消费者的购后失调感。例如，企业在农产品售出后定期与消费者联系，征询改进意见等，还可以建立良好的沟通渠道处理消费者意见并迅速赔偿。

消费者购买过程的五个步骤是循序渐进的，在实际的农产品营销活动中，并不是每一个被唤起的需要都能转化为真正的购买行为，也不是每一次的购买决策能够使消费者得到预期的满意感。消费者购买决策过程受到消费者心理因素、农产品经营企业的营销策略及其他因素的综合影响。农产品经营企业要努力了解每一步骤中消费者的行为特点，对其采取行之有效的措施，引导其购买行为。

综上所述，农产品消费市场的购买行为受到多方面因素的影响，各种因素的相互作用决定了消费者购买行为的变化及发展趋势。农产品经营企业要重视对消费者购买行为的研究，包括消费者的购买动机、购买需要等，从而使本企业的经营活动符合消费者需要，为消费者市场提供适销对路的农产品。

☞策略介绍

一、中国消费者购买行为模式及营销策略①

中国消费者的购买行为分12个阶段，需要采取对应的营销对策。

(1)“刺激”阶段的营销对策：①增强各外部刺激点对消费者的刺激强度，如推出的产品力争做到款式新颖、质量优良、价格适宜、服务到位。②深入分析目标消费群内在刺激点的特点，结合相关外部刺激点的情况，增强刺激强度。③激起无意注意，强化有意注意，如把户外广告做得色彩鲜明、动感十足。

(2)“不足之感”阶段的营销对策：①对于消费者自己意识到的不足之感，设法进一步提升其强度，促使其产生消费需要，同时提供能满足其需要的对象和条件，促使消费需要向购买动机转化。②对于消费者自己尚未意识到的需要，通过新奇但又有说服力的广告宣传使之感到原来的生活因缺少本公司所提供的产品而有所不足，的确需要我们的产品或服务。

(3)“求足之愿”阶段的营销对策：①刺激消费需要，设法使之达到足够的强度，并

---

① 田雨．中国消费者购买行为模式分析及营销对策．企业经济，2007，(3)：67～70.

有针对性地提供能满足其需要的产品，促使消费需要最终转化为购买动机。②运用科学的诱导方式和方法，诱导消费者的购买动机。诱导的方式方法包括证明性诱导、实证诱导、证据诱导、论证诱导、建议性诱导、转化性诱导。

(4)“搜集信息”阶段的营销对策：①尽可能将产品有关信息传递到目标消费群，并重视有关营销服务，争取好的口碑。②广告宣传应设法将产品与消费者熟悉的人、事、物及好的情感联系在一起，加深消费者的印象和记忆，产生共鸣，以强化消费者的购买动机，促使其购买。

(5)“分析评价”阶段的营销对策：①继续宣传产品，设法了解并解除消费者的各种购买顾虑，尽可能地让消费者在购买前能亲身感受一下产品的功能等，并配合适宜的促销活动。②尽可能地做出符合消费者愿望的承诺，说到做到。③努力使消费者感到产品的可察觉价值明显高于产品的价格。在该阶段，厂家须设法将消费者的购买目标锁定为本企业产品。

(6)“购买决策”阶段的营销对策：深入分析影响目标消费群购买决策的内、外因素，有针对性地开展广告宣传促销工作，使之做出购买本企业产品的决策。

(7)“购买行为”阶段的营销对策：采取适宜的优惠促销手段，坚定消费者的购买决心，促使其将购买决策付诸行动，即发生购买行为。

(8)“产品使用”阶段的营销对策：关注、研究消费者对所购产品的使用情况，了解消费者对产品质量、功能、价格等和厂、商家服务质量的感受，发现存在的问题，及时将有关信息反馈给企业有关部门，采取相应解决措施。

(9)“消费体验”阶段的营销对策：①企业应着重研究分析有哪些因素影响消费者的消费体验，这些消费体验又是怎样影响其下一次消费行为和他人消费行为的。②使企业全体员工牢牢树立重视客户感受，产品销售出去仅是销售过程迈出的一步而已的观点，认识到其后还有大量的工作要做。③要做好售前、售中、售后服务，尽可能为其提供能满足其需求的产品和全方位的优质服务，使之获得最大限度的满意体验。④要特别重视并处理好客户异议。

(10)“购后评价”阶段的营销对策：企业可通过消费者发放调查问卷或购后评价表及访问消费者，及时收集消费者的评价意见，处理消费者在购买和使用商品的过程中所遇到的问题，争取获得良好的购后评价，促进商品的进一步销售。

(11)“购后行为”阶段的营销对策：企业应对消费者的良好购后行为表示感谢，并设法使之成为有力的促销材料；反之，则要有危机公关意识，设法与消费者取得联系，共商解决问题的办法，及时清除不良影响，并设法变不利为有利，树立或恢复公司的良好形象。

(12)“产品处置”阶段的营销对策：①了解消费者将产品束之高阁、非正常丢弃的原因，改进我们的产品。②处理好消费者退货问题，给其留下好印象，为将来争取机会。③尽力帮助消费者解决好“折价处理”问题，如提供“以旧换新”服务。④教育、帮助消费者科学处置废弃产品，承担起企业应承担的社会责任，避免环境污染问题，树立企业良好形象。

二、社区居民蔬菜购买行为及差异化营销策略①

(一)社区居民蔬菜购买行为的影响因素

通过调查分析，现实生活中社区居民购买蔬菜时所关注的因素主要有以下几个方面：卫生安全、新鲜、品种齐全、价格便宜、口味好、交易公平、色泽、包装、品牌、销售点环境。分析结果显示，较重要的影响消费者购买行为的因素依次为卫生安全、新鲜、交易公平、口味好和色泽，而对于包装和品牌的重视程度较低。

(二)社区居民蔬菜市场的差异化营销策略

(1)全面提升蔬菜产品价值，满足完美型消费群体。该消费群体多数为中青年女性，对蔬菜各个方面属性要求都比较高，因此蔬菜生产与销售的相关企业和个人应该注重从各个方面提高蔬菜的属性，增加蔬菜的价值，加强蔬菜生产、加工、销售等各环节的经营管理，保障蔬菜的卫生安全和新鲜度。同时，可以考虑开发新的适合年轻人口味的蔬菜品种，因为这一群体对于蔬菜口味如何也比较关注。在包装上也应该有所提升，采取一些美观的并且能够传达绿色安全信息的包装，提升产品的档次和产品竞争力。产品的定价可以是中等偏上的水平，同时加强销售点环境与服务管理，塑造产品形象和企业形象，提升消费者的消费档次和品味。

(2)引导并争取大众型消费群体，使其成为稳定客户。该消费群体中青年男性居多，对蔬菜属性的要求比较模糊，没有形成自己的突出偏好，蔬菜生产与销售的相关企业和个人应该注重引导这群消费者。例如，通过安全、优质、便利等形象来吸引这类消费者，或者也可以通过销售点的环境、服务和交易公平等来吸引这类消费者。产品的定价应该在中等偏下的水平，同时不定期开展一些促销和折扣活动，引导这类消费者成为稳定的客户。

(3)提供安全绿色蔬菜产品，迎合品质型消费群体。品质型消费群体中以老年女性居多，并且收入较高。他们对蔬菜的内在品质，如卫生安全和新鲜度尤其关注，对于包装和品牌等则认为很不重要，这类群体在整个社区居民蔬菜购买群体中占据了多数。因此，蔬菜生产与销售的相关企业和个人应该重点提供安全的、无公害的、绿色的蔬菜产品，并且采取一些能够传达绿色安全认证等信息的标签或者宣传单的方式，将安全信息传递给消费者。同时，注重蔬菜的新鲜度，例如，相关企业可以采取周末菜场模式，定期在一定地区大规模销售新鲜蔬菜，或者采取配送点模式，凸显产品的新鲜和产地直供。产品的定价可以是中高档水平，提供高档次、多品种的安全无公害蔬菜或绿色、有机蔬菜，提升产品安全等级，满足消费者的品质需求。

➢案例讨论

四川火锅弃“老油”遭遇食客“不买账”

火锅“老油”，作为长期被四川火锅行业认可的传统工艺，在媒体曝光后被推上了风

---

① 张红霞，安玉发，李志博．社区居民蔬菜购买行为影响因素及营销策略．调研世界，2012，(8)：20～23.

口浪尖。目前，四川各火锅企业纷纷宣布放弃“老油”，使用一次性锅底，以保证卫生和安全，却在推行过程中遭遇了本地消费者“不买账”的尴尬。

对此，一些火锅店开始着手研发“新工艺”，试图让新油熬出“老油”的味道。而这种工艺上的变化，只是火锅行业在经历“老油风波”之后的变化之一，在行业协会看来，四川火锅将面临全面转型和变革。

摒弃“老油”遭遇尴尬

火锅“老油”在四川算得上是“公开的秘密”。在重庆老堂客事件被媒体曝光前，新华社记者曾对火锅“老油”进行过调查采访。一家知名火锅店的服务员曾直言不讳地告诉记者：“现在大部分火锅店都用‘老油’。”

一位不愿透露姓名的火锅店老板也说：“老堂客事件曝光以前，90%以上的火锅店用类似老堂客的方法制作‘老油’。”

所谓类似老堂客的方法，即将消费者食用过的火锅油打捞残渣、沉淀、过滤、加白酒等高温熬煮后重新用于火锅汤料中。

不过，经过这一事件，四川火锅行业在锅底使用上大规模摒弃长期以来一直作为传统工艺的“老油”。目前，已有上千家火锅店承诺使用一次性锅底，四川省饭店与餐饮娱乐行业协会会长何涛说，四川全省预计最终有5 000多家火锅企业参与其中。

然而，火锅行业的转变，至少在口味上，未得到一些消费者的认可。2011年9月19日晚，在成都一家知名火锅店，食客张玉告诉记者，相比强制推行的一次性锅底，她还是偏好“老油”的味道。她说：“新油的确更卫生，但味道差得有点远，而且还贵。如果能又卫生又美味就好了。”

推行一次性锅底后，火锅店的锅底费用普遍上涨，原先10多元就能买到的锅底几乎绝迹。近日，记者在蜀九香火锅、重庆孔亮火锅看到，锅底的价格已涨至68元和38元，涨幅在50%左右。

崇州市餐饮业协会会长夏文昌自己也经营着一家火锅店，他坦言，推行一次性锅底后，火锅企业的生意受到“一定影响”。

开发“新工艺”还原老口味

何涛坦言，推行一次性锅底后，火锅企业对每天卖给回收企业的废油都会记账，而“一些火锅店宁可用新油冒充部分废油卖给回收企业，以保留部分‘老油’，改善火锅口感”。不过，他认为，这样做的火锅店只是少数，大部分的火锅企业正在积极转变锅底制作方式，力图在保证使用一次性锅底的同时，提升火锅质量。

在刚刚推行一次性锅底之时，崇州市餐饮业协会就曾召集企业发表声明，将积极探索火锅油的新工艺，让新油的口味更好。夏文昌说，崇州的一些火锅企业已探索出能还原“老油”口味的一次性锅底制作方法，每次将熬好的底料留出一部分，加入到下一次的底料中熬制，然后再保留一部分加入到再下一次的底料中不断熬制，经过多次熬煮之后的底料就十分接近传统火锅的“味型”。

面对部分消费者不满火锅口味下降，何涛表示：“火锅企业和消费者双方都要有个适应过程。”

他认为，一方面四川消费者长期习惯食用“老油”火锅，突然采用一次性锅底，难免会不适应；另一方面，这次推行一次性锅底比较突然，一些火锅企业没来得及转变锅底制作工艺，因此短时期内口味下降在所难免。

“提高四川火锅的安全状况不仅要靠火锅企业，也需要消费者支持。”何涛说，“在豆瓣、食用油等原料上下功夫，不用‘老油’也能保证火锅的美味。”

“老油风波”促进行业变革

口味、价格的变化只是这次“老油风波”后四川火锅行业的显性转变之一。这次事件，在何涛看来，很可能成为一次“餐桌革命”，让火锅走向营养、健康的食品行列。

2010 年，成都市美食之都促进会和四川省饭店与餐饮娱乐行业协会对 120 多家火锅企业开展问卷调查。结果显示，83%的企业支持火锅“老油”作为传统制作工艺予以保留，只有 8%的企业认为火锅应使用一次性锅底。

但是，经过这次“老油风波”后，四川火锅行业面对传统工艺和现代安全的新要求，开始思考行业的出路。何涛认为，这次事件关乎四川火锅生死，但也是一次推进行业转型的机会。四川火锅的锅底制作工艺将会改变，从依赖传统“老油”转变为使用高质量原材料、改变熬制办法，让四川火锅在安全的前提下，同时保证美味。

然而，这一次火锅行业的变革给监管提出了新的要求。夏文昌告诉记者，随着监督力度的不断加大，火锅市场将逐渐走向规范，火锅商家必须加强自身诚信，这是企业的“立身之本”。同时，记者从成都市食品药品监督管理局了解到，由于“新工艺”中的食用油反复高温加热后，很可能在加热过程中产生有毒、有害物质，对人体造成威胁，因此食品药品监管部门将会同相关检测机构开展风险监测，并根据监测结果有针对性地采取监管措施。

（资料来源：许茹，唐志强．四川火锅弃“老油”遭遇食客“不买账”．新华每日电讯，2011-09-26，第 004 版．）

讨论题：

1. 食客偏好“老油”，对一次性火锅锅底“不买账”的原因有哪些？

2. 上述案例对于政府开展食品安全的监管有什么启示？

第四章

农产品市场细分和定位

第一节　农产品市场细分

农产品经营企业能否满足消费者需求成为现代企业经营成败、经济效益高低的关键，但任何一个企业都无法满足所有消费者的全部需求，因此，想要获得有利的市场营销机会，对市场进行细分并对目标市场制定差异化的营销策略就显得十分重要了。首先，农产品经营企业要对整个农产品市场进行科学的市场细分，根据消费者的不同需求、特征等，将市场分割为几个具有明显差异的消费者群，并分析不同消费者群的大致情况；其次，正确选择目标市场，根据企业现有资源及市场地位的分析，综合评价每个细分市场的吸引力，选择一个或多个农产品细分市场进入；最后，进行合理的市场定位，使农产品处于有竞争力的地位，并设计详细的市场营销策略和营销组合。

一、农产品市场细分概述

市场细分由美国市场营销学家温德尔·史密斯于 1956 年提出，这是市场营销理论的新发展，是企业市场营销实践的必然产物。市场最早被定义为买卖双方聚集在一起进行交换活动的场所，后被引申为各种不同的消费者群体。市场细分理论基础源于市场“多元异质性”理论，这种理论提出消费者对于大部分产品的需求呈现多元化的趋势，具有不同的质的要求。消费者需求的异质性是市场细分的基础，市场细分的目的正是为了将需求不同的市场中的需求相同或相似的消费者区分出来并聚集到一起。根据消费者对产品需求的相同程度可将市场分为同质市场与异质市场。

农产品市场细分，是农产品经营企业通过缜密的市场调研，根据消费者需求的差异性特点，把农产品市场细分为若干个在需求上具有相似性的消费者群的过程。每一个消费者群就是一个细分市场。农产品市场细分的最终目的是选择和确定目标市场，并以此为基础通过最优化组合和各种措施，达到农产品经营企业市场营销的战略目标。因此，市场细分是目标市场营销的起点，企业的一切市场营销战略都必须从市场细分出发来确定市场定位。

农产品市场细分的实质是细分消费者的需求。因此，农产品经营企业进行市场细分，要充分挖掘不同消费者需求的差异性。对此，可以从如下几个方面进行理解。

一是市场细分不是对农产品分类，而是对具有同种农产品需求特征的消费者进行分类。消费者的欲望、需求、购买习惯及行为的差异性是市场细分的重要依据。

二是市场细分属于“求小同”而“存大异”的分类方法。消费者所处的社会经济条件及自然环境不同，彼此在职业、兴趣爱好、价值观念及人口学特征上均不同，因此他们在对农产品的购买欲望、实际需求和购买决策行为上都存在很大的差异。然而，对于具体的农产品，这些迥异的消费者却又构成了对该农产品的某个特性具有特殊偏好的群体。

三是市场细分是一个聚集而不是分解的过程。农产品市场细分最终是要把对某种农产品的特征存在特殊偏爱的消费者聚集在一起，直至形成农产品经营企业的细分市场。

农产品生产经营活动的不确定性使得农产品市场营销的风险较高，有效地对农产品市场进行细分和预测，通过子市场的具体化，有利于农产品经营企业发现市场营销机会，有利于了解消费者的需求，极大地削弱了市场风险。具体而言，农产品市场细分有如下几个方面的作用。

一是从消费者角度而言，能更好地满足消费者的需求。当众多的农产品经营企业实施市场细分战略时，那些未得到满足的市场需求将会被逐渐实现，产品种类不断增加，从而人们的生活质量也就得到了提高。

二是有利于企业寻找好的市场机会。市场机会是指已经在市场上出现但却未得到满足的需求。农产品经营企业通过市场细分，更易于发现未得到满足的需求，从中发掘出适合本企业开发的需求，并制订相应的计划，进行必要的技术革新，开拓新市场。市场机会对于所有农产品经营企业的重要性不言而喻，对中小企业尤其重要。与实力雄厚的大企业相比，中小企业的资源能力有限，技术水平较低，通过市场细分，可以选择一些大企业未顾及的细分市场，集中力量满足这一特定市场的需求，在整体竞争激烈的市场条件下，在某一细分市场求得生存与发展。

三是有利于企业集中使用有限的资源。市场细分要求农产品经营企业能够集中人、财、物力在细分市场，并选准目标市场，集中优势，有的放矢地经营，实现经济效益，针对其所要进入的目标市场进行产品的更新。

四是有利于企业有针对性地开展市场营销活动。农产品经营企业运用市场细分，并根据自己的经营理念、生产技术及营销力量，既可以找准目标市场，又能够辨别竞争对手，确立本企业的竞争优势。同时，在细分的市场上企业更易于掌握消费者的需求及其变化情况，迅速改变策略，制定相应的对策，不断改进产品以适应市场的需求变化。

二、农产品市场细分标准

一般来说，影响农产品消费者需求差异的因素主要有地理环境、人口状况、消费者心理、消费者行为和消费者受益等。通常，农产品的消费者市场就是以之为标准进行细分。

（一）地理环境细分

由于不同地理环境下的消费者对于农产品有不同的偏好和需求，因此他们对农产品经营企业所采取的市场营销策略也会有不同的反应。按地理环境细分市场，即是根据消费者所处的自然与地理位置来细分消费者市场。相应的变量有国家或地区、城市或农村及其规模、人口密度、气候与地形、生产力布局、交通和通信条件等(表 4-1)。按此标准细分市场，有利于农产品经营企业开拓特定的区域市场。它是市场细分中最常用的标准。例如，在美国，由于东部人喜欢味道清淡的咖啡，而西部人则爱好味道浓郁的咖啡，因此美国通用食品公司面对本国不同地区消费者偏好的差异而推销不同味道的咖啡。

表 4-1　根据地理环境细分市场

细分标准	细分标准举例
国家	中国、美国
地区	北美、东南亚、中东、西欧
城市规模	小城市(＜50 万人)、中等城市(＞50 万人，＜100 万人)
人口密度	城市、镇、乡村
气候	热带、亚热带、温带、寒带
地形	高原、平原、丘陵、盆地
生产力布局	发达、较发达、不发达
交通条件	便利、较便利、不便利
通信条件	发达、较发达、不发达

农产品经营企业应当选择那些自己能够提供最好服务、实现最高利益的地理市场作为目标市场。然而，即使处于相同地理位置的消费者，其需求也存在差异，尤其是在人口流动较频繁的城市。因此，简单地以某一地理特征区分市场，不一定能真实反映消费者的需求差异，农产品经营企业在进行市场细分时，还需要结合其他细分变量进行综合考虑。

(二)人口状况细分

人口状况细分，即根据人口统计因素来细分市场，主要变量包括性别、年龄、职业、家庭规模与收入、民族、宗教、文化程度、家庭生命周期等，这些变量与消费者需求存在密切关系，不同人口特征的消费者需求存在差异，此处择要说明。

(1)性别。性别细分常被运用到许多行业的分析中，由于生理上的差别，男性与女性在农产品的需求与偏好上存在一定程度的差别。

(2)年龄。消费者的需求与偏好随着年龄会不断变化。农产品经营企业应根据不同年龄阶段消费者的需求特点提供不同的农产品或服务。例如，日本明治公司通过市场细分，将服务对象分为小学生、初中生、高中及大学生三类群体，针对不同群体生产规格不同的巧克力：小学生市场主要是每块定价 40 日元的大块巧克力，初中生市场的大块巧克力则定价 60 美元，将两块合包起来定价 100 日元则适宜高中及大学生群体消费。这样的市场细分策略为该公司取得了显著的营销效果。

(3)收入。高收入消费者与低收入消费者在农产品选择上也有所不同。收入往往是引起需求差异的重要因素。

(4)家庭生命周期。一个家庭，按照年龄、婚姻、子女情况，可以划分为单身阶段、新婚阶段、满巢Ⅰ阶段、满巢Ⅱ阶段、空巢Ⅰ阶段、空巢Ⅱ阶段及鳏寡阶段七个阶段。因为不同阶段家庭的购买能力不同，家庭基本成员对于农产品的偏好也会有所差异。

按人口状况细分市场较容易测度和获取数据，但消费者需求及购买决策行为还必须依据消费者心理、消费者行为、消费者受益等。

（三）消费者心理细分

消费者心理细分，即根据消费者的心理特征进行市场细分，主要变量包括消费者的生活方式、个性、购买动机、消费态度等。以购买动机为例，消费者的购买动机有多种，如求美动机、求廉动机、求实动机、求新动机、求名动机、求便动机、炫耀动机、好胜动机、嗜好动机、惠顾动机等。购买动机不同，消费者的购买行为就存在差异。消费者的心理因素较为复杂，可从以下几个方面分析。

(1)社会阶层。处于同一阶层的消费者在价值观、行为方式上具有共同点，不同的社会阶层消费者则有着明显的差异，分析不同社会阶层的消费者所具有的特征能够为农产品的市场细分提供重要的依据。

(2)生活方式。人们的生活方式可分为“传统型”、“新潮型”、“奢靡型”等。由于生活方式的不同，消费者的消费倾向也不同，对于农产品的需求也存在差异，因此农产品经营企业可以把追求某种生活方式的消费者定位为自己的目标市场，专门为这类消费者提供满足其需求的农产品。

(3)个性特征，即消费者较为稳定的心理特征。由于不同个性的消费者面对同样的农产品会做出不同的反映，因此农产品经营企业可以通过广告宣传等方式赋予农产品与某类消费者群体个性相类似的品牌个性，树立独特的品牌形象。

(4)偏好，即消费者对于某类农产品或某品牌的农产品的喜好程度。在农产品市场上，消费者对于不同农产品或不同品牌的农产品喜好程度不一，某些消费者对其有着极大的偏好，有些则一般，有的则不喜欢。因此，农产品经营企业要努力寻找忠诚的消费者，了解其需求，从广告宣传等方面满足消费者的需求。

综上所述，农产品经营企业只有针对不同购买动机的消费者，设计不同的市场营销组合策略才能取得良好的效果。

（四）消费者行为细分

消费者行为细分，即根据消费者消费行为的差异细分市场，主要变量包括消费者购买时机、消费者进入市场程度、消费者对品牌的忠诚程度甚至是否会上网等。以消费者进入市场的程度为例，消费者市场分为经常购买者、初次购买者、潜在购买者等。大企业凭借雄厚的经济实力，可以开发潜在的购买者市场，而作为小企业，则以保住一部分经常购买者为益。又以品牌忠诚度为例，消费者市场可以分为单一品牌忠诚者、几种品牌忠诚者、无品牌忠诚者，不同的细分市场的开发难度也不同。农产品经营企业可以通过对消费者类型进行分析，从中寻找营销中存在的问题，从而及时解决。如分析单一品牌忠诚者，可以清楚了解目标市场的消费者情况，分析集中品牌忠诚者，了解主要竞争者，以便采取相应的措施应对。农产品经营企业还可以按照消费者对农产品的态度来细分消费者市场，消费者对农产品的态度可分为喜爱、肯定、没兴趣、否定和敌对等。企业管理者对于这些持有不同态度的消费群体要分别采取不同的市场营销策略。

不同的消费者市场有不同的需求特点，农产品经营企业在进入细分市场时，需要对细分的市场进行深入的市场调查和分析，根据市场的具体需求情况、购买特点制定相应的市场营销战略和策略。

（五）消费者受益细分

消费者购买农产品的目的有时并不一致，也许他们只是被农产品的某种特性或功能所吸引。按消费者受益细分市场，即根据消费者追求的利益不同进行市场细分。农产品经营企业应当寻找消费者购买农产品所追求的主要利益和目的，了解该类型消费者群体的特征，根据本企业的条件选择其中追求某种利益的消费者群体作为目标市场，规划和生产出适合目标市场需要的农产品，并利用广告宣传等方式将农产品的相关信息传达给消费者。

细分消费者市场的标准，有一部分也适用于生产者市场，如地理因素等，但还需要考虑其他的因素。美国的波罗玛(Bouoma)和夏皮罗(Shapiro)提出了一个生产者市场的主要细分变量表(表 4-2)，较为系统地列举了细分生产者市场的主要变量，并提出企业在选择目标消费群体时需要考虑的一些问题。

表 4-2　生产者市场的主要细分变量

人口变量 1. 行业：农产品经营企业应把重点放在购买这种农产品的哪些行业？ 2. 公司规模：农产品经营企业应把重点放在多大规模的公司上？ 3. 地理位置：农产品经营企业应该把重点放在哪些地区？
经营变量 1. 技术：农产品经营企业应该把重点放在消费者所重视的哪些技术上？ 2. 使用者或非使用者地位：农产品经营企业应该把重点放在经常使用者、较少使用者、首次使用者或从未使用者身上？ 3. 顾客能力：农产品经营企业应该把重点放在需要很多服务的消费者身上，还是只需少量服务的消费者身上？
采购方法 1. 采购职能组织：农产品经营企业应该将重点放在那些采购组织高度集中的公司还是那些采购组织相对分散的公司上？ 2. 权力结构：农产品经营企业应侧重那些工程技术人员占主导的公司，还是财务人员占主导地位的公司？ 3. 与用户的关系：农产品经营企业应选择那些现在与我们有牢固关系的公司，还是追求最理想的公司？ 4. 总的采购政策：农产品经营企业应该把重点放在乐于采用租赁、服务合同、系统采购的公司还是采用密封投标等贸易方式的公司上？ 5. 购买标准：农产品经营企业是选择追求质量的公司、重视服务的公司还是注重价格的公司？
形势因素 1. 紧急：农产品经营企业是否应把重点放在那些要求迅速和突击交货或提供服务的公司上？ 2. 特别用途：农产品经营企业应该将力量集中在本公司产品的某些用途上，还是将力量平均花在各种用途上？ 3. 订货量：农产品经营企业应侧重于大宗订货的用户，还是少量订货者？
个性特征 1. 购销双方的相似点：农产品经营企业是否应把重点放在那些其人员及其价值观念与本公司相似的公司上？ 2. 对待风险的态度：农产品经营企业应把重点放在敢于冒险的用户还是不愿冒险的用户上？ 3. 忠诚度：农产品经营企业是否应该选择那些对本公司产品非常忠诚的用户？

三、农产品市场细分的原则和方法

(一)农产品市场细分的理论依据

农产品属性是影响消费者购买行为的重要因素。理论上，根据消费者对农产品不同属性的重视程度可把消费者偏好分为三种偏好模式：一是同质偏好，即市场中的消费者有大致相同的偏好，且相对集中，此时各品牌的农产品特征相对集中。二是分散偏好，即消费者对于两种属性的偏好分散在不同的空间，进入该市场的第一品牌可能位于中央位置，以最大限度地满足数量较多的消费者。随后进入的竞争者一般可以选择在第一品牌附近与其争夺市场，也可以选择远离第一品牌，形成独特的定位，吸引潜在的消费者群体。如果该市场的吸引力较大，会引来多个竞争对手，农产品经营企业可以考虑定位在不同的空间，与第一品牌和竞争对手之间存在差异。三是集群偏好，即市场中出现不同的偏好组合，此时形成差异的细分市场。进入市场的农产品企业可以选择无差异营销(尽可能满足不同消费者群体的共同需求)、集中营销(将企业力量集中于某一细分市场)或差异营销(在不同的市场空间中发展多个品牌定位)。但需要注意的是，这种偏好的划分是理论上的划分，因为完全同质或异质的需求或偏好是较为少见的，一般是介于两者之间的偏好。

(二)农产品市场细分的原则

从农产品经营企业市场营销的角度看，无论是消费者市场还是产业市场，细分市场的方式都有很多，但不是所有的市场细分都是有效的，为了保证细分市场的有效性，选择细分市场时必须坚持一定的原则。

(1)差异性原则。农产品市场细分后，各个市场的消费者需求应具有差异性，而且对农产品经营企业市场营销组合策略的变化能做出快速的差异性反应。差异性原则在于确保农产品经营企业向消费者提供差异化的农产品和提高促销策略的针对性。

(2)可衡量性原则。农产品细分市场要能够被识别和衡量，市场范围及容量均比较明确，市场中消费者的年龄、性别、文化程度、职业和收入水平等都比较清楚。可衡量性原则确保了农产品经营企业能够明确细分市场的消费者群及市场容量大小。

(3)可进入性原则。细分市场应该是农产品经营企业能够到达的市场，企业通过市场营销活动能够使农产品及其信息进入消费者的信息收集和购买决策行为。这有三层含义：一是农产品经营企业具备进入细分市场的相应能力；二是农产品信息能够传递给细分市场的消费者；三是农产品通过分销渠道能够送达细分市场。

(4)可盈利性原则。细分市场应能使农产品经营企业达到其利润目标。企业在进行市场细分时，要考虑市场上消费者群的大小、消费者的购买频率和购买力，特别是细分市场必须能使企业获得预期收益。农产品经营企业所选择的细分市场应当是既能够带来当前利益也能够带来长远利益的。因此，企业在进行市场细分时要充分考虑目标市场在不同期间的饱和程度。

(5)相对稳定性原则。细分市场要具有相对固定性，如果目标市场的变化使得营销策略和营销成本的改动幅度过大，就会给农产品经营企业带来巨大的风险。当然，随着市场营销环境的变化，企业也可以选择新的更富有吸引力的细分市场，从而适应环境条件的变化。

（三）农产品市场细分的方法

农产品市场细分有三种方法。

（1）单一变量法。在充分的市场营销调研的基础上，把影响农产品需求最主要的因素作为细分变量进行消费者市场细分。然而，由于影响消费者需求的因素多种多样，部分因素还相互交织，共同影响着农产品需求，因此单一变量法只是一种概括性的细分，农产品经营企业的目标市场定位难以明确和具体。

（2）多变量法。为了弥补单一变量法的不足，多变量法以两种或两种以上影响需求较大的因素作为细分变量进行市场细分。举例说明，现有 A、B 两个影响需求程度较大的因素，每种因素分三种情况，则细分市场将达到 3×3＝9 个。农产品经营企业可以根据各细分市场的具体情况确定自己的目标市场。

（3）多层次变量法。尽量多地考虑细分变量可以更为准确的细分市场，然而市场的过度细分最终会使农产品经营企业陷入茫然，导致其难以确定目标市场。多层次变量法的思路是：首先，由粗到细地将消费者市场划分为几个层次；其次，在此基础上逐层细分，确定每一层次的目标市场；最后，层次的市场就选定为企业的目标市场。

四、农产品市场细分的步骤

美国市场营销学家麦卡锡提出了市场细分的七个步骤，农产品市场细分也可循此进行。

（1）选定农产品市场范围，即确定进入什么行业，生产什么产品，产品市场范围应以消费者的需求而不是产品本身特性来确定。

（2）列举潜在消费者的基本需求。

（3）了解不同潜在消费者的不同需求，对于列举出来的基本需求，不同消费者强调的侧重点可能会存在差异。

（4）抽掉潜在消费者的共同需求，以特殊需求作为细分标准。

（5）根据潜在消费者基本需求上的差异方面，将其划分为不同的群体或细分市场，并赋予每一个细分市场一定的名称。

（6）进一步分析每一细分市场需求与购买行为特点，并分析其原因，以便在此基础上决定是否可以对这些细分出来的市场进行合并，或作进一步细分。

（7）估计每一细分市场的规模，即在调查的基础上，估计每一细分市场的消费者数量、购买频率、平均每次的购买数量等，并对细分市场上的竞争状况及发展趋势做出分析。

第二节　农产品目标市场选择

农产品经营企业进行市场细分的最终目的是为了选择目标市场，确定企业的目标市场是目标市场营销的第二步。事实上，企业进行的一切营销活动都是围绕目标市场而展开的。由于企业自身资源的有限性，决定了本企业无法向所有消费者提供满足其所有需求的商品或服务，因此农产品经营企业为提高企业的经营效率，应当在市场细分的基础上选择若干个细分市场作为企业的目标市场。选择目标市场一般包括三个步骤，即估计目标市场的需求、选择合适的目标市场和制定市场定位策略。

一、农产品目标市场

农产品目标市场是在前期市场细分的基础上，农产品经营企业准备进入的细分市场。选择目标市场有以下几点原因：一是明确营销对象，这是企业制定市场营销战略的首要内容和基本出发点；二是不是所有细分市场都对企业具有最佳营销价值，只有与企业相适应的细分市场才是最好的细分市场。

一般来说，农产品目标市场的选择可以采用如下五种策略，如图 4-1 所示。

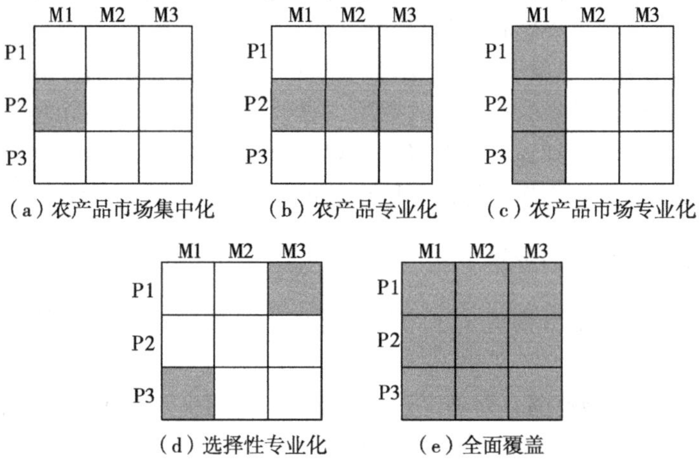

图 4-1 农产品目标市场的五种选择策略

注：P=产品；M=市场

(1)农产品市场集中化，即农产品经营企业的市场及农产品都只集中于一个细分市场，企业只生产一种标准化的农产品，也只供应一个消费者群。农产品经营企业通过市场集中化，能够深入了解细分市场的需要，并树立良好的声誉，在该市场建立稳固的地位。同时企业通过生产、销售和促销等专业化分工还可降低生产成本。但该策略的风险过大，因为单一的细分市场有可能会出现不景气的现象。企业越小越适宜采用这种策略。

(2)农产品专业化，即农产品经营企业向各种消费者同时提供某种农产品，只是这些农产品在档次或质量等方面存在差别。这种策略的优点在于农产品经营企业可以专注于某一种或某一类农产品的生产，有利于生产和技术上优势的发挥，但局限性在于当这个领域被新的技术或产品所替代时，农产品的销量就会受到极大的影响。拥有专业技术特长的农产品经营企业适合采用这种策略。

(3)农产品市场专业化，即农产品经营企业向同一类型的消费者提供有所区别的同类农产品。经营企业生产的农产品类别越多，越能够有效地分散经营风险，但由于集中服务某一类消费者的需求，当这类消费者的需求出现下降趋势时，农产品经营企业也会遭受收益下降的风险。在市场中拥有较高威望的农产品经营企业适合采用这种策略。

(4)选择性专业化，即农产品经营企业有选择地进入几个细分市场，为不同类型的消费者供应性能有所差别的同类农产品。选择这种策略必须要以细分市场能使企业盈利为前提。其优点是可以有效地分散风险，即使某一细分市场盈利情况不佳也能够在其他细分市场中取得盈利。但其要求实行该策略的企业具有较强的资源能力和营销实力。

(5)全面覆盖，即农产品经营企业全方位进入各个细分市场，为所有消费者提供性能不同的一系列农产品。这是那些为了占据市场领导地位或为了垄断市场的企业所采取的策略。一般只有大型的企业适宜采取这种策略。实现全面覆盖市场的目的可通过无差异营销与差异营销两种方法。无差异营销即农产品经营企业不考虑各个细分市场的区别，只推出一种农产品，努力满足消费者的相同需求。因此，经营企业需要凭借广泛的销售渠道和大规模的广告宣传，树立良好的企业形象。差异营销则是指农产品经营企业同时经营多个细分市场，为不同的细分市场提供不同的农产品。这与无差异营销相比可获取更大的利润，但值得注意的是差异营销会相应地增加企业生产、促销等成本的支出。

二、农产品目标市场的确定

农产品经营企业对所选择的目标市场进行详细评估，根据自身的市场营销战略目标和资源条件对细分市场进行确定。确定目标市场要从以下几个方面进行细分市场的评估。

(一)细分市场规模及成长性

细分市场的规模可以通过市场上某一时期消费者购买某种农产品的总额来衡量，而细分市场的成长性可以通过细分市场上某一时期全部潜在消费者对某种农产品的需求总量来衡量。这要求农产品经营企业做好市场现实消费者和潜在消费者数量、购买力的调查。只有细分市场具有适当规模且具有较强的发展潜力时，才能保证农产品经营企业进入细分市场后能实现预期的销售量，从而保证预期销售额及利润的实现。一般而言，大企业可以选择规模较大、成长较快的细分市场，规模小的企业由于缺乏相关的资源，难以为较大的细分市场提供服务，因此可以选择规模相对较小的细分市场。

(二)细分市场的长期吸引力

衡量农产品市场长期吸引力的指标是成本及利润。美国学者迈克尔·波特认为，同行竞争者、潜在竞争者、替代产品、购买者和供应商这五种力量会作用于市场。因此，农产品经营企业必须对这五种力量给企业长期赢利能力造成的影响做出正确的评估。例如，某一细分市场的购买者讨价还价的能力较强，能够迫使企业降低价格，并满足购买者更多的要求，引起竞争者之间相互争斗，这将会影响企业的盈利能力，因而该细分市场的吸引力较小。

(三)企业自身的营销战略目标及资源条件

即使细分市场具有适度规模、成长性及长期的吸引力，农产品经营企业也要结合自身的市场营销战略目标及资源条件进行综合评估，如果自身条件并不具备就不能贸然进入。

同时，农产品经营企业在确定目标市场时还应遵循以下原则。

(1)农产品、市场和技术彼此关联和适应。农产品经营企业的目标市场要能发挥企业的技术优势，生产适销对路的农产品。

(2)符合农产品经营企业长远的发展方向。

(3)能够发挥农产品经营企业的竞争优势，使之取得竞争中的有利地位。

(4)取得相乘效果，即新的目标市场不对原有产品线带来消极影响，新、老产品能够互相促进。

三、农产品目标市场策略

确定目标市场的方式主要有两种：一是先对市场进行细分，再从中选择一个或数个细分市场作为自己的目标市场；二是不对市场进行细分，将整个市场作为自己的目标市场。与这两种方式相适应的农产品目标市场策略有如下三种(图 4-2)。

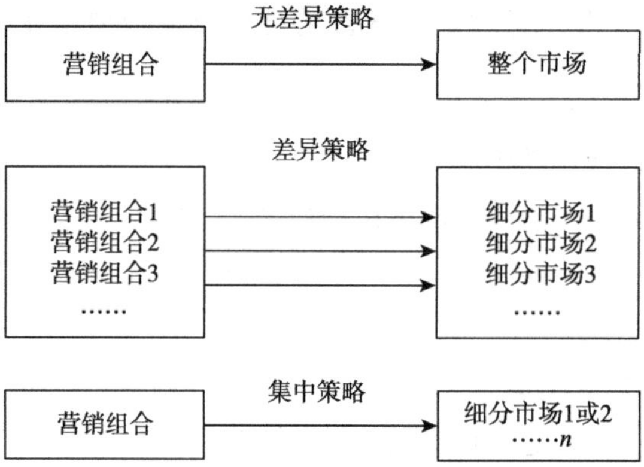

图 4-2 三种农产品目标市场策略

(一)无差异策略

无差异策略，即不考虑细分市场差异性，对所有消费者只提供一种农产品，采用单一市场营销组合的策略。该种策略适用于那些需求同质化的农产品，其不但需求广泛，而且能够大规模、标准化地生产、销售。采取无差异策略的优势是成本的经济性：农产品的大批量生产与销售使得单位农产品成本下降；无差异的广告宣传可以减少促销费用；不对市场进行细分，则免去了相应的市场调研、产品研制与开发以及制定多种市场营销策略等带来的成本开支。

然而，由于无差异市场营销策略不能满足消费者的多元化需求，不能适应市场的快速变化，因此这种策略只有少数实力企业采用。

(二)差异策略

差异策略，即农产品经营企业通过市场细分，选择多个细分市场，采取差异化的市场营销组合，分别为之供应不同的农产品的目标市场策略。通过采用该策略，企业的生产成本和费用开销较大，需要大量资源作为铺垫。其优点是能扩大销路，分散经营风险，最大限度地满足不同特征的消费群体的特定需求，提高产品的竞争能力并提高市场占有率。但是，由于农产品的种类增加，销售渠道需要扩展，广告宣传增加，市场营销成本大幅度提高，因此农产品经营企业需要慎重把握细分市场的数量及顾客的基数。

(三)集中策略

集中策略，即农产品经营企业以某个细分市场为目标市场，采取集中优势、专业化经营的策略。企业采取该策略不是为了追求经营企业在整体市场中所占有的绝对份额，而是为了能够在一个或少数几个较小的细分市场上获得较大的占有率。其具体做法是集中企业的优势力量对目标市场进行攻势营销战略。集中策略的优点是目标市场集中，有利于企业深入研判消费者的需求，以及集中资源、开发市场。其缺点是经营风险较大，一旦决策失误或是市场有突发性变化，企业就有可能陷入困境。该种策略对于中小企业和初次进入的企业比较合适，而且能够避免与大企业争夺竞争激烈的市场。例如，近几年中国榨菜企业有近 200 多家，在涪陵地区注册的榨菜企业就有 60 多家。2011 年涪陵榨菜集团产销量近 10 万吨，而市场占有率却只有 15%，虽居于中国榨菜腌菜行业第一位，但远未达到能号令整个榨菜市场的程度。涪陵榨菜集团领导层为了改变公司的市场地位现状，制定了把公司发展成为以榨菜为基础的中国佐餐开胃菜行业绝对领导者的宏伟战略目标。

以上三种目标市场策略各有优点和缺点，农产品经营企业在选择和确定目标市场后采取何种策略，还取决于企业实力、农产品与市场的性质、企业的市场营销战略目标和资源等内容。如果企业实力较弱、农产品异质、消费者需求差异大、竞争对手很强大，就可以采取差异策略或集中策略，反之则采取无差异策略。

四、农产品目标市场策略的影响因素

不同的农产品目标市场细分策略存在各自的优势与劣势，农产品经营企业在决定选择何种策略时受以下几个因素的影响。

(一)农产品经营企业能力

农产品经营企业能力是指本企业在生产、技术、销售、资金和管理等方面能力的总和。企业在选择适当的目标市场策略时应当结合自身的能力来考虑。如果企业的能力较强且管理水平较高，可以选择差异性策略或无差异性策略；如果能力不足，则适宜选择集中策略。

(二)农产品的特征

不同的农产品在消费需求上呈现出不同的特征。例如，米、盐等农产品虽然在品质上存在差别，但大多消费群体一般不加以区分或者认为它们之间没有显著的区别，此时不需要做过多的宣传介绍，该类农产品的竞争主要体现在价格和服务的质量，因此可以实施无差异策略。但对于另一些如核桃等农产品，其产品差别化程度大，可以根据企业的能力选择采用差异性策略或集中策略。

(三)农产品的寿命

农产品在其生命周期的不同阶段有不同的特点，因而需要采用不同的目标市场策略。新产品刚上市时往往是以单一产品、单一渠道和单一价格进入市场，此时可采用无差异策略。但当产品进入成长期或成熟期后，市场上同类的农产品增加，竞争加剧，此时如果农产品经营企业想要维持原有市场则应当采取集中策略；如果需要开拓新市场则适宜采取差异策略。

(四)市场的特征

如果整个市场消费者群体的需求、偏好相近，对市场营销刺激的反应差异不大，那么农产品经营企业可采用无差异策略；否则应采用差异或集中策略。

(五)竞争者的战略

在激烈的市场竞争中，农产品经营企业在决定目标市场策略时，不可忽略市场中竞争对手的策略。如果竞争对手采用无差异性策略，那么农产品经营企业应当选择差异性或集中性策略，这样有利于开拓新市场；但如果竞争对手采用差异性策略，则企业不可采用无差异策略与其竞争，而应选择更深层次的差异策略或集中策略。

五、选择目标市场营销战略应注意的问题

(一)细分市场之间的联合与归并

当农产品经营企业实施差异性战略、选择若干数目的细分市场作为目标市场时，应密切关注各细分市场之间的关联性。根据某些单一的细分市场之间在原材料、技术及销售渠道方面的共同性，可以将其重新设计组合归并为新的细分市场，其销售场所的成本会随着农产品种类或数量的增多而降低。

(二)有计划、有步骤地进入各细分市场

当农产品经营企业在确定目标市场后，应做到有计划、有步骤地进入每一个细分市场，对于进入的顺序及时间先后需要慎重且严格保密，不能让竞争对手了解到企业进入每一个细分市场的计划方案。同时，在进入细分市场时要密切关注竞争对手的策略，做出应对措施。这对经营企业的好处在于：一是尽可能地减少竞争，发挥本企业优势，集中力量进入竞争对手未进入的细分市场；二是减少风险。

第三节 农产品市场定位

农产品经营企业选定目标市场及相应营销策略后，就要着手于市场定位，确定推出何种农产品和采取何种办法占领市场。“定位”一词由艾尔·里斯和杰克·特劳特于1972年提出，他们认为定位起始于产品，包括一件商品、一项服务、一家公司甚至一个人。定位是对潜在消费者的心理所采取的行动。市场定位，是指农产品经营企业针对消费者的需求状况和竞争对手的产品特征，确定企业在目标市场上的位置，在消费者中建立自身市场形象的过程。市场定位避免了与同行的恶性竞争，有利于促进企业开辟市场的“蓝海”，是制定市场营销组合策略的基础。同时，市场定位的关键不在于农产品而在于消费者，企业需要关注的是要在消费者心目中留下什么形象，怎样才能获得竞争优势。

市场定位包括：产品定位，即侧重于产品实体定位，如质量、成本、特征、性能、

可靠性等；企业定位，即企业形象塑造、品牌、员工能力、知识和可信度等；竞争定位，即确定企业相对于竞争者的市场位置；消费者定位，即确定企业的目标顾客群。

一、农产品市场定位的步骤

进行市场定位的首要任务就是明确企业自身的竞争优势，将自己与竞争对手相区别。其包括以下几个步骤。

（一）明确企业潜在的竞争优势

农产品经营企业要充分调研影响市场定位的因素，掌握竞争对手的定位、产品及市场形象，评估其经营业绩，以及了解目标市场消费者的偏好。企业要把消费者最关心的问题作为其决策依据，通过与竞争者在产品、服务、成本等多方面的比较确定企业的潜在竞争优势。其中，较为重要的是成本优势和农产品差异化优势。成本优势是指农产品经营企业在销售相同质量产品时能够实现比竞争对手更低的价格；或者说以相同的价格水平销售更高质量水平的农产品。农产品差异化优势是指农产品独特的功能和利益与顾客需求相一致的优势。农产品市场定位中应着重考虑产品差异化优势对目标消费者的重要性，农产品经营企业通过实施农产品差异的能力、所需时间，评估企业的重要竞争对手的优劣之处等，有利于实现产品的差异化。

（二）选择相对的竞争优势和市场定位策略

相对的竞争优势是指农产品经营企业能够胜过竞争者的能力。企业要根据自身的资源条件，通过市场营销组合的差异化方案和准确的定位突显其经营特色和优势，并得到消费者的认同。

（三）传播企业的市场定位

农产品经营企业要通过市场营销组合将其市场竞争优势准确地传递给消费者，从而在消费者心目中留下与市场定位相一致的良好印象。同时，企业对市场定位的偏差也要及时纠正。

二、农产品市场定位的策略

农产品市场定位的实质是竞争定位。这展现了农产品或农产品经营企业与同类的农产品与企业之间的竞争关系。市场定位不同，竞争态势亦不同。农产品经营企业应注意选择市场定位的主要变量，如农产品的质量、价格等，研究在该目标市场中竞争对手的状况，以此确定企业自身的市场定位。企业可以采用的定位策略主要有以下四种。

（一）迎头定位策略

该策略是指农产品经营企业与现有竞争者的目标市场基本重合，在农产品价格及促销等方面差别不大并展开激烈的消费者争夺战。在竞争过程中，如果产生较为轰动的效应，农产品经营企业及其农产品就能够较快地被消费者所了解，并在市场中树立企业的良好形象，但其缺点是风险极大。

（二）避强定位策略

该策略是指农产品经营企业尽量避免与同业竞争者发生市场重叠，努力将自身定位在市场的空白处，研发和供应市场上暂时还没有的农产品以拓展市场空间。该策略的优点是能够迅速在市场上打开局面，在消费者心中树立企业形象，而且风险小、成功率高。劣势则是由于避强使企业需要放弃市场中最佳的位置，同时也容易使企业进入市场中最差的位置。

（三）创新定位策略

该策略是指农产品经营企业寻找新的尚未被占领但有潜在市场需求的位置，填补市场上的空缺，生产市场上没有的、具备某种特色的农产品。采用这种定位方式时，企业应明确创新定位所需的农产品在技术、经济上的可行性，以及是否有足够的市场容量为企业带来合理而持续的盈利。

（四）重新定位策略

该策略是指农产品经营企业改变原有农产品结构和在消费者心目中的印象。在变幻莫测的市场环境中，重新定位对于企业适应新的市场营销环境和调整营销战略也是非常必需的。一般而论，农产品经营企业发生如下情况时就需要重新审视其定位：一是竞争对手的市场定位与本企业发生重叠；二是消费者偏好开始向竞争对手转移。

农产品经营企业进行市场定位时，需要明确相对于竞争对手自己在目标市场中的位置，因而在进行定位时要慎重选择，要通过反复的调查研究找到最合适的突破点。在进行市场定位时，要注意避免一些错误，以免影响消费者对企业的印象。常见的定位错误有：①定位过低，经营企业的独特没有被消费者真正地认识。②定位过高，消费者无法正确认识经营企业。③定位混乱，经营企业的定位不能随意更改以免过于频繁而使消费者难以接受。④定位怀疑，消费者难以相信经营企业所做的相关宣传内容，对企业定位产生怀疑。

在确定了市场定位后，农产品经营企业要努力维持这一定位，并经常加以监测以随时适应消费者需求的改变。

三、农产品市场定位战略

实现经营企业农产品与竞争对手农产品存在差异是市场定位的核心。差异化是市场定位的根本战略，农产品经营企业的营销人员需要顾及消费群体与公司农产品及服务联系的整个过程，采用不同的战略，使农产品及服务异于竞争对手。

农产品经营企业采取差异化的营销策略对于改变传统营销观念、提高企业经济效益具有积极的意义。首先，能够更好地满足消费者不同的需求和偏好。由于社会的进步和经济的发展，人们的生活水平不断提高，消费者的需求呈现多样化的趋势，因此要求农产品及其服务能够满足其个性需求。农产品经营企业要注重对农产品市场的调查，了解消费者需求的变化情况，相应地提供不同的农产品及服务。其次，有利于推动农产品竞争模式的转变。差异化营销能够使农产品竞争模式实现从价格竞争向非价格竞争的转变。过去农产品市场中价格竞争占据主导地位，但实行差异化策略能够使农产品经营者通过改进农产品的质量、增加农产品的特色、提高农产品档次等方式实现农产品价值增值，从而提高销售利润。最后，有利于培养消费者的品牌意识。消费者的品牌意识不是一气呵成的，需要经过时间的积累。农产品经营企业在销售农产品的过程中需要实现与竞争对手的差异，比竞争对手更好地满足消费者的需求，从而提高消费者的品牌忠诚度。因此，农产品市场定位差异化策略可具体表现在以下几个方面。

（一）农产品差异化战略

农产品差异化战略是指从农产品的质量、特征、外观等方面实现差异，是市场定位的重要方面。在目标市场上如果能够建立起被消费群体所认同且独特的优势，那么企业便能够在该目标市场上占有一席之地。例如，乌鲁木齐县板房沟乡高科技观光农业基地生产的颜色绚丽、圆润饱满的以色列彩椒，就是企业利用独特的地理环境、国内外先进的农业生产技术及优良品种的引进、开发、消化创新，通过实现外观的差异取得消费群体的喜爱。又如，农夫果园“三种果汁在里面”概念的提出，使其与以往的果汁产品形成对比，由于农夫果园由三种果汁调配而成，营养更均衡，因此这种产品在质量与特征上实现的差异赢得了消费群体的青睐。

经营企业在把无差异产品转化为差异化产品的过程中，一方面给消费者带来了利益的增加，另一方面也使得企业的成本上升。在菲利普·科特勒看来，有效的差异化应达到以下几个标准。

(1)重要性。农产品差异化应向顾客让渡较高价值的利益。

(2)独特性。农产品经营企业实现的差异应当是其他企业所没有的，或者是该企业能够以一种独特的方式向消费者提供的。

(3)优越性。该差异化与其他途径相比能够获得更多的利益，或者是在获得相同利益的情况下，存在比其他途径更突出的优点。

(4)沟通性。农产品经营企业的差异化应当能够向消费群体宣传并实现沟通，是消费者可以看得到的实体。

(5)不易模仿性。即经营企业实现的差异化是竞争对手难以模仿的。

(6)承担性。农产品生产出来只有被消费，价值才能得以体现，因此这种差异化是消费者有能力购买的。

(7)盈利性。该差异化能够让企业获得足够的利润。

（二）服务差异化战略

服务差异化战略是向目标市场提供不同于竞争对手的优势服务，即当经营企业的竞争力体现在顾客服务水平上时，市场差别化就越容易实现。如果企业把服务要素融入产品的销售中，就可以建立其他企业的“进入壁垒”，因为服务差异化战略能够提高顾客购买总价值，与消费群体保持稳定的关系，从而击败竞争对手。例如，北京市顺义区自然条件优越、交通便利，当地农民利用这一优势，将过去单纯的农产品销售转化为旅游产品销售，实现了农产品成倍的增值，这不仅降低了农民自身采摘、运输及销售过程中的成本，而且消费者在享受该旅游产品后，满足感增加，从而实现购买总价值的提升。

（三）价格差异化战略

农产品经营企业需要运用各种价格策略和定价技巧，选择季节性定价、区域定价等多种方式使本企业与竞争对手形成差异，科学制定农产品价格。价格的制定受到如农产品的品种、质量、生产成本、竞争对手等因素的影响。

（四）形象差异化战略

形象差异化战略是在产品的核心部分与竞争对手相似的情况下，通过文字、符号、图案等要素进行组合，用做农产品标识，塑造出一种不同的产品形象，从而实现区别于竞争对手产品的差异优势。良好的品牌形象是农产品经营企业一种不可或缺的无形资产。许多农产品仅仅通过外观很难使顾客了解其内在的品质，而形象差异化战略的实施会使顾客更倾向于对该产品的喜爱。在我国的农产品市场上，如河北的“露露”、海南的“恒泰芒果”等知名品牌，因拥有良好的信誉与形象，而赢得了广大消费群体的青睐。

☞策略介绍

一、蔬菜消费市场细分及营销策略①

（一）长沙市蔬菜细分市场

长沙市蔬菜消费者购买行为的因子主要有六大类，即“产地”、“安全”、“口味”、“便利”、“品种”、“外观”。聚类分析显示，长沙市蔬菜消费市场可以细分为口味型消费市场、安全型消费市场、便利型消费市场、视觉型消费市场和多样化型消费市场，且各细分市场均呈现显著的特征差异。

（二）湖南省蔬菜市场差异化营销的策略

（1）针对口味型细分市场的消费群体，蔬菜生产与销售的相关企业和个人应注重研究蔬菜的营养成分，注重蔬菜的口味与搭配，努力提供有营养的、传统型的蔬菜，而不必过度塑造产品品牌。

（2）针对安全型细分市场的消费群体，蔬菜生产与销售的相关企业和个人应重点提供农药残留量低、绿色的、安全的且有质量认证的蔬菜产品。同时，针对该类消费者的家庭月收入水平普遍较高的情形，在产品定价时可以采用中高档位价格。

（3）针对便利型细分市场的消费群体，蔬菜生产与销售的相关企业和个人的营销策略，是在消费者比较集中的地方提供方便购买的销售渠道，如社区蔬菜连锁店、便利店等。蔬菜产品的定价应采用中等偏低的价格。此外，不定期地开展一些价格优惠活动，有利于吸引这批消费者增加购买量。

（4）针对视觉型细分市场的消费群体，蔬菜生产与销售的相关企业和个人的营销策略是指，加大蔬菜生产与销售的一体化进程，如蔬菜生产基地、蔬菜合作社等，提高蔬菜的供应灵活性与及时性。

（5）针对多样化型细分市场的消费群体，蔬菜生产与销售的相关企业和个人的营销策略是指，加大力度培育蔬菜新品种、打造知名产地、塑造产品品牌，提高产品档次、产品知名度与竞争力。销售渠道一般为比较高档的超市、连锁店或者专卖店等形式，产品的定价可以采用高价位的定价策略，这样有利于提高该类蔬菜产品的品牌形象和企业

---

① 孙艳华，周发明，周军．蔬菜消费市场细分及营销策略分析．消费经济，2009，25(3)：25～29.

形象，进而提高消费者的消费档次和品位。

二、农产品营销中市场细分策略应用[①]

(一)细分市场中正确选择目标市场

选择目标市场是农户进入市场时应认真关注的问题。目标市场是经营者希望开拓和占领的一类消费者，这一类消费者具有大体相近的需求。通过对具有不同需求的消费者群做有针对性的挑选，可以发现需求尚未得到满足的或不甚满足的消费者，然后再根据自己的生产能力、管理能力、销售能力去开拓和占领此类消费者。一个理想的目标市场必须具备三个基本条件：一是要有足够的销售量，即一定要有尚未满足的现实需求和潜在需求。这对于一般小型农户来讲问题不大，而对于规模较大的农产品生产者来讲就显得非常重要。二是经营者必须有能力满足这个市场的需求。三是在这个市场中必须具有竞争的优势，即没有或很少有竞争，或者有竞争但不激烈，经营者有足够的实力击败竞争对手。这样一个市场就可以选作自己的目标市场。确定目标市场又称为市场定位，是指农户选择某一细分市场作为营销对象的决策活动。选择目标市场一般包括三个步骤。

第一，估计目标市场的需求。目标市场的需求是指在既定的市场环境中，某一类消费者购买某种产品的总额。这种市场需求数量的变化取决于消费者对某种产品的喜好程度、购买能力和经营者的营销努力程度。如果某种产品确实为消费者所喜爱，并且消费者的购买能力不断提高，经营者的营销策略正确，就有可能增加需求数量。估计目标市场需求时既要估计现实的购买数量，也要对潜在增长的购买数量进行估计，从而测算出最大市场需求量。农户要根据所掌握的最大市场需求量来决定是否选择该市场作为目标市场。

第二，要认真分析自己的竞争优势。市场竞争可能有多种情况，如品牌、质量、价格、服务方式、人际关系等多方面的竞争。但从总的方面来说可以分为两种基本类型：一是在同样条件下比竞争者定价低；二是提供满足消费者特定需要的服务，从而抵消价格高的不利影响。农户在与市场同类竞争者的比较中，分析自己何处为长，何处为短，尽量扬长避短，或者以长补短，从而超越竞争者占领目标市场。

第三，选择市场定位的战略。这是指农户在生产经营活动中要根据各目标市场的情况，结合自己的条件确定竞争原则。通常可分为三种：第一种是“针锋相对式”的定位，即把经营产品定在与竞争者相似的位置上，同竞争者争夺同一细分市场。例如，有些农户在市场上看别人经营什么，自己也选择经营什么，实行这种定位战略要求经营者具备资源、产品成本、质量等方面的优势，否则，在竞争上可能会失败。第二种是“填空补缺式”的定位，即农户不去模仿别人的经营方向，而是寻找新的、尚未被别人占领的，但又为消费者所重视的经营项目，采取填补市场空位的战略。例如，有的农户发现在肉鸡销售中大企业占有优势，自己也选择经营饲养“农家鸡”，并采取活鸡现场屠宰销售的方式，填补大企业不能经营的“空白”。第三种是“另辟蹊径式”的定位，即经营者在意识到自己无力与同行业有实力的竞争者抗衡时，可根据自己的条件选择相对的优势来竞

① 李苏，韩科锋．农产品营销中市场细分策略应用．商业时代，2004，(15)：32～33.

争。例如，有的经营蔬菜的农户由于既缺乏进入超级市场的批量和资金，又缺乏运输能力，因此就利用区域集市，或者与企事业伙食单位联系，甚至走街串巷，避开大市场的竞争，将蔬菜销售给不能经常到市场购买的消费者。

(二)选择农产品目标市场须走出合成谬误误区

(1)合成谬误的含义。选择目标市场的目的是为了使产品有销路。然而，问题是并非凡有销路的市场都一定能成为企业理想的目标市场，如果出现合成谬误，农户就不可能实现预期的营销目标，还可能导致挫折和失败。合成谬误是指过多的农户都把同一个细分市场作为自己的目标市场，从而造成某一种产品的供给远远超过市场需求。在这种情况下，这些农户共同经营同一种产品，实际上就是共同争夺同一产品有限的消费者群，造成社会劳动和资源的浪费，也不能满足本来有条件满足的其他市场需求，大大提高了农户的机会成本，影响农户的经济效益，甚至造成农户的营销失败。在现实的经济生活中，合成谬误屡屡发生。

(2)合成谬误产生的原因分析。从农户市场营销实践来看，合成谬误产生的原因包括如下几个方面。

第一，农户将市场容量最大、利润潜量最大的市场作为目标市场。许多农户只盯着市场的需求潜量和诱人的利润，认为只要市场有需求，重视产品质量，价格合理，再加上推销工作，就一定能够扩大销售量，提高市场占有率，从而取得最大的利润。结果，竞争者太多，形成同步共振，造成损失。

第二，企业经营者在指导思想上急功近利，只考虑农户的目前利益，避难就易，而看不到长远利益，使经营陷入困境。产生这种情况的原因是农户把最容易进入的市场作为目标市场。有些农户看到某些农产品畅销，而且投资小、见效快、市场容易进入，便增加了冲动投资。例如，一户因育果树苗发了财，就户户育，村村育，乡乡育，最后只能是果树苗当柴烧。类似事例，不胜枚举。更为严重的是现在仍有许多农户还在重蹈覆辙。

第三，抵挡不住外围市场一时走俏的诱惑。市场细分，确定目标消费群，只能在自己的有效市场范围内，决不能放弃自己的优势，去追求所谓的“热”。俗话说：“庄稼活，不用学，人家咋做咱咋做。”这是一种盲从思想，很多农民正是在这种习惯思维的引导下急功近利，盲目发展，看到人家赚了钱，自己也挤同一条赚钱道，自觉不自觉地扩大同类农产品的种植面积，结果谁也赚不了钱，这样的合成谬误我们已屡见不鲜并深受其害。

第四，对已经确定的目标市场缺乏精细的了解。信息不同于独得之密的情报，它的确是宝贵资源，但却是共有资源。当你从传媒得知某地某货奇缺价昂而进行生产时，你将和四面八方获知同一信息采取统一举措的众多农户在市场上发生碰撞，奇缺变为过剩，抢购的紧俏货转眼之间变成卖不出去的滞销货。一哄而上很难称为市场失灵，倒可以称为市场过敏。

第五，对细分后的目标市场的变化没有足够的把握。市场细分的各项变量随着社会大环境的变化而不断变化，因此不能用固定不变的观念去看待变化的市场，而应以变应变，具体问题具体分析，及时调整自己的营销策略。

市场细分是一个复杂的问题，不是简单地种什么、养什么的问题，它还牵涉到资金、市场、人才、技术等诸多因素。因此，进行市场细分必须对多种因素进行综合考虑、科学论证、统筹规划，有计划、有步骤地进行。客观地讲，在商品经济生产中，合成谬误是很难完全避免的，问题是要尽可能地把合成谬误控制在最小的范围之内，要把它造成的损失降低到最低限度。

➢案例讨论

里岔黑猪：打造猪肉高端市场实现品种复兴

高档农产品因其自然环保、顺应潮流的种养方式，如270元一斤的蓝莓、40元一斤的猪肉等已为人熟知乃至渐渐接受。不过，要生产出外观美、口感佳的“天价果”、“天价肉”，远远不止“自然环保”这么简单，优良的品种同样至关重要。在胶州市里岔黑猪繁育基地，记者见到了猪肉售价40元一斤、每头种公猪卖到80万元的里岔黑猪。

“‘里岔黑’卖得贵的基础是独特的品种。现在繁育基地共有5 600多头猪，其中母种猪350头，公种猪24头。不过物以稀为贵嘛，这种母种猪价格是8 000元一头，而那边的公种猪要80万元一头。”里岔黑猪繁育基地董事长赵波话一出口，就把记者“雷”到了。

赵波进一步介绍：里岔黑猪1985年便被农业部列为国家重点推广的优良地方猪种，具有适应性强、耐粗饲、生长较快、繁殖性能好等特点。里岔黑猪肉切面大理石纹均匀细致，有特殊芳香气味；肌内脂肪含量高，口感酥嫩，鲜美多汁；富含氨基酸，每百克胆固醇含量52.95毫克，是普通猪肉的一半左右。

提起里岔黑猪，胶州市畜牧兽医局畜牧科科长刘忠琛也深有感触。大学毕业后，他就在里岔黑猪原种场养了6年里岔黑猪。据他介绍，里岔黑猪已有4 000余年养殖历史，主要分布在胶州、胶南、诸城、高密等地。20世纪70年代，这一猪种在畜牧部门的一次普查中被发现，因其中心产区是胶州市的里岔镇，故命名为里岔黑猪。里岔黑猪有一个独特的性状，那就是胸、腰椎数比一般地方猪种多1～2对。这是我国唯一、世界第二个有多肋性状的猪种，在业内素有“国宝”之称。2000年8月23日，农业部发布第130号公告，确定19个优良地方猪种为国家级猪种保护品种，里岔黑猪被列入国家保护的山东省唯一一个地方猪种。

里岔黑猪虽然具有诸多优良特性，但在20世纪末21世纪初却险遭灭绝。里岔黑猪具有生长速度慢、皮厚、肥肉多瘦肉少、骨骼大等特点，在当时的市场上并不占优势。自从生长速度快、瘦肉多的白种猪进入国门后，绝大多数农民慢慢放弃了养殖里岔黑猪，转而养殖白种猪，里岔黑猪眼看要步我国众多地方品种的后尘，濒临绝迹。2007年，胶东地区只有很少的村民家里还养这种猪，且大部分也是杂交品种了。

“当时在里岔镇崔家村有一个老人，他家养了很多纯种的里岔黑，虽然养猪一直赔钱，但老人却一直坚持喂养。后来，当地政府从保护地方品种出发，与我们合作，把当地一些较纯种的里岔黑收购上来，在2007年建了这个繁殖基地，当时只有70头左右。经过慢慢发展，提纯复壮，现在已经发展到5 600多头，明年估计能到10 000头左右。这就是所有的里岔黑猪了，非常珍贵，这也是为什么市场上价格高的一个原因。”赵波说。

有了数量，又有质量优势，如何将里岔黑猪推销出去却成了摆在赵波面前的难题。“我们首先想到的是走高端市场，在猪肉上做文章。”赵波说，“一开始根本卖不动，大家一听猪肉这么贵就都不买了。后来我们干脆就把猪肉免费赠送给客户品尝，客户在品尝完后觉得猪肉非常香，与一般的猪肉有明显区别，这才逐渐认可并开始购买”。就这样，局面一步步打开，先是在胶州设立猪肉专卖店，后来又向青岛、济南、淄博、临沂、北京等地发展。“现在的局面是供不应求。今年能出栏肥猪 4 500 多头，平均下来一个月供应 400 头左右。此外，我们选育的种猪也在对外出售，下一步争取能在种猪资源方面做更多的探索。”赵波对里岔黑猪未来的发展充满了信心。

（资料来源：吕铭辉．里岔黑猪：打造猪肉高端市场实现品种复兴．山东科技报，2011-05-30，第 003 版．）

讨论题：

1. 猪肉高端市场的特点有哪些？

2. “里岔黑猪”为什么选择高端市场作为品种复兴的目标选择？

第五章

农产品产品策略

第一节　农产品与农产品组合

农产品经营企业在确定了目标市场定位以后，就要根据消费者的需要来研发和生产农产品，并利用相应的产品组合和品牌包装策略使农产品受到消费者的青睐。

一、农产品的概念及销售分类

(一)农产品的整体概念

农产品有其内涵和外延。农产品整体概念，就是指要以发展的眼光，联系消费者的需求和企业之间的竞争，从市场整体上对农产品进行研究。农产品的整体概念包含三个产品层次(图 5-1)。

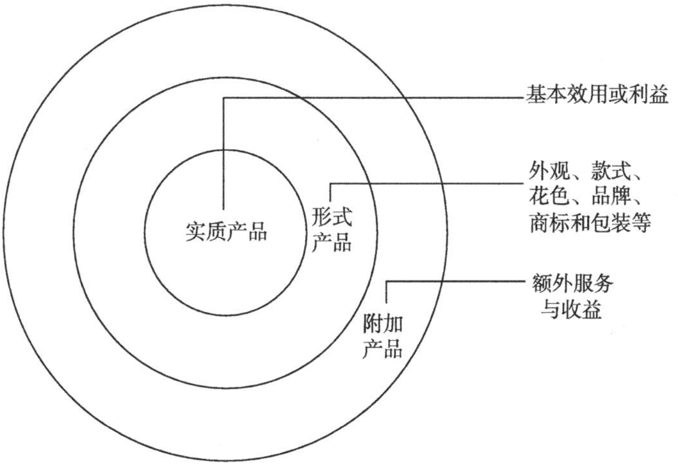

图 5-1　农产品整体产品概念的三个层次

(1)实质产品。实质产品是指农产品经营企业向消费者提供农产品的使用价值和功能，即农产品带给消费者的基本效用。这是消费者需求的核心，也是农产品整体概念最主要的内容。消费者购买农产品，正是为了获得满足自身某种身心需要的效用和利益。因此，企业生产及营销首先要着眼于农产品基本的效用和性能。

(2)形式产品。形式产品主要是指农产品中可见和可感觉到的要素，它由消费者识别农产品时的外观、款式、花色、品牌、商标和包装等有形要素构成，它们间接地影响消费者对农产品的满足度和评价。

(3)附加产品。附加产品是指消费者购买农产品时获得的全部额外服务与收益，包括免费送货、包换和服务等。附加产品是农产品整体概念中的一部分，其存在有利于引导消费、刺激购买并最终增强企业的竞争优势。

市场营销中的产品是产品的整体概念，因此消费者对农产品的评价要从整体概念出发，而不同企业在农产品质量上的竞争也就成为了农产品整体概念的竞争。随着生活水平的提高，人们对于农产品的需求日益多样化，对于不同层次的农产品要求也更高。首先，消费者购买农产品的核心在于买到营养价值高、安全、无污染的绿色产品。其次，农产品的质量、包装、品牌等也是影响农产品畅销的重要因素。再次，良好的服务在整体产品概念中的作用突出。由此可见，上述三种产品层次共同构成了农产品的整体概念，彼此不可分割。其中，实质产品是核心和根本，但必须转化为形式产品才能得以实现，而且通过良好的服务和增值收益形成附加产品，能够进一步提高企业的市场竞争力。因此，农产品经营企业要树立起农产品整体概念意识，只有提供农产品三个层次的最佳组合才能确立农产品在市场中的优势地位，才能够在竞争激烈的市场中占有相对的份额。

(二)农产品的销售分类

农产品的种类丰富，但是根据农产品的销售关系进行划分，可以分为以下几种。

(1)独立产品，即农产品的销售不受其他农产品在市场上销售的影响。

(2)互补产品，即农产品与另外的农产品在市场销售上相互依存，一种农产品销量的增加会带动另一农产品销量的增加，反之亦然。

(3)替代产品，即两种农产品在市场销售上存在竞争关系，彼此在消费者购买决策中可以互相替代，此时，一种农产品销量的增加会导致另一农产品销量的减少。

二、农产品组合策略

(一)几个相关的概念

农产品经营企业生产和经营的农产品往往有许多种，这就会涉及生产经营的产品组合问题。只有选择合适的产品组合策略，才能从中获取最大化的整体效益。

(1)农产品组合，是指农产品经营企业生产或者销售的全部农产品，由产品线和产品项目组成。所谓产品线，是指产品组合中的某一产品大类；产品项目则是指产品线中不同品牌的特定产品。如表 5-1 所示，农产品经营企业生产经营大米、面粉、食用油，这就是产品组合，而其中的大米、面粉、食用油等就是产品线，大米中的粳米、籼米、糯米就是产品项目，产品项目还包括面粉中的高筋面粉、中筋面粉、低筋面粉和无筋面粉等，食用油中的大豆油、棉籽油、调和油等。

(2)农产品组合的宽度，是指农产品组合所包含产品大类的多少，产品线越多，产品组合就越宽，反之则越窄。在表5-1中农产品经营企业的产品组合的宽度为3。

(3)农产品组合的深度，是指每个农产品所包含的花色、式样、规格的多少。在表5-1中，大米的组合深度是2，面粉的组合深度为4，食用油的组合深度为4。

(4)农产品组合的长度，是指农产品组合中所包含产品项目的总和。在表5-1中，农产品经营企业的产品项目长度为3+4+4=11。

(5)农产品组合的关联性，是指农产品经营企业的各类产品在生产环境、分销渠道等方面相互关联的程度。例如，许多粮食产品都可以作为畜牧产品的饲料，而畜牧产品，如牲畜的粪便又可以成为一些粮食产品的肥料，因而可以说粮食产品的个别生产线与畜牧产品个别生产线之间具有一定的关联度。

表5-1　农产品组合宽度表

大米	面粉	食用油
粳米 籼米 糯米	高筋面粉 中筋面粉 低筋面粉 无筋面粉	豆油 棉籽油 菜籽油 调和油

一般而言，产品组合宽度的增加有利于农产品经营企业的经营范围，提高经济效益，分散经营风险；产品组合深度的增加则有利于农产品经营企业占领更多的细分市场，以满足消费者的需求从而增加企业效益；产品组合关联性的增强，有利于提高农产品的附加值，提高企业竞争力，并分散农产品在市场中的风险。因此，面对复杂多变的市场环境，农产品经营企业应当结合自身的发展目标和资源状况，确定适合自己的产品组合，并对自己的产品组合进行跟踪、分析、评价并调整，以保持最佳的产品组合状态。

(二)农产品组合的三个策略

农产品组合策略是农产品经营企业基于市场的需求和内部资源，对农产品组合的宽度、长度、深度及关联度所进行的最佳组合策略。农产品经营企业需要通过分析销售额和利润水平、农产品项目市场地位等，对农产品组合的情况进行调整。销售额和利润水平分析主要是分析并评价现行产品线上不同农产品项目所提供的销售额和利润水平。农产品项目市场地位分析则是将本企业产品线中各农产品项目与竞争对手的同类产品进行对比分析，衡量各产品项目在市场中所处的位置。可采取以下三种策略。

1. 拓展农产品组合

农产品经营企业利用其资源优势扩大农产品组合宽度并加深农产品组合深度，即增加产品线，拓宽经营领域。如果农产品经营企业通过预测，认为在未来一段时期内现有产品线的销售额和利润可能会下降，则会考虑在现有产品组合中增加新的产品线或加强其中有发展潜力的产品线；如果企业想要增加产品特色或者进一步占有更多的细分市场，可以考虑在原有产品线中增加新的产品项目。采用该策略的主要目的是为了分散企业的市场风险，尤其是在经济繁荣时期实行该策略可以增强企业赢利的可能性，但由此带来的成本增加也不可忽略。

2. 缩减农产品组合

农产品经营企业有时因为降低成本等原因，需要对一些发展获利较少的产品线和产品项目进行缩减。该策略能够使企业集中优势力量发展效益较好的农产品，但有时也会带来企业市场风险的增加。一般而言，在市场经济萎缩、行业内替代品出现，或者消费者需求偏好发生转变时可以采用此类策略。

3. 农产品延伸

农产品经营企业根据市场需求的变化，可以对原有产品进行重新定位，或对产品线内的农产品项目进行适当延伸。其主要有向上延伸、向下延伸和双向延伸三种类型。

(1)向上延伸型。该类型是指在原有产品线中增加高端产品项目。例如，企业原来定位于低端农产品市场，在高端农产品受到消费者青睐的情况下，企业就可以在原产品线内增加高端农产品项目从而进入高端市场。实行该类型的市场条件：一是高端产品市场内需求较大，市场发展有潜力；二是该农产品经营企业具有进入高端产品市场的能力；三是农产品经营企业具有良好的信誉；四是经营企业对于竞争对手的进攻具有反击的能力。然而，实行该类型策略也存在风险，如占据高端农产品市场的企业有可能会进入低端农产品市场，或者消费者对于农产品经营企业进入高端农产品市场持有怀疑的态度等。

(2)向下延伸型。该类型是指在原有高端产品线中增加低端或中端产品项目。实行该类型的市场条件包括：一是高端农产品市场的销售增加速度减缓，竞争者增加，农产品经营企业需要开拓中低端市场进行反击；二是利用高端产品的品牌效应吸引更多消费者。而该类型策略的风险主要有：一是农产品经营企业在高端产品线中增加中低端产品项目，会影响原有消费者对企业产品的信心；二是原本经营高端农产品的经销商或代理商不愿意经营中低端农产品；三是原本中低端农产品经营企业会受到打击从而进行反击。

(3)双向延伸型。该类型是指在原有的中端农产品线中同时增加高端农产品项目和低端农产品项目。实行该类型策略可以使农产品经营企业的资源得到充分利用，多种不同类型产品的生产能够更好地满足消费者的需求，分散企业的经营风险。但需要注意的是，企业的产品延伸线要适度，否则过长的产品线会使企业的成本增加，利润减少。

第二节 农产品市场生命周期与新产品开发

一、农产品市场生命周期

(一)农产品市场生命周期概述

农产品的生命周期是指农产品的市场寿命，反映了农产品在市场中不同时期的销售情况以及获利能力的变化，受到宏观环境、市场竞争、供求状况等因素的影响。农产品的生命周期可以分为农产品市场生命周期和农产品使用生命周期。农产品市场生命周期是农产品在市场中的生存寿命，其寿命的长短由市场因素来决定，如科学技术的发展、消费者需求的变化等。农产品的使用寿命是指农产品的自然寿命，即农产品从投入使用到损坏直至终止使用所经历的时间，其寿命受到农产品的自然属性、农产品的技术属性等因素的影响。农产品市场生命周期与农产品的使用生命周期之间并不存在直接的相关关系，有的农产品市场生命周期很长，但使用寿命很短；有的农产品市场生命周期很短，但使用寿命却很长。农产品的生命周期表明任何产品的市场寿命都是有限的，在农产品生命周期的不同阶段，农产品的市场占有率、利润率等存在差异。

农产品市场生命周期是一种农产品由投放市场到最终退出市场的完整的时间周期。农产品市场生命周期可分为四个阶段，具体如图 5-2 所示。

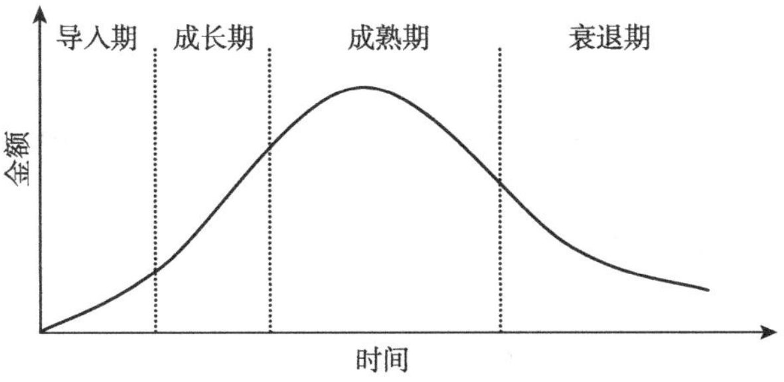

图 5-2　农产品市场生命周期

图 5-2 中，导入期是农产品投放市场的初期，此时农产品新品种不为人们所了解，加上农作物选种的风险性，农户也不敢贸然种植，仅有少数创新者进行尝试开发；成长期是农产品销量迅速增长的时期，此时人们对新品种已基本熟悉，众多企业开始生产，生产规模逐渐扩大，生产成本相对降低，销售量和获取的利润都呈上升趋势；成熟期是农产品销量达到高水平的时期，此时市场需求趋于饱和，农产品的销售量和利润都达到了最高峰，但市场增长率开始下滑直至零增长；衰退期是农产品销量迅速衰减的时期，此时市场周围已经有了更强势的替代产品，农产品的销售量已不可逆转地开始下滑。

(二)农产品市场生命周期的四个策略

农产品市场不同生命周期阶段具有不同的特征，因此需要采取不同的市场营销策略。

1. 导入期策略

处于导入期的农产品生产成本高、需求相对较小，大部分消费者对该农产品的认识不足，还不愿意放弃以往的消费行为，而且价格决策难度大，高价限制消费者的购买，低价则面临成本难回收的问题。因此，农产品经营企业的关键任务是加强对新产品的推介，不断提高品种的知名度，此时营销的重点主要集中在促销和价格上，可采取以下几种策略。

(1)快速掠夺策略，即采取高价格高促销的策略。高价格是为了能够在每一单位的销售额中获取最大的利润；高促销是为了引起目标市场中消费群体的注意力，进一步加快市场渗透。成功实施该策略将会赚取较大利润，快速回收投资数额。但需要注意的是，实施该战略需要具备一定的市场条件：市场中存在较大的需求潜力；目标消费者存在强烈的求新、求异心理并愿意支付购买；企业面临潜在竞争者的威胁，需要尽快树立品牌形象。例如，20 世纪 90 年代末外国橄榄油开始试探性进入中国大陆食用油市场，从 2003 年开始，橄榄油在中国市场的认知度逐步提高，消费者消费的增长速度逐步加快，但中国食用油市场依旧主要以豆油、菜油和花生油等为主，橄榄油的市场份额相对较小。2005 年中国粮油食品集团公司(简称中粮集团)致力于将“萨利维”打造成为中国高端食用油市场的领导品牌。这一举措受到了许多质疑，就消费者的接受程度而言，还存在一个很大的文化和消费习惯的差异，因而需要相当长的一段时间以改变消费者的文化观念和消费习惯；同时，橄榄油在市场中的价格相当高，许多消费者因为价格过高而不选择购买。中粮集团打造的“滋采”品牌为开辟橄榄油高端市场，定价昂贵，每瓶(500 毫升)高达 58 元，每年还投入千万元的资金用于市场培育、规范、引导，以提升消费者对于食用橄榄油的了解。

(2)缓慢掠夺策略，即采取高价格低促销的策略。实行高价格和低促销能够同时降低企业成本，获取较高的利润。当满足农产品市场规模相对较小、竞争威胁不大，或市场上大多消费者对该产品疑惑较小，适当提高价格能够被消费者所接受等条件时，适宜实施该策略。

(3)快速渗透策略，即采取低价格高促销的策略。其目的在于以最快的速度进入细分市场。该策略能够帮助农产品经营企业迅速提高市场渗透率和市场占有率。实施该策略的市场条件是：农产品市场容量大，潜在消费者为价格敏感者，潜在竞争者众多，此时成本能够随着规模的扩大而下降。

(4)缓慢渗透策略，即采取低价格、低促销的策略。低价格更容易使细分市场的目标群体接受新产品，低促销则可实现更多的利润。实施该策略的市场条件在于，市场的容量足够大，潜在的消费者容易了解该项产品且对价格敏感，并有较多的潜在竞争者。

2. 成长期策略

处于成长期的农产品购销两旺、市场价格渐趋下降，市场销量增长迅速，由于促销费用能够被分摊在更大的销售量上，单位生产成本下降，同时，市场竞争由于大批竞争对手的进入而加剧。农产品经营企业在这个阶段的重点是尽可能地延长产品的成长期，具体可以采取：①强化品牌优势、提高市场美誉度策略；②建立健全销售渠道、拓宽销售市场策略；③提高农产品质量、增加品种选择策略；等等。

企业在采用以上市场策略时，会增加农产品在市场中的竞争力，但同时也会增加营销成本。因此，在成长期农产品经营企业将会面临两难的决策，即选择“高市场占有率”还是选择“高利润率”。一般而言，实施市场扩张虽会减少当前的利润，但能够增强企业在市场中的地位，有利于进一步扩大市场占有率。如果从长远的眼光看，“高市场占有率”将更有利于企业未来的发展。

3. 成熟期策略

成熟期主要经历三个阶段：一是成长成熟期，表明农产品销售的渠道趋于饱和状态，增长率上升较慢，进入该市场的潜在消费者较少；二是稳定成熟期，即该市场处于饱和状态，产品消费基本稳定，不同的企业拥有各自稳定的消费者群；三是衰退成熟期，此时销售水平开始下降，原有消费者的购买行为逐渐转移，缺乏竞争力的企业将被取代，新进入市场的竞争对手较少。成熟期的重点是延长农产品的市场投放时间，想方设法维持企业的市场份额，因此企业可采取以下策略：①开辟新的区域市场，即开发新市场，寻求新的消费者群体；②提高农产品品质和附加值，即改进农产品的质量或服务后再投放市场以满足消费者更多的需求；③完善农产品组合，即通过调整产品、价格、销售渠道、促销等方式来延长成熟期。农产品进入成熟期，意味着消费者已经认可该农产品的功能、品牌等内容，在消费中将更注重该产品所带来的其他因素的效果，如服务是否到位、能不能彰显身份等。因而，在该阶段农产品经营企业需要不断地增强消费者对于该产品及品牌的忠诚度。

4. 衰退期策略

衰退期的市场特点主要有：一是农产品的销售量迅速下降，消费者的消费行为已经产生转移；二是农产品价格下降至最低水平；三是大多农产品经营企业由于无利可图被迫退出市场；四是未退出该市场的农产品经营企业逐步减少农产品的附带服务，以减少促销费用。衰退期的要求是选择适当的时机和方式退出市场，可采取快速撤退、维持和逐步缩减等策略。快速撤退是指经营企业大幅度降低促销费用，以增加当前利润；维持策略则是指农产品经营企业仍保持原有的目标市场与营销组合策略，直至该农产品退出市场；逐步缩减是指经营企业把资源集中使用在最有利的细分市场、最有效的销售渠道和最易于销售的品种上，以最有利的市场赢得尽可能多的利润。一般而言，当农产品进入衰退期，消费者对该产品的需求将急剧下降，只剩下一部分对价格敏感的消费者，希望从中能以最小的价格获取较大的功用。

二、新产品开发及其推广

（一）新产品的概念与趋势

在现代市场营销理论下，农产品的新产品是指在农产品整体概念中的任何创新、改进和变化，都能够给消费者带来新的感受和满足的农产品。

之所以要进行新产品的开发，可从以下几个方面进行分析。

(1)新产品的开发能够顺应农产品生命周期的现实要求。农产品经营企业与农产品一样都具有生命周期，如果不开发新产品，当原来的产品走向衰落时，企业也就走到了生命周期的衰退期。如果企业能够不断开发新产品，当原有农产品衰退时，可利用新的农产品占领市场。

(2)新产品的开发有利于提高农产品经营企业的利润。企业开发农产品的新产品，即扩大企业经营的产品项目，使其能够满足更多的消费者需求。随着细分市场的扩大，产品销售量增加，企业的市场占有率提高，企业利润也得到上升。

(3)新产品的开发能够满足消费者需求的变化。随着经济的发展和人们生活水平的提高，消费者对农产品的需求发生变化，消费结构也随之变化。农产品经营企业想要在市场中巩固自己的地位，就需要淘汰难以适应消费者需求的原有产品，并开发新的产品以适应消费者市场的变化。

(4)新产品的开发有利于提高企业在市场中的竞争力。农产品经营企业在与同行业的竞争对手进行竞争时，新产品的开发对于企业而言是不可或缺的，要想在市场中保持竞争优势，企业必须不断开发新产品，提高企业在市场中的地位，以应对竞争对手，提高市场占有率。

新产品可以分为如下几类：①全新产品，是指应用新的研究方法制造出来，能够满足消费者新的需求的农产品；②改进型产品，是指在原有农产品基础上改进了品质、性能或包装的农产品；③模仿型产品，是指农产品经营企业为了扩大目标市场，模仿其他企业生产出来的新产品；④降低成本型产品，是指企业通过技术创新，在保持产品原有性能的基础上削减原材料成本而获得的新产品；⑤重新定位型产品，是指原有农产品进入新的目标市场，重新定位后的农产品。

随着人们生活水平和消费者需求水平的不断提高，农产品消费领域也不断扩大，农产品的新产品发展出现了如下趋势。

(1)新产品的科技含量不断提高。科学技术的迅速发展加快了农产品更新换代的速度，科技的进步有利于农产品经营企业淘汰原有的、过时的农产品，生产出更符合现代消费理念的新产品。农产品经营企业投入更多的科研力量到新产品开发中，以更多知识含量的新产品开拓市场和增强竞争力。

(2)新产品呈现多元化，更美观和适用。消费者群体的多样性导致其对农产品需求的多元化，因此农产品必须注重新产品的开发，通过多元化的农产品及其更美观、更适用的性能来满足消费者的需求。

(3)无公害、绿色和有机农产品获得较快发展。随着食品安全事件频发和人们对健康的日益重视，消费者对无公害、绿色和有机农产品的需求呈现不断增长的态势，此类新产品的市场潜力正在显现。

(二)新产品开发的程序

新产品开发过程一般由八个阶段构成。

(1)创意。创意是为了满足消费者新的需求而产生的，因而新产品的开发也从创意开始。创意是新产品开发过程中最关键的一步。创意的产生有如下方法：①属性列举法，即将现有的农产品属性列举出来，然后进行改良。②强行关系法，即在多个农产品的关系中寻找启示。③调查法，即向消费者寻求意见，然后转化为创意。消费者的需求是农产品经营企业寻找创意的缘由，只有符合消费者需求的新产品才能得到青睐，因而从消费者那里获取创意是较为直接且有效的方法。④头脑风暴法，即通过人员座谈来发现新的创意。对于跨国经营或者经营出口农产品业务的农业经营企业而言，来源于国外的新产品创意更符合国外市场的需求，因而该类企业应与国外分销商和中间商保持密切联系，鼓励其提供新的农产品创意，同时也可以与其他全球企业共同合作投资，这样可以降低新产品的研发成本，还可以搜罗更多优秀人才，使新产品在市场中的成功发展成为可能。

(2)筛选创意。农产品经营企业在取得尽可能多的创意后，需要对创意进行评估，尤其需要采用科学的评价系统和方法分析比较各种创意，筛选出最佳的创意。同时，农产品经营企业的筛选应遵循一些标准，如市场成功的条件、企业内部环境、销售条件、利润收益条件等。在这个阶段，农产品经营企业的目标是剔除不适当的产品创意，但也要避免出现“误弃”和“误用”两种偏差。前者是漏选了较好的产品构思，对其潜在价值的评估不恰当，容易使企业失去暂时的发展机会；后者则是使用了错误的产品创意，在投入生产时容易造成企业损失。

(3)概念发展和试制。其是指在前期创意的基础上，将最佳创意具体化，明确新产品的性能、用途和价格等，使之形成明确的农产品整体概念，并试制成样品。产品概念是指为了使消费者形成一种潜在的产品构思，农产品经营企业使用文字、图像等对即将投产的农产品创意所进行的清晰描述。

(4)试验与鉴定。其是指对试制的新产品进行全面的鉴定，在技术和经济上做出评价。新产品只有通过了鉴定才能正式定型和生产。

(5)市场分析。其是指对新产品市场需求、预计销量、成本、利润等财务指标和消费者意愿等进行调查分析，研究新产品的上市能否达到企业设想的目标。

(6)产品开发。其是指将农产品的创意和试验转化为技术、商业上都可行的产品。这是新产品开发的重要步骤，只有通过产品开发，投入资金、劳动力、设备等，使农产品概念实体化，并发现不足，经过改进设计，才能证明其可行性。需要注意的是，新产品开发必须使得其样品具有产品概念所设计的所有特征。

(7)试销。其是指将正式生产的农产品小规模地投放到有代表性的市场上进行销售，在对新产品的市场效应有所把握之后再决定是否批量投放市场。新产品的试销应当考虑几个问题：①该农产品试销的地域范围。试销市场应当是农产品经营企业细分目标市场的一部分，否则在新产品大量投入市场时，容易出现由于市场选择不恰当而导致的产品滞销。②农产品试销时间及相关试销情况。试销时间的长短可以采用试用率和重复购买率两个指标来进行考虑。如果新产品的试用率较高、重复购买率高，试销的时间应当长一些，以观察是否可以继续发展下去；如果出现试用率高但重复购买率较低，则企业需重新思考该产品应当重新开发或放弃。③试销的成本费用。如果试销过程中费用过高，那么农产品经营企业需要考虑该产品是否适合继续发展。④试销的营销策略及试销成功后应采取的策略。

(8)商品化。一旦新产品试销成功，农产品经营企业就可以考虑规模化生产，全面开拓目标市场。这时农产品经营企业需要投放大量资金，因为新产品刚开始向市场投放时利润较小甚至出现亏损。因此，企业在这个阶段需要注意产品投放市场的时机、区域、目标市场的选择和营销组合的状况。

(三)新产品推广的四个策略

向消费者推广新产品有一定的经验可循。有研究表明，消费者接受新产品的过程分为五个阶段，即认识—说服—决策—实施—证实。

(1)认识。这是农产品消费者获得新产品信息的开始阶段。新产品的信息一般来源于农产品经营企业的广告宣传、产品包装介绍等渠道。消费者在这个阶段对新产品的认识只是一般性的了解。

(2)说服。消费者在认识新的农产品后，对此产生了消费的欲望，此时消费者会积极地寻找更深层次的信息，进行对比分析，以图说服自己。

(3)决策。在这个阶段，消费者将衡量新产品的使用价值及可能承担的风险，从而做出购买决策。

(4)实施。消费者开始购买并试用新产品，通过试用，消费者对购买产品的认识将进一步加深，同时消费者会对该产品进行评价以决定是否重复购买。农产品经营企业应当向顾客尽可能详尽地介绍产品的性质、使用方法等，以降低消费者因购买期望与实际之间的差距过大而对该产品产生的负面情绪。

(5)证实。消费者消费新的农产品后，如果对这项新产品感到满意，将会促使消费者放弃原有的产品，接受新产品。如果对该项新产品感到不满，则会选择放弃重复购买。

针对各阶段的特点，农产品经营企业可以采取如下几项新产品推广策略。

(1)市场导向策略，即以市场为导向，充分利用报纸、杂志、电视和广播等媒体的广告和宣传，向消费者介绍新产品的性能、品质和功效，引导并说服消费者购买。该战略要求农产品经营企业投入大量的广告宣传资金，努力开拓新的市场，打开产品销售局面，但由于外部性的存在，市场容易被模仿者占领。

(2)技术领先策略，即企业着重攻克技术难题，生产科技含量高的新产品，并以技术为最大卖点，通过向消费者展示新产品的技术含量来开拓市场。技术领先策略适用于行业领先者和导入期产品。农产品经营企业要完成新产品的技术领先，意味着产品将出现根本性的重大创新，这种创新一旦取得成功，必然会引来大量的模仿创新和相关配套产业的创新。因为技术来源于农产品经营企业内部，具有内生性，所以企业虽然能够对进入者形成技术壁垒，但投资高、风险大，成功概率较低。不仅如此，由于技术具有外部性，容易被模仿者模仿创新，因此企业需要注重专利保护，适当地进行技术转让，注意自主创新产品的自我完善。

(3)竞争模仿策略，即模仿同业竞争者在新产品外形和品牌策略等诸多方面的成功经验来开发市场、推广产品。模仿策略要求农产品经营企业吸取行业先行者的成功经验和失败教训。该策略是一种渐进性的创新策略，每一次创新都会使产品得以改进，但不会出现质的创新，竞争模仿策略使模仿企业降低了新技术的开发费用和新市场的开发费用，因而企业可以在产品外形设计、品牌建立等方面集中大量的人力和物力。竞争模仿策略适用于处于成长期的产品，因为新产品处于成长期意味着其有较强的技术支撑，消费市场刚刚被打开，消费者重复购买率较高。因此，这种策略使得成功的竞争模仿产品后来者居上，为企业带来了丰厚的利润。

(4)综合策略，即以上各种策略结合使用、互为补充。

在新产品的推广过程中，由于社会地位、消费心理、个性等因素的影响，不同消费者对于新产品的反应也存在差异。这些差异一般可分为五类：一是创新使用者。这类消费者一般富有个性，勇于尝试新鲜事物，经济能力较强，社会地位较高，消费行为多由自己支配。农产品经营企业在投放新产品时可将其作为目标消费群体。二是早期使用者。这类消费者大多是年轻的消费者，他们对于新鲜事物的接受能力较强，经济状况良好。三是早期大众。这类消费者征询了早期消费者后才产生购买行为，研究其心理状况、消费习惯有利于提高产品的市场份额。四是晚期大众。这类消费者是指较慢接受新产品的消费群体，其对新鲜事物的接受能力较弱，多持观望态度，直至产品成熟期才进行购买。五是后期消费者。这类消费者对于新鲜事物抱有排斥的态度，消费行为较为传统，一般在新产品处于成熟期甚至衰退期才进行购买。

新产品的整个市场推广过程、消费者的反映与产品生命周期曲线相似，因此农产品经营企业应当根据该特点为企业制订产品生命周期各阶段的营销战略。

第三节　农产品品牌与包装

一、农产品品牌及其策略

(一)农产品品牌

根据美国营销协会编辑的《营销学词典》中的解释，品牌是一个名称、术语、标记、符号或图案设计，或者是它们的不同组合，用以识别某个或某类销售者的产品或服务，使之与竞争对手的产品和服务相区别。

农产品品牌是农产品整体产品概念的重要组成部分，表现为名称、标识、符号或它们的组合，其用途在于辨认企业或其产品与服务，以使之与同类产品及服务相区分。品牌的实质是代表农产品经营企业对消费者在农产品特性及服务上的一贯性承诺。

农产品品牌包括品牌名称、品牌标识和商标等。其中，品牌名称是农产品中可以用语言称谓的部分；品牌标识是品牌中不能用语言表达，但可以用诸如符号、图案标志的部分。

农产品品牌的含义可以从以下六个方面进行深入探讨。

(1)属性。农产品品牌展现了特定的农产品属性，农产品品牌的载体是农产品，是人类以动物、植物、微生物为劳动对象，利用太阳能和生物有机体的生命活动所进行的生产而得到的物质产品。农业生产是自然再生产和经济再生产交织在一起的生产活动，具有与其他产品品牌不同的特征，即农产品品牌代表农产品的自然属性，农产品的质量直接影响其品牌价值的实现。

(2)利益。品牌不仅展现农产品属性，还展现某种特定的利益。消费者购买农产品的实质是购买某种利益。

(3)价值。品牌体现了生产者的某种价值观念，这要求企业营销者能够分辨出对这些价值感兴趣的消费者群体。例如，湖南袁隆平农业高科技股份有限公司的“袁隆平”品牌，其无形资产价值达1 008.9亿元，在很大程度上是受到了“杂交水稻之父”袁隆平名气的影响。

(4)文化。品牌附着着特定的文化背景，离不开自然资源禀赋。大多数农产品品牌的创立，常常是以当地的特色资源为基础的。例如，东北的“北大荒”大米蕴含着“诚信、务实、创新、卓越”的文化。

(5)个性。品牌也反映了一定的个性。

(6)用户。品牌暗示了购买或使用农产品的消费者类型。

根据以上品牌含义，农产品经营企业在进行农产品营销时需要对品牌有深入层次的了解。同时，消费者购买行为的发生更侧重于产品品牌利益，而不是品牌属性。

在进行农产品品牌设计时，无论是名称、商标还是品牌标识都要简洁醒目、易于记忆，同时要富蕴内涵、避免雷同。农产品品牌名称要有助于建立和保持品牌在消费者心中的良好形象，有助于充分体现农产品的属性能给消费者带来的利益，有助于使农产品区别于同类其他农产品；要符合大众心理；注意民族习惯的差异性；要符合法律规范。例如，根据产地来命名的产品有山西老陈醋、福建龙井、三门青蟹等；以动物、花卉名称命名的产品有台州的玉麟西瓜、仙梅杨梅等；以人名命名的产品有詹氏蜜蜂园蜂产品等；以企业名称命名的产品有蒙牛集团的蒙牛纯牛奶等；根据商品制作工艺和主要成分命名，使消费者对质量产生信赖感的产品有“富硒”农产品等；以具有感情色彩的词语命名的产品有“好想你”枣片等。

（二）农产品商标

商标是一个专门的法律术语。农产品商标是指在政府相关部门依法注册登记后获得专用权，并且受到法律保护的农产品品牌或者品牌的一部分，包括文字商标、符号商标、图形商标、组合商标、立体商标与非形象商标等多种形式。注册登记后的商标有“R”或“注册商标”的标记。截至2013年年底，我国累计核准注册农产品商标有144.73万件。

农产品商标具有如下的特征：一是农产品商标是农产品的标志，非农产品上的图案、符号、标记都不是商标；二是农产品商标是受法律保护的产权标志，经商标局核准注册而取得的特殊权利，具有独占性，不容他人或企业侵犯；三是农产品商标是农产品生产经营者的标志，用以区别于其他农产品，是企业声誉的象征。

农产品品牌和农产品商标都是用以识别不同生产经营者的不同种类、不同品质农产品的商业名称及其标志。但两者的外延并不相同。品牌是市场概念，是农产品和服务在市场上同行的牌子，强调的是农产品及相关的质量、服务之间的关系，而商标属于法律的范畴，农产品商标的实质是农产品品牌，是受法律保护的农产品品牌，具有专门的使用权。两者都是农产品的标记。但是并非所有的农产品品牌都是商标，品牌与商标可以相同也可以不同。农产品商标必须办理注册登记，而农产品品牌则无须办理。

国际上对商标权的认定主要有两个并行原则，即“注册在先”和“使用在先”。“注册在先”是指商标的专用权归属于依法首先申请注册并获准的企业。在这种原则下，无论谁先使用该品牌，法律只保护首先申请注册该品牌并获得商标专用权的企业。“使用在先”是指商标的专用权归属于该品牌的首先使用者。在品牌实际使用所达到的地区，法律对其品牌或商标予以保护。

（三）农产品品牌的作用

市场营销实际上是产品品牌的竞争，因此农产品品牌在农产品经营企业发展中具有举足轻重的地位与作用。

(1)农产品品牌创造产品差异和扩大市场份额，维护企业的正当权益和市场声誉。受到法律保护的农产品商标是消费者识别特定农产品的标志，不仅能把本企业优质的农产品同市场上的其他农产品相区别从而降低价格弹性，扩大市场份额，而且可以有效防止“柠檬市场”上劣等品驱逐优等品现象的发生，维护本企业的合法、正当权益。

(2)农产品品牌促使企业重视产品质量和推进关系营销。农产品品牌是农产品经营企业重要的无形资产，提高农产品质量是提高农产品市场美誉度，增加企业无形资产的重要途径，既使企业有利可图，也使消费者从中受益。同时，农产品品牌也意味着存在一批品牌偏好的老消费者，他们的品牌忠实度越高，品牌就越易于传播，也就越容易被新消费者所接受，对于传播农产品经营企业的形象和加强与上、下游厂商的关系与衔接也大为有利。

(3)农产品品牌体现农产品经营企业的经营理念。农产品品牌不仅注入了企业的文化与经营理念，而且依靠良好的市场美誉度传播了企业精神、促进了市场拓展。

此外，农产品品牌也能为消费者带来许多益处。

(1)农产品品牌能够使消费者容易识别所需的产品，有利于消费者选购农产品。随着科学技术的发展，农产品的科技含量不断提高，由于不同的农产品品牌体现不同的农产品品质及为消费者带来的不同利益，因此借助农产品品牌能够帮助消费者顺利进行农产品的选购行为。

(2)农产品品牌能够维护消费者的利益。农产品经营企业为了维护本企业品牌的形象和声誉，会注重其产品的质量以及带给消费者的利益，因而消费者可以在农产品经营企业维护自身品牌形象的同时获得有保障的购买利益。

(3)农产品品牌能够促进农产品的改善从而使消费者受益。农产品经营企业为了适应消费者需求的变化，会不断更新产品、改善产品，使该品牌农产品符合消费者需求的变化及市场竞争的客观要求。

同时，农产品品牌有益于提升国家竞争力。实践证明，具有国际竞争力的企业数量的多少决定了一个国家的经济发展水平，也决定了一个国家的经济竞争能力。品牌不仅仅是企业追求的梦想，也是一个国家的希望，品牌的塑造对于发展国家经济、提高国家竞争力具有重要影响。

(四)农产品品牌策略

(1)品牌提供者策略。这是指农产品经营企业采取何种策略来运用品牌和发挥品牌的作用。通常，企业有三种方案可供选择：一是农产品经营企业使用自己注册的商标，称为“生产者品牌”。二是农产品经营企业把农产品批发给中间商，中间商再用自创的品牌销售出去，称为“中间商品牌”。三是农产品经营企业的部分农产品用自创的品牌，部分农产品用中间商品牌。

一个好的生产者品牌不仅能够创造产品差异，帮助消费者识别农产品，还能大大提升企业形象，增强企业的核心竞争力。因此，农产品经营企业往往倾向于选择自创的农产品商标。然而，随着农产品流通领域的发展及流通企业实力的壮大，“中间商品牌”也逐渐被接受，尤其是对于那些刚进入农业领域、实力较弱、缺乏销售渠道和市场拓展经验的中小企业而言，利用中间商声誉和借助“中间商品牌”打开市场更是明智之选。

(2)品牌名称策略。如果农产品经营企业选择“生产者品牌”，其名称策略还将有如下选择。

一是差别品牌策略，即同一个农产品经营企业使用多种品牌，将各种农产品分别使用差异化的品牌进行区分。例如，蒙牛有未来之星、特仑苏、果粒多等品牌。虽然这样能够满足消费者求新求异的心理需求，但是宣传推广成本较高，而且品牌繁多也会使企业形象模糊。因此，该策略很难被农产品经营企业采用。

二是统一品牌策略，即农产品经营企业的所有农产品均只使用同一个品牌。这样企业就能够将所有资源和精力用于培育一个品牌，提高品牌的知名度。统一品牌的弊端在于，个别农产品的市场失利会殃及整个品牌和企业。

三是个别分类品牌策略，即农产品经营企业将农产品进行分类组合，并分别使用差异化的品牌。这不仅可以避免统一品牌的弊端，而且容易引起消费者的消费欲望和购买兴趣。

四是个别品牌与企业名称结合策略。其一般做法是在个别品牌前冠以农产品经营企业的统一品牌，如汇源果汁、伊利纯牛奶。这样既给农产品赋予了企业美誉，又使农产品体现出自身特性。

五是企业名称与农产品品牌合一策略。该策略省去了农产品经营企业形象推广和农产品市场促销的双重广告费用，提高了企业的经营管理效益，而且使企业及农产品的标志更简明和易于识别。

六是多品牌策略，即一种农产品使用多个不同的、竞争性的商标。该策略能够树立农产品经营企业实力雄厚的形象，提高市场份额，有利于形成品牌储备和推出新产品。但施行该策略的成本过高，企业资源分散不能突出某个特定农产品的品牌优势。

(3)品牌拓展策略。这是指在农产品经营企业的原有品牌获得市场认可之后，企业推出新的农产品时是否换用品牌。品牌拓展策略有以下两种。

一是延伸品牌策略。这是指农产品经营企业利用市场反应良好的品牌来推广新的农产品，或是利用原有品牌来延伸农产品的新的功能、质量、规格甚至包装，从而满足市场的多样化需求。该策略能大量节约推广成本并迅速打开市场，但其要求新的农产品在品质等诸多方面与原有品牌相符。例如，“好想你”枣片在原有包装基础上推出礼品装的同时，也推出更为简单包装的枣片。

二是品牌创新策略。与延伸品牌策略相反，当原有品牌声誉下降，或新的农产品与原有品牌特质差异悬殊时，农产品经营企业就会改进或合并原有品牌，通过渐变或突变的方式创新品牌，适应市场变化，给消费者带来全新的感觉。

品牌拓展策略能够有效地实现品牌无形资产的转移与发展。其优点在于促进新产品顺利进入细分市场，降低市场进入的促销费用，降低市场风险，加快新产品的市场定位等；同时，能够强化农产品的品牌效应，促进品牌增值。但如果不同农产品在质量和档次上差距过大，难以获得消费者的认同，就容易形成强势品牌农产品和扩展品牌农产品发生冲突的情况，不仅损害扩展品牌的发展，而且原有强势品牌也容易受到打击。因此，农产品经营企业在采用该策略时，要正确认识现有的品牌，考察并评价现有品牌与拟拓展品牌之间的关联性和关联程度，分析该品牌的拓展可行性；同时，要慎重选择拟拓展的农产品，切忌随意扩展。

(4)品牌设计策略。良好的农产品品牌，应把握如下设计要求和策略。

一是要符合国家商标法。商标的图文不可与国旗、国徽、军旗、勋章及国际组织的标识相同或类似。

二是要有良好的品牌名称和独具特色、易于识别的标志。品牌名称要与农产品特性相符，具有农产品的联想功能和独特性，而且名称与标志要易于识别和记忆，并给人以深刻印象和引起强烈的购买欲望。

三是要注意各种禁忌和歧义。品牌命名要综合考虑销售市场的文化、风俗习惯以避免触范各地的禁忌。例如，在中国，红色表示吉祥；法国喜用蓝色以象征自由，而忌用墨绿色(代表纳粹军服的颜色)；瑞士忌用猫头鹰，因为它是死亡的象征；日本不喜欢紫色，认为这是悲伤的颜色，最忌绿色，认为是不祥之兆，忌荷花的图案，认为是妖花；埃及人爱绿色、红色、橙色，忌蓝色和黄色，认为蓝色是恶魔，黄色是不幸的象征，遇丧事都穿黄衣服，喜金字塔形莲花图案；印度人忌讳白色，习惯用百合花作悼念品，也忌讳弯月图案；等等。同时，品牌命名还要注意品牌名称的读音是否会造成歧义。

(五)农产品品牌推广的影响因素

品牌推广也称品牌宣传，即品牌到达最终消费者手中所能实现的品牌价值。推广农产品品牌有如下作用：①推广农产品品牌有利于降低农产品的生产和运营风险。中国的传统农业经营模式是以户、村或组为单位进行分散经营，随意性较大，抵御自然风险和市场风险的能力较弱。借助品牌的推广能够提高农产品的知名度，确保农产品销量的稳定和销售渠道的通畅，从而稳定农业生产，降低市场风险。②农产品品牌推广可以提高农产品经营企业的市场竞争力。③推广农产品品牌能够适应社会主义市场经济条件下农业产业化生产的需求，有利于推进现代农业社会化、市场化、商业化的进程。

农产品品牌推广的方式是多样的，一般可包括口碑传播、公共关系、人员推销、网络广告、电视广告、实地推广等。但随着农产品市场竞争的日益加剧，成功推广一个农产品品牌变得十分困难，除了要正确选择品牌推广方式之外，还需要注意影响农产品品牌成功推广的因素。

(1)目标定位。农产品品牌推广要与农产品经营企业对农产品的目标定位相一致。任何一个品牌推广的进行都必须明确产品的目标顾客，从而有针对性地对消费者进行教育、影响和说服。找准目标消费者对于提升品牌推广效果至关重要。对于一些定位高档的农产品，其价格都比较高，目标对象大多为城市高收入群体。

(2)产品类型。农产品一般可分为消费型农产品和再加工型农产品，前者主要供消费者个人或家庭直接消费，其品牌推广应以广告为主；后者主要用于食品加工企业、餐饮企业等的再生产或再消费，其品牌推广以人员推销为主，其他手段为辅。

(3)生命周期。一般情况下，农产品的导入期应以报导式的广告为主，结合其他促销方式鼓励消费者尝试使用新产品，旨在提高产品品牌的知名度；成长期应加强广告和促销力度，促使消费者购买，旨在提高品牌的美誉度；成熟期的推广重点是提醒老顾客重复购买，旨在维持市场份额。

(4)产品包装。包装是农产品品牌持续传播的主要载体，低俗、简单的包装会影响农产品的品牌形象，也会影响其销售量。精巧、实用和特色鲜明的包装一旦与农产品特性相结合，便会快速刺激消费者的购买欲望，起到重要的促销作用。

(5)推广预算。农产品经营企业的品牌推广费用要与企业实力相匹配，量力而行。如果投入过低，宣传范围受限制，宣传效果也不佳；如果超出企业的预算和承受能力，投入过高，就有可能增加成本，降低经营利润。因此，农产品经营企业进行品牌推广时所支出的费用要与本企业的实力相匹配，量力而行。

二、农产品包装及其策略

(一)农产品包装及其作用

农产品包装是农产品整体概念的重要组成部分，是农产品的容器或外部包扎物，具有识别、美化、增值和促销等多重功能。包装一般具有两方面含义：一是包装是产品设计、制作包扎物的活动过程；二是包装即包扎物。一般来说，农产品包装应该包括商标、品牌、形状、颜色、图案和材料等。

商标或品牌是包装中最重要的因素，最好置于包装整体中突出的位置。适宜的包装形状有利于农产品的储运和陈列，也有利于产品的销售。颜色是包装中具有刺激销售作用的因素，突出商品特色的颜色搭配不仅会增强品牌特征，同时也会给予消费者良好的印象。图案在包装中的地位如同广告中的画面，重要性不言而喻。包装材料的选择受到包装成本影响的同时，也会反过来影响产品在市场中的竞争力。此外，产品包装上应当有标签，以注明产品的主要成分、产品质量登记、生产日期、有效期等相关的产品内容。

长期以来，我国的农产品销售一直对包装不够重视，普遍存在"一流产品、三流包装"的现象，这也是许多农产品卖不上价钱，品牌效应难以发挥的主要原因。

农产品包装具有如下几点作用。

(1)保护农产品。众所周知，农产品在从产区到销售区的装运过程中极易损耗，因此保护农产品免于受损和确保数量，是农产品包装的基本目的。过去新鲜蔬菜从运输到销售几乎没有包装或直接放在篮筐中，因而在运输和销售过程中的损耗较大。现在许多蔬菜存放在塑料泡箱中，有利于蔬菜保存和减少损耗。

(2)便于装运、储存和使用。农产品物质形态各异，理化性状也大相径庭，进行适当的包装不仅有利于节约上市时间和降低流通费用，而且便于储存、计数及销售管理。对于消费者而言，适当的包装也便于指导消费者使用。例如，近几年出现针对单身白领设置的净菜市场。净菜是指将新鲜蔬菜经过整理(如去掉不可食用部分、切分等)、洗涤、消毒等加工程序后进行包装销售，消费者在购买后可以直接烹饪。这样节省了许多时间，而且保鲜时间较长。

(3)美化农产品，提高市场竞争力。包装精致的农产品能够引起消费者的感官注意并激发购买欲望，甚至增加农产品的附加价值。同时，包装后的农产品更易于消费者识别，一定程度上可以避免仿制和假冒，从而维护企业声誉，增强农产品经营企业的市场竞争力和经济效益。例如，美国新奇士橙(Sunkist)协会采用全套流水线和全自动选果，橙子清洗过后，按个头大小进行包装，分成 88 个、72 个、100 个等几种包装，经过加工打蜡使橙子外表变得油光发亮，保鲜时间相对较长，每个橙子的大小相当，并在橙子上贴上醒目的椭圆形小标签以更加吸引顾客。

(二)农产品包装策略

农产品经营企业在设计包装时，应把握以下几项原则。

(1)包装及其使用材料应符合安全原则。安全是包装最核心的作用之一，在包装活动中，包装材料的选取必须符合农产品的各种性能，以保证产品不损坏、不变质。

(2)包装应与农产品价值或质量相适应。包装作为农产品的包扎物，尽管有促销作用，但也不可能成为商品价值的主要成分。在一般的农产品中，如果包装在产品价值中所占的比例过高，会使得消费者难以接受；相反，价高质优的农产品也需要高档包装来衬托产品的贵重价值。

(3)包装应能显示农产品的特点和独特之处。销售包装如果设计的合理得当，则可以产生积极的促销作用，美观大方的包装会给人一种良好的印象，进而增强消费者的购买欲望。与此同时，包装应当显示农产品的特点，使该产品与其他产品之间产生差异，满足消费者的不同需求。例如，德青源鸡蛋的外包装是按照保健品思路设计的，信息主次排列有序。视觉的入眼处由“荣获 2008 年度全球水晶鸡蛋奖”的标志，引导出核心信息——源自天然生态农场、安全生态鸡蛋，吃一枚德青源鸡蛋可减排 128 克二氧化碳。设计者把这些信息归纳成图标，配上青青绿草和圆圆鸡蛋的图案，既显眼又生动。包装整体采用绿白色调，给人以清馨、淡雅的视觉享受，充分体现了“包装功效媒体化”设计理念，让消费者看见包装后就能直接感知产品的品质。

(4)应方便企业运输和消费者购买与使用。农产品包装需要尽可能地缩小包装体积，以减少运输、储存等费用。同时，为方便消费者购买与使用，包装的大小、重量应该设计得当。

(5)在给人以美感的同时不能与目标市场的风俗习惯和宗教相抵触。消费者在选购农产品时，对于包装的认可受到社会文化等方面的影响。因此，包装的设计必须尊重不同宗教信仰和风俗习惯的消费者，切忌出现不利于消费者宗教情感或容易引起消费者忌讳的颜色、图案等。

农产品包装有以下几个策略可供选择。

(1)类似包装策略，是指农产品经营企业在其生产的所有农产品包装上采用相同或相似的图案、形状或其他标志，使消费者易于发现这是同一家企业的农产品。该策略可以节省包装设计的成本和提高企业的整体声誉，特别是在新产品上市之际，该策略有利于消除消费者对新产品的不信任感，适用于质量水平相近的产品。当然，如果农产品在品质和外观等诸多方面差别太大则不宜采用。

(2)等级包装策略，是指按照价值、品质和外观等将农产品分成若干等级，赋予不同等级的农产品以不同类型的包装，如对高端产品采用精致包装，对低端产品采用简单包装。该策略有利于消费者辨别农产品的档次和品质，适应不同需求层次的消费者的购买心理，适用于那些产品档次和品质悬殊的农产品。该策略的施行成本高于类似包装策略。

(3)组合包装策略，是指把多种农产品组合到一个包装容器中。该策略能够充分利用包装容器的空间，可以同时满足同一消费者对农产品的多种需要。如果将新旧产品组合到一起，则能够较好、较快地促进新产品的进入。但在实践中需注意市场需求的具体特点、消费者的购买能力和产品本身的关联程度大小，不要任意配套搭配。

(4)复用包装策略，是指在农产品消费完后，将其原有的包装物用做其他用途。该策略利用消费者一物多用的心理，使消费者得到附加的使用价值。例如，玻璃容器可以用做茶杯，较大的包装盒能够保存其他物品等。同时，包装物的重复使用也发挥了良好的广告宣传作用。

(5)更换包装策略，是指农产品经营企业改进或更换原有农产品的包装。该策略可以重塑农产品经营企业或农产品在消费者心中的形象，保持或提高市场份额。但是对于优质和驰名品牌则要慎用这种策略。更换包装的方式包括：①巨变式，即完全改变原有包装的样子，用全新的态势展现在消费者面前。②改良式，即保持原来优秀的成分，改变原有不合适的部分。③渐变式，即经常对原有包装进行小的改动，不易引起消费者察觉，如调整文字排列、整体结构等，虽然风格没有发生改变，但以一种新的面貌出现在消费者面前。

农产品经营企业在制定包装策略时，应当综合运用各种包装策略，制定适合企业的最佳方案。

☞策略介绍

一、先锋公司产品组合策略和逆向营销理念[①]

定位产品组合和运用逆向营销成功的案例早在20世纪50年代就已经存在了。例如，在20世纪50年代，包括美国通用汽车公司在内的众多汽车公司都将绝大部分力量投入生产又大又笨的镀铬轿车中，极少有人寻找一种差异化竞争的产品与方式。但大众汽车成为了“极少有人”中的一位，它首家推出小型汽车，取名“甲虫”，也即今天为我们所熟悉的“大众甲壳虫”汽车，而“甲虫”的诞生也被业界视为逆向营销的经典案例之一。又如，联想公司通过并购和开发新的产品组合已经在IT业涉足诸多领域，而其在营销上推出的“买打印机送PC”的营销策略反业界惯例而行之，引发了在IT市场中逆向营销应用的思考。

目前，在中国的种子市场，外资种企管理人员已经提出并运用了这种策略，其中美国先锋种子事业部中国区总经理刘石介绍的产品组合策略和逆向营销理念就值得中国企业借鉴。美国杜邦集团先锋种子事业部中国区总经理刘石谈道，目前先锋公司在中国种子领域推出了3种类型的产品组合。并非要求3种组合中的每个品种都要盈利，推出3种产品组合策略的目的是以企业具有的研发资金及技术力量等方面的优势，把产品拓展到大田作物外的其他种子领域。同时，凭借在大田作物领域的利润，带动其他种子领域的产、销、研。这样不仅弥补了少数亏损项目，拓展了企业业务上的空白领域，而且在消费者中树立了企业全面发展的形象，为企业在未来占领更多市场打下了良好的基础。

可见，国外种子公司在产品组合上率先变阵，即在新的产品组合上投入大量资金，扩大产销规模，稳固现有市场的占有率，开辟新的市场。他们追求的是长期持续的利好，即在保障自身利润稳步增长的前提下扩大市场领域。国外种子公司的产品经营战略对中国种子企业来说应该也有借鉴意义，即在注意巩固主营业务的同时，拓展更多的领域，避免“把全部鸡蛋放在一个篮子里”，只有开拓种子市场的不同领域才有可能在未来

---

① 王洋．营销渠道和产品组合事关市场份额．农资导报，2007-11-27，第C03版．

竞争中抢先一步占领更多的市场。以相对小的投入来换取未来进入市场所花费的高昂营销成本，从而在未来市场中获利，这也是企业实施发展型战略的写照。

刘石经理介绍，先锋公司在种子营销中倡导"逆向营销"的种子营销理念，抛开了现有种子企业普遍运用的从批发商到零售商最后到农户的传统模式。先锋公司提出的营销理念是首先通过诸多媒介，运用诸多方式将种子产品推介给最基层的农户，在建立良好的信誉后逐步向上渗透，最后实现经销商接受并经营的营销策略。

种子作为农业必需品，价格弹性很小，虽然国外种子企业提倡采用直面消费者的销售渠道显得"循规蹈矩"，但这一策略在实践中显现了一定的优势。首先，策略的实施可使企业得到实惠。企业刺激消费者的需求，消费者因为需求把零售商、批发商拉入产品销售渠道，从而促进了企业的销售。其次，策略的实施对经销商有利。企业如果能够将产品直接推荐给消费者，不但能最直接地宣传企业产品，减少经销商的宣传费用，也能使经销商获得消费者的信息反馈，并使他们在尽可能短的时间内做出营销计划。

在当前的种子市场中，种子企业对产品组合策略和营销渠道的选择也是处于不断变化之中的。了解国外企业的经验加以借鉴，并结合实际总结出适合本企业的产品组合策略和特有的营销模式，才是国内种子企业由弱而强的保障之一。

二、种子生命周期不同阶段的营销策略①

（一）产品导入期

导入期是指产品刚刚进入市场的时期，换言之，就是种子要进入未曾进入的盲区，最好的办法仍然是采取试点，而不是大面积、大力度的宣传。通过多方努力、全面考察选择一个态度积极的经销商，根据当地的自然地理条件及种植习惯帮助经销商选择理论上应该适合的种子，廉价或免费给其一定数量试验种子，在该区域全面铺开，从种子下地到收获，全程跟踪（不能亲临现场的，可以电话联系），及时发现问题，并反馈给公司，商讨解决或避免该问题的办法，最后反馈给经销商。只要品种表现正常，就可以顺利进入第二阶段。

（二）成长期

经历过了导入期，产品的销量开始快速增长，对于处在这个时期的市场，企业应以加大宣传力度为主要手段（督促、协助经销商为主），其中宣传单、电视广告、现场会是比较常用的、效果较好的三种方式。

（1）宣传单。协助经销商共同设计出能吸引眼球、抓住农户心理的宣传图片及产品宣传用语，并且宣传单应质量较好，容易破损、纸质单薄的宣传单会给人造成企业没有实力的感觉。可以雇佣一些人到村、屯去挨家挨户地发放宣传单，也可以在特定的日子到人口比较集中的地方去发放，至少要发放两次以上。

（2）电视广告。电视广告要以县级电视台为主，每天循环播出，才能达到强化的作用。很多用户还是喜欢看本县的电视台，而且也非常相信当地媒体，至少有20%的用

① 王元利．产品生命周期不同阶段的营销策略．中国种业，2011，(4)：23～24.

户会以宣传媒体为导向选购玉米种子。这些人思想不守旧，敢于尝试新鲜事物，为产品全面打开市场发挥了巨大的作用。

(3)现场会。现场会通常分三种，即苗期现场会、收获期现场会、脱粒会。对于活秆成熟的品种在收获前期开现场会效果是最好的。农户在看到果穗的同时，还能看到植株，感官上就很舒服，成熟度好，又是活秆，相信很多人没有理由不选。脱粒会主要应该是感官上看不出太大的优势但是有产量的品种。如果不开脱粒会，很多农民高产不知道是哪个品种高，减产不知道是哪个品种减，而一味地认为看起来棒大的就高产，棒相对小的就减产。这样对于像吉东28(穗匀，容重高，耐密)这样的品种就很不公平。因此，一定要极力去劝阻所有的经销商大力宣传产品的长处，并将产品的优点展示给农户，才能真正起到扩大影响力的作用。

(三)成熟期

经历过了成长期，产品销量就会达到该市场的顶峰，对于一个成熟市场来说，不是量的增加而是量的保持，维系客户关系远比宣传作用大。产品几乎已经家喻户晓，宣传的必要性就不大了，过分的宣传只能是徒增成本、降低利润，阻碍企业的发展甚至自毁长城。客户关系维系包括两部分：第一，维系和经销商的客户关系。要让经销商与公司有种一荣俱荣、一损俱损的关联，即便达不到这个效果也要让经销商在心里有这样的感觉。这个关系的维系不单单是利益，不是种子降价几毛钱就能维系的。要对经销商有区别的对待，这就是一对一营销。很多种子企业存在着误区，业务员嘴里经常说，“只要利润大，你就是骂他，他也给你卖”。其实，这样的说法是极其愚昧的、无知的，说这样话的人不是一个合格的业务人员。对于一些唯利是图、有奶便是娘的经销商来说，降价是维系关系的最好办法；但对于有些经销商则不同，他们与公司合作得到财富的同时，也希望得到尊重，这些经销商通常会很尊重公司的业务人员、业务领导。对于这样的经销商，企业必须向处朋友那样用心，保持沟通，不论是繁忙的销售季节，还是清闲的时候，都不能冷落了他们。第二，维系经销商和农户之间的关系。维系经销商和农户之间的关系看起来和厂家好像关系不大，其实不然，厂家还是有很多方面可以加强农户和经销商之间的关系的。例如，厂家专业技术人员深入田间地头指导农户科学种植、防虫治病等。维系好了上述两种关系，对于成熟期市场的产品来讲，肯定会保持旺盛的销售势头、所向披靡。

(四)衰退期

对于处于衰退期市场的产品，若没有行之有效的方法阻止其销量下滑，只能是进入后续品种。市场开始衰退，就说明产品表现出来的一些特征已经不适合当地的条件，或者有更好的品种进入市场。有位哲人说过：对于一个患了癌症的人来说，分散他的注意力要比药物治疗效果更好。同样，对于衰退的市场，如果一味通过各种努力想让以前的产品恢复当年的雄风，似乎是不可能的。

任何一家种子企业，都希望自己的产品能成为市场常青树，并为之努力，但是事物的客观规律不以人的意志为转移，因此只能是因势利导，审时度势，对市场应该保持良好的预见性。对于一个种企营销人员来说，除了理论上的学习之外，更重要的是恰如其分地实现理论和实践的结合，只要方法得当，任何品种都会拥有属于自己的巅峰时期。

➢案例讨论

标准化与品牌化的螺旋互动

众所周知，标准化是品牌化的基础，但对于两者之间的关系，人们的认知大多仅限于此。标准化和品牌化，两者究竟是什么样的关系，是齐头并进的，还是一前一后，或者是相互交替、螺旋推进？两者之间是否具有关联互动，这种互动的内生动力在哪里，又是怎样互动的，结果怎样？带着种种问题，记者前往浙江安吉，以安吉白茶产业作为对象，进行了实证调查。

标准化和品牌化互动，推进安吉白茶产业发展

安吉白茶的发展可以分为三个10年。第一个10年是引种繁育的10年。从1982年安吉科技人员在海拔800多米的高山上发现白茶开始，科技人员前后用了10年时间进行引种繁育，使其成为全国第一个茶叶类原产地证明商标。到1993年，安吉白茶的推广面积只有30来亩。

第二个10年，是进行标准化探索的10年。从基地建设、茶园管理到加工工艺，安吉白茶的标准从无到有，逐步完善。2005年，《原产地域产品——安吉白茶浙江省强制性地方标准》最后通过专家审定。这一时期，茶园面积达到了5万亩。

第三个10年，是品牌化建设的10年。随着产业规模的扩大，安吉开始尝试举办各类活动，为安吉白茶拓展市场创造条件。这期间，安吉白茶获得中国名牌农产品、中国驰名商标等殊荣，业界影响一时无出其右。

目前，安吉白茶产业健康发展，面积已达17万亩，产值达20多亿元，成为当地农业增效、农民增收效果最为突出的产业。

县茶办专职副主任方旭东表示，在时间段的划分上，可能并不十分科学，因为标准化和品牌化在时间界限不可能那么清晰。标准化的10年，并非与品牌化相互隔绝；同样，品牌化的这10年，标准化仍然在完善。“两化”之间的互动是十分明显的。正是这种“两化”的相互支撑和螺旋推进，成就了安吉白茶整个产业的健康发展。

标准化的主体是茶农，品牌化的主体是茶企

没有标准化就没有品牌化，但不能认为有了标准化就等于有了品牌化。那么，两者之间的关系如何理解？

千道湾白茶有限公司执行董事严铁尔认为，公司虽自有基地3 000亩，但所需远远超过这个数字，达到万亩左右。怎么弥补这个空缺，只能通过订单的方式。而茶农是千家万户的小农经营，如果没有统一的标准，势必五花八门。

因此，以高价与农民签订合同，实行订单生产，同时，向农民提出要求，让农民按照公司制定的统一标准进行生产，是唯一的解决方案。好处显而易见，公司解决了基地不足的问题，用不着耗费大量的人力、物力、精力去从事种植业，而是可以腾出时间，利用自己的长项打品牌、搞营销、闯市场。

“从加工到市场，不是茶农应该做的，而是企业要做的。”严铁尔认为，人们的生活水平提高之后，茶的功能也随之发生了改变，成为一种文化、精神的享受，必须采取新的思路、新的方法进行营销。而这是普通茶农所不能胜任的。“因此，茶农负责标准化生产，企业负责品牌化营销。”严铁尔说。

但严铁尔也感慨，企业的市场带动作用并不充分，原因在于产业分工、分业不够到位。目前，安吉白茶自产自销占70%，茶农不需外出营销，也无需品牌支撑，只要在家门口就能完成青叶交易。这严重影响了整个标准化和品牌化进程。

“茶农只有在市场行情不好时，对企业的依赖才会更强，否则，尽管企业收购价高出市场价，但农民情愿粗放经营，直接入市。”面对这种无奈，企业只有把事情做得更细致、更到位。

据记者了解，这种茶农与企业分工完成“两化”的做法，在安吉白茶中十分普遍。“宋茗”作为利用上海“世博会”一举成名的企业，详尽地解释了之间的连接机制。

该公司以订单方式组织生产，收购价格高出市场5%～10%，因此农民愿意按照统一标准进行生产。而公司因为茶农所提供的高质量的青叶，加工出了高品质的茶叶，以“宋茗”的品牌实现市场销售后，附加值得以提高，消费者的口碑得以建立。

反过来，公司进一步具有了实力和信心，向茶农提出更高标准的要求，形成良性的循环发展之路。

由此证明，假如没有企业形成品牌，产品的附加值就不可能实现，茶农的标准化就无法顺利推进，因为茶农本身缺乏品牌化的能力。

标准化对品牌化的影响也是关键性的。“没有标准化，品牌做得再响也无济于事，砸再多的钱也挽救不了覆灭的命运。”安吉人已经深刻地认识到这一点。农产品毕竟不同于工业品，尤其是名优茶的标准化，因为涉及生产、管理、加工等各道环节，每道环节又有许多细致的要求，而每道环节的每个要求都足以影响质量，因此标准化殊为不易。

构建“母子品牌”，让生产主体“借船出海”

农产品品牌应该由市场做还是市长做？此前一段时间，对这一问题有所争论，但目前大家已经基本形成共识。

除了深加工产品外，种植业和养殖业的初级产品，也就是由家庭农场、专业大户、专业合作社、初加工企业等生产的农产品，适宜于创建区域公用品牌，这一独特的品牌实现形式，以证明商标为基础，由政府或者协会为主体。

那么，如何避免造成公用地灾难，安吉创建了“母子品牌”的构架。也就是，“安吉白茶”这一母品牌由政府支持协会打造；生产主体则注册普通商标，打造“子品牌”，从法律层面上完成责任主体的认定。

形成这一路径的背景因素是，种养殖主体普遍比较弱小，既没有资金，也没有经验，更缺乏资源创建独自面向市场的品牌。而政府或协会则可以聚全县之力，打造供大家共同使用的公共品牌，让生产主体能够“借船出海”。

老板许阿富原来是搞餐饮的，进入白茶产业之后，以工商业经营的理念，注册了“宋茗白茶”。但市场销售教育了他，消费者并不认识这一品牌，只知道有“福鼎白茶”、“安吉白茶”，不知“宋茗白茶”来自何处，因此花了九牛二虎之力也无济于事。无奈之下，只得改弦更张，以“宋茗牌安吉白茶”进入市场，加上时尚的品牌设计、“世博会指定用茶”等事件策划，结果企业品牌一炮打响。

对此经验教训，许阿富深有感触地总结道，“农产品品牌建设与工商业截然不同，只有借助区域品牌，在区域品牌基础上创建企业品牌，才是完胜之道”。许阿富表示，哪怕企业品牌今后做得再响，也不会脱离“母品牌”去独自闯市场。

（资料来源：蒋文龙，陈毛应．标准化与品牌化的螺旋互动．农民日报，2014-08-16，第005版．）

讨论题：

1. 安吉白茶标准化和品牌化发展的关系是什么？

2. 试解释“农产品品牌建设与工商业截然不同，只有借助区域品牌，在区域品牌基础上创建企业品牌，才是完胜之道”。

第六章

农产品定价

第一节　农产品价格的影响因素

农产品不仅要有一个好的包装和质量，还需要有一个合理的价格。为了增加销售收入和利润，农产品经营企业要给农产品制定基本价格，并对其进行适时调整。价格是市场营销组合中难以控制的因素，涉及生产者、经营者和消费者等多方利益，影响市场对农产品的接受程度。

一、农产品定价依据

价格是农产品营销的重要内容，价格制定得当将刺激农产品销量的增加，提高市场占有率，增加农产品经营企业的利润。农产品价格制定过高会制约消费者的需求进而影响销售额，而制定过低则会影响经营者及生产者的利润。农产品定价的依据是价值规律理论。价值是价格的基础，农产品价格是农产品价值的货币表现形式。因此，农户和农产品经营企业在进行农产品定价时需要考虑相关依据。

农产品成本上升，表明农产品的价值增加，但农产品成本不等于价值本身。农产品价值$=C+V+M$。其中，C为农产品生产过程中所消耗的生产资料价值减去固定成本；V为劳动者为自己的劳动所制造的价值减去可变成本；M为劳动者为社会生产的剩余产品的价值。农产品价值是由生产领域和流通领域的劳动消耗共同作用的结果。

农产品价格＝生产成本＋流通费用＋国家税金＋农产品纯收益(盈利)。生产成本和流通费用可以用$C+V$表示，国家税金和农产品纯收益则是剩余价值的货币表现。因此，农产品价格是其价值构成的货币表现形式。

农产品价值决定价格，但价格并非与其价值始终保持一致。在市场上发生的农产品交易受到多种因素的影响和制约，如供求关系、市场结构和政府干预等。这些因素经常会使农产品价格与价值发生背离。从较长时期来看，农产品价格总是以价值为中心并围绕价值上下波动的。

二、农产品定价的影响因素

农产品价格的制定主要分为两类：一是政府定价，即农产品经营企业对所出售的农产品价格没有决策权，如粮、棉、油等需遵循国家统购统销价。二是市场定价，即农产品经营企业定价，根据农产品的质量、市场供求状况等因素决定其价格。

农产品价格形成及其变动是农业经济中最复杂的现象之一。除了价值形成农产品价格的基础外，农产品经营企业对农产品的定价还受其他因素的影响和制约。

(一)生产成本

任何农产品经营企业都不能随意制定价格。从长远来看，任何农产品的销售价格都必须高于成本费用，即农产品价格要能补偿农产品生产及市场营销的所有开支，以及经营者为其承担的风险支出。因此，农产品成本是其定价的最低限度，成本高低对农产品定价具有重大影响。生产成本则是农产品成本最重要的组成部分，其构成为固定资产折旧、劳动对象和低值易耗品方面的支出(通常包括种子、肥料、农药、饲料、燃料、水电和机耕等费用支出)、劳动报酬支出、生产管理费(包括办公费、差旅费、借款的利息支出和违反经济合同的罚款等)，即生产成本由固定成本和可变动成本组成。在理论上，从长期而言农产品价格不应低于总成本，从短期而言价格不应低于可变动成本。农产品经营企业的定价应该要能够补偿可变动成本后存在剩余，才能补偿固定成本。当固定成本得到补偿后，企业才有可能产生利润。因此，可变动成本被认为是农产品经营企业定价的最低界限。

(二)市场需求

农产品需求是消费者在一定时期内对于各种农产品有支付能力的需要。农产品经营企业定价受到市场需求的影响，即受到农产品供给与需求的相互关系的影响。当农产品的市场需求大于供给时，价格定价应高一些；当农产品的市场需求小于供给时，价格定价应该低一些。反之，价格变动影响市场需求量，从而影响农产品销售量，进而影响农产品经营企业目标的实现。农产品市场需求受农产品价格和消费者收入变动的双重影响。价格与收入变动引起农产品市场需求的相应变动率，一般被称做需求弹性，它可以分为以下三种弹性。

(1)需求收入弹性。其是指城乡居民收入变动引起对农产品需求的相应变动率，以需求变动的百分比与收入变动的百分比之比值来计算。对大多数农产品来说，消费者收入与需求量是同向变化的，即农产品需求量与消费者的收入呈正相关关系。因此需求收入弹性一般为正值，即随着消费者收入的增加，需求量也随之增加。但少数农产品的需求收入弹性为负值，也就是随着消费者收入增加，需求量减少，这是因为消费者寻找到了其替代品。农产品的需求收入弹性(EI)可分为：①$0<EI<1$，即需求量变化百分比小于收入变化的百分比。例如，由于中国人民生活水平的提高，粮食的消费结构发生了较大的变化，从数量型消费向质量型消费转变，由于粮食的需求弹性小，即使粮食价格提高，需求变化也不大。②$EI=1$，即消费者收入变化，需求基本没有变化，一般如盐等调味品，人们对这类农产品的需求量比较稳定。③$EI<0$，即消费者收入增加，需求

量减少。如大白菜等，随着消费者收入的增加，消费者对普通蔬菜的需求量会逐渐减少，食物结构中肉、蛋、奶等农产品的消费增加。④EI>1，即需求量变化百分比大于消费者收入变化百分比，如海鲜、蛋奶、高档水果等农产品。⑤EI=0，表明消费者收入无论如何发生变动，需求数量却不变。一般而言，需求收入弹性的大小可以作为“高档品”和“必需品”的标准，收入弹性大于1的农产品可称为高档农产品，小于1则称为必需品。收入弹性为负值的农产品称为低档农产品，随着收入的提高，需求量减少。

(2)需求价格弹性。其是指农产品价格变动引起消费者对农产品需求的相应变动率，反映农产品需求对价格的敏感程度，以需求变动的百分比与价格变动的百分比的比值表示，即价格变动百分之一引起需求变动百分之几。计算公式可表达为

$$E_d=\frac{\Delta Q}{Q}\Big/\frac{\Delta P}{P}=\frac{Q_1-Q_0}{P_1-P_0}\times\frac{P}{Q}$$

其中，E_d 为需求价格弹性；Q 为需求量；P 为价格。根据农产品需求弹性系数大小可将需求弹性分为五种类型，①$E_d>1$，即需求量的变化幅度大于价格的变化幅度，价格对需求量变化的影响十分敏感；②$E_d<1$，即需求量的变化幅度小于价格的变化幅度，价格对需求量变化的影响不敏感；③$E_d=1$，即需求量的变化幅度与价格变化幅度一致；④$E_d=0$，即无论价格怎样变化，需求量保持不变；⑤$E_d=\infty$，即需求弹性无限大，此时农产品价格不变，需求量无限大。通常，市场需求会以与价格相反的方向变动。但我们需要注意影响农产品价格需求弹性的因素：一是生活必需程度，农产品对人们生活的必需程度越高，弹性越小，特别是粮、油等大宗农产品为日常生活必需品，多为满足一定的生理需要而购买，因此需求收入弹性和需求价格弹性均不大。二是农产品的可替代程度，容易被替代的农产品需求弹性较大。三是农产品的用途广泛性，用途越广的农产品需求弹性越大。四是消费者收入水平的差异。五是价格变动时间的长短。在其他条件一定的前提下，价格变动的时间越长，需求弹性越大。此外，消费者的消费习惯、地理差异等也会影响农产品需求价格弹性的变化。

(3)需求交叉弹性。如果一种农产品价格的涨跌使得另一种农产品销售量发生变动，两者之间就存在需求的交叉价格弹性。需求交叉弹性是由一种农产品价格的相对变化与由此引起的另一种农产品需求量相对变动之间的比率。可表示为：E_{ij}=农产品 i 的需求量的相对变动/农产品 j 的价格的相对变动。当这两种农产品互为替代品时，交叉弹性为正值，如在牛肉价格上升，羊肉价格不变的前提下，羊肉需求量增加；当两者为互补品时，交叉弹性为负值。如果需求交叉弹性为0，则意味着两种农产品之间不存在相关关系，即其中任一农产品的需求量都不会对另一种农产品的价格变动做出反应。

需求弹性分析是一种定价的基本理论，但由于需求弹性分析是在产品的需求曲线已经确定的前提下进行的，因而在实际生活中难以准确计算，但不可否认它的作用，在制定农产品价格时，应努力判断弹性的大小，以避免决策的失误。在采用需求价格弹性分析时还应注意“薄利多销”并不适用于所有农产品的定价，要依据现实情况具体分析。

(三)市场结构

划分农产品市场结构的依据主要有企业数目、企业规模和农产品的同质性。以此为据，农产品市场结构可以划分为以下几种。

(1)完全竞争。其特点是：市场上有大量的卖主和买主，农产品都是同质的，新的农产品经营企业可以自由进出市场，买卖双方对价格等市场信息完全了解，生产要素具有完全流动性，所有卖主出售农产品的条件也都相同。在完全竞争型的市场结构中，农产品经营企业是价格的接受者，只能按照市场价格销售农产品。完全竞争市场能够保证消费者以最低的价格获得尽可能多的农产品，农产品经营企业的价格不能高于现行市场价格，否则农产品将无法销售出去，同时也不能低于现行市场价格，不然会血本无归。同时企业追求利润的最大化需要提高劳动生产率，降低销售费用，从而在市场中使资源配置最佳。

(2)垄断竞争。其介于完全竞争和完全垄断之间，既有垄断倾向也有竞争成分。此时，价格产生的原因是由于销售者提供的农产品之间存在差异而造成的，消费者也愿意为这些差异支付不同的价格，这些差异可以是农产品的质量、分销渠道等。在垄断竞争型的市场结构中，农产品经营企业往往利用心理因素进行定价。

(3)寡头竞争。寡头竞争是竞争和垄断的混合物，分为完全寡头竞争和不完全寡头竞争。前者是指各个寡头企业的产品具有同质性，整个行业的市场价格相对稳定，但寡头企业间在营销上的竞争较为激烈。后者是指各个寡头企业的产品存在一定程度的差异和不可替代性。由于市场中存在较为少数的几家企业，因而它们能够控制农产品的市场价格，同时其他企业进入这一农产品市场会受到诸多阻碍。任何一个寡头都不能通过降价来实现利润，涨价亦然。换言之，寡头企业之间不能任意改变价格，它们是相互依存与相互影响的关系。因为任意一个企业的降价和涨价都会导致其他几家企业做出迅速反映，因而在寡头竞争的情况下，农产品经营企业农产品价格相近，对于成本的控制意识较强。

(4)完全垄断。完全垄断是指整个行业中只有一家农产品经营企业的市场结构。其形成需要满足以下条件：一是企业即行业，整个行业中只有一家企业提供市场所需要的农产品；二是该农产品没有任何替代品，不受任何竞争者的威胁；三是其他企业不能进入。完全垄断分为政府垄断和私人垄断两种类型，如果该企业是一家政府垄断组织，且其生产的农产品关系到国计民生，购买者难以支付全部成本，则可制定低于成本的价格，让社会的大多数人能够消费得起从而保持社会的稳定，如我国的盐价。如果该企业是非政府授权的纯粹营利性垄断企业，则可以通过市场供给量来调整农产品的市场价格。在完全垄断型的市场结构中，农产品经营企业可以控制和操纵农产品价格，从而使农产品经营企业缺乏降低成本的外在压力，导致较高的农产品销售价格、较高的产量和垄断的超额利润，结果是生产效率低下、社会资源配置不佳。

(四)政府干预

农产品定价关系到一国的食物供给安全问题，农产品价格过高会影响低收入者对食物的获取及消费。由于市场机制的盲目性和自发性，市场经济存在难以克服的弊端，需要对农产品的市场价格进行干预，因此政府对农产品价格进行干预在各国都是普遍存在的。他们主要通过制定一系列的政策和法规对市场价格进行管理，这些政策和法规为农产品经营企业制定价格提供了重要的参考依据。但必须明确的是，政府干预不意味着要用政府定价取代市场定价。政府干预市场的目的是为了弥补市场定价机制的缺陷，矫正市场机制的定价行为，使之更好地发挥应有的作用。

（五）农产品特点

（1）农产品的种类。农产品经营企业要分析所生产或经营的农产品是生活必需品还是奢侈品或其他，不同种类农产品具有不同的需求价格弹性，也有不同的定价要求。例如，生活必需品的价格要符合大众消费的水平，奢侈品的价格则侧重于特殊消费者。

（2）标准化程度。标准化程度高的农产品要尽量与其他企业的同质农产品定价靠齐，不能变动过大以避免同行业内的价格战。标准化程度低的农产品定价可以稍高于标准化程度高的农产品。

（3）农产品的易腐性和季节性。不耐储运、容易腐烂变质的农产品的价格变动较大。生产和消费存在季节性的农产品则可以根据不同季节的市场供求实际调节价格。

（4）生命周期阶段。处在不同生命周期阶段的农产品具有不同的定价要求，这也是企业选择定价方法的客观依据。一般而言，农产品处于导入期时价格相对偏高，进入成长期价格有所回落，成熟期价格趋于稳定，衰退期价格下降或回升。

（六）企业状况

农产品经营企业的生产经营能力对农产品定价有重要影响。规模大、实力强的企业可以采用薄利多销的策略和价格战与竞争对手正面交锋、抢占市场；渠道成员得力、控制程度高的企业对于农产品的定价可以有更多的弹性；信息灵通、与消费者保持良好沟通关系的企业对农产品价格的调整容易得到消费者的理解；营销人员熟悉生产经营、价格理论与实践知识丰富、掌握市场行情的企业也更能把握价格调整时机。

除以上因素外，还有许多其他的因素影响着农产品经营企业对农产品价格的制定。例如，有时农产品经营企业根据企业理念和形象的要求，需要对产品价格做出限制等。

第二节　农产品定价的目标与具体方法

一、农产品定价的目标

任何农产品经营企业在制定农产品价格时都需要考虑目标市场战略及市场定位。如果农产品经营企业经过分析，决定为收入较高的消费者设计、生产高端农产品，其目标市场和定位就决定了农产品价格较高。此外，农产品经营企业还需要考虑一些具体的经营目标，如利润额、销售额、市场占有率等。这些目标都会对企业的定价产生重要影响。定价目标是指农产品经营企业在对其生产或经营的农产品进行价格制定时，有意识地要求达到的目的和标准。不同的定价目标会有不同的定价决策，当以利润为目标时，则需要考虑追求的是当前利益还是长远利益，同时要明确这个定价是否能使农产品在市场竞争中处于有利地位。企业的每一个定价选择，对其利润、收入、市场占有率均有不同影响。

（一）以利润为目标

获取利润是农产品经营企业从事生产经营活动的主要目标。以利润为目标进行农产品定价分为三种情况。

(1)以获取投资收益为定价目标，即农产品经营企业在一定时期内能够实现投资收回并获取预期报酬的一种定价目标。也就是说，农产品经营企业以获取农业投资收益为定价基点，加上生产与销售成本和合理利润作为农产品定价。但需要注意，采取这种定价目标的企业要制定合适的投资收益率，同时要确保其所生产经营的农产品较竞争对手农产品具有明显优势。

(2)以获取最大利润为定价目标。最大利润有长期和短期之分，一般而言，农产品经营企业追求的应当是长期的最大利润，这样才能在市场中获取竞争优势，占领更大、更多的市场份额。农产品经营企业以总收入减去总成本的余额最大化为定价基点，确定单位农产品的价格以争取最大利润。按照经济学理论，企业收益最大化的一般条件是边际收益等于边际成本。但争取最大利润的农产品价格在实际定价中是难以确定的，企业获取市场需求变动及农产品成本变动的资料十分困难，其准确性也无法保证，而且农产品经营企业在采取该定价目标时容易忽视其他因素的影响。

(3)以获取合理利润为定价目标。在企业实力不济、市场竞争又很激烈的情况下，一些农产品经营企业为了减少自身的经营风险，只在社会平均成本的基础上加上适度的利润作为农产品价格。该定价目标能够适当稳定销售，从而为企业发展赢得宝贵的时间和空间。同时，这也兼顾了企业和社会的利益。

(二)以销量为目标

一定的市场占有率是企业生存和发展的基础，因此农产品经营企业为了巩固或提高市场地位，往往需要以维持或扩大市场销量为目标来制定农产品价格。以销量为目标制订农产品价格有时会难以保证较高的利润率。

当具备以下条件之一时，农产品经营企业可以考虑通过低价实现高市场占有率：①农产品市场对价格敏感，低价能够刺激需求急剧增长。②随着生产经验的积累，农产品生产与分销的单位成本会出现下降趋势。

(三)以排挤竞争者为目标

当农产品经营企业实力增强，要进一步提高市场地位和市场占有率时，其定价目标就是排挤竞争对手或阻止新的竞争对手进入。以此为目标的农产品定价通常很低，此时竞争力较弱的中小企业会选择让出市场份额。

除此之外，农产品定价目标还有一些特殊的定价目标。

(1)国家需要。农产品与其他商品不同，存在特殊性，尤其是粮食等基本农产品，不仅是人类赖以生存和发展的基本资料，还是其他行业的原料。因此，在粮食短缺的情况下，国家为维持社会稳定，需要掌握一些重要农产品的价格及供需数量，农产品经营企业无权对这些农产品定价，其均由国家根据实际情况定价。

(2)政府对农业生产者的利益保护。政府为了支持和保护农业的发展，需要给予农业生产者价格补贴，限制农产品收购的最低价格，如实行市场保护价等，从而强制规定农产品收购的保护价格。

二、农产品定价的方法

定价的方法，是农产品经营企业在其定价目标的指导下，根据成本、需求、竞争状况等影响，运用价格决策理论，对农产品价格进行计算的具体方法。一般而言，定价决策主要包括选择定价目标、估计成本、测定需求的价格弹性、分析竞争对手的价格、选择适合的定价方法和确定最后的价格六个步骤。定价的工作极其复杂，需要考虑各方面的因素。但在实际工作中，农产品经营企业往往难以全面顾及所有方面，因此企业定价主要有以下几种方法。

(一)成本导向定价法

成本导向定价法是在成本的基础上加上一定的利润和税金来制定农产品价格的方法。成本是企业生产经营过程中所发生的实际耗费，客观上要求通过商品的销售而得到补偿，并且要获得大于其支出的收入，超出部分则为企业利润。这种方法是农产品经营企业较常用、最基本的定价方法，具体分为以下四种。

(1)成本加成定价法，即在单位农产品完全成本的基础上加上一定比例的利润和税金。通常按成本利润率予以确定。其计算公式为

农产品单价＝(完全成本＋利润＋税金)÷产品产量

农产品单价＝单位农产品完全成本×(1＋成本利润率)÷(1－税率)

其中，成本利润率＝利润目标÷农产品成本总额×100%。

确定合理的成本利润率对于成本加成定价法至关重要。成本利润率的确定要依据市场竞争环境和行业特点等多种因素。对于同一市场的同质农产品，如果均以相同价格出售，成本较低的农产品经营企业将能获得较高的利润率。

例如，一个苹果园，年产量10万斤，总成本15万元，如果按照每斤利润率20%，问在成本加成定价法中，苹果定价多少元一斤?

15÷10×(1＋20%)＝1.8(元)

该方法的优点在于计算简单，成本资料容易获取和核算，销售价格也能够补偿全部成本并获利。其缺点在于，定价依据的是企业个别成本而不是社会或行业成本，而产品价格确定之前要确定农产品单位成本是不可能的，因为单位成本随农产品的销量而变化，且农产品成本中有很大一部分是固定成本，需要分摊到每件农产品上，而分摊量的多少取决于销售量的大小，销售量是随价格变动的，企业制定的价格与市场实际价格可能存在较大偏离，从而难以反映真实的农产品市场供求状况。因此，该定价方法比较适用于经营状况和成本水平稳定的企业，以及供求大体平衡的卖方型农产品市场。

(2)目标成本加成定价法，即以农产品的目标成本为基础，加上预期的目标利润和应缴税金来制定价格的方法。目标成本是预期成本，与农产品定价时的实际成本存在差距。其计算公式为

农产品单价＝目标成本×(1＋目标利润率)÷(1－税率)

目标成本＝农产品单价×(1－税率)÷(1＋目标利润)

目标利润率＝预期目标总利润÷目标成本×目标销售量×100%

例如，假设上述苹果园固定成本10 000元，每千克变动成本4元，投资总额60 000

元建立新的生产基地，投资回收期为 5 年，年销量 10 000 千克，问每千克苹果价格为多少元?

目标利润率＝1÷投资回收期÷100％＝1÷5÷100％＝20％

单位农产品目标利润额＝总投资额×目标收益率÷预期销量
＝60 000×10％÷10 000＝1.2(元)

单位价格＝固定成本÷预期销量＋变动成本＋单位目标利润额
＝10 000÷10 000＋4＋1.2＝6.2(元)

目标成本受预期价格、预期利润、目标利润率、目标销售量及税率等多种因素影响。因此，采用该方法必须事前对市场价格、生产成本、销售量和利润等进行严密的调研，对于需求比较稳定且价格弹性较小的农产品、市场占有率高且具有垄断性的农产品较为适用。

(3)边际贡献定价法。边际贡献是指农产品销售收入与变动成本的差额。边际贡献补偿固定成本后如有剩余就形成农产品经营企业的纯收入，否则企业将会亏损。在企业经营不善的时候，企业在激烈的市场竞争中生存下来比获取利润更为重要，此时可以采用边际贡献定价法。

农产品单价高于单位变动成本时可以考虑采用此方法。此时，不论农产品经营企业是否生产，固定成本均要发生，农产品销售收入弥补变动成本后的剩余就可以用于弥补固定成本。边际贡献定价法能避免固定成本分摊的主观随意性，提高成本分析的准确性和科学性；有利于农产品经营企业进行科学经营决策，增强企业的应变能力和竞争能力，提高经济效益；有利于加强成本管理；有利于改善经营管理。运用该方法的最大优势是易于掌握降价幅度，尤其是在企业有赚有赔时，可减少亏损，增加盈利。采用该方法具备的市场条件是：以价格竞争为主要手段来扩大市场占有率；产品供过于求或是衰退期产品；在产品供不应求销路很好的情况下，采用边际贡献定价法实行高价，在短期内既可获取超额利润又保持原有的市场占有率；对需求弹性大的农产品，采取降价策略，薄利多销，扩大销售量。其计算公式为

单位农产品价格＝(总的变动成本＋边际贡献)÷总销量

(4)盈亏平衡定价法，即以损益平衡原理进行保本定价的方法。该方法首先要计算损益平衡点，计算公式为

损益平衡点产量＝固定成本÷(单位农产品价格－单位可变成本)

当农产品经营企业的产量达到损益平衡点时，企业盈亏平衡进行保本经营。保本定价的计算公式为

保本定价＝固定成本÷损益平衡销售量＋单位农产品变动成本

如果农产品经营企业把价格定在保本点上，则只能收回成本而不能盈利；若高于保本点定价则可获利；若低于保本定价点则会导致亏损。因此，盈亏平衡定价法实际上确定了企业不亏损的农产品最下限价格。

例如，一农产品经营企业固定成本 20 万元，年产量 8 万斤，每斤变动成本为 1 元，盈亏平衡定价法下计算农产品的保本定价。

农产品价格＝20÷8＋1＝3.5(元)

从本质上说，成本导向定价法是一种以卖方为主导的定价法，对于市场需求、竞争和价格水平的变化不敏感，运用这一个方法制定的价格建立在对企业农产品销量的主观预测基础上，降低了价格制定的科学性。

（二）竞争导向定价法

竞争导向定价法是根据竞争者的农产品价格来制定本企业农产品价格的一种方法。其特点是价格的制定会以竞争对手的价格作为依据，与农产品经营企业的农产品成本及市场需求状况没有直接关系。具体有以下几种方法。

(1)随行就市定价法。这是农产品经营企业根据同行业农产品的平均市场价格定价的方法，是一种与竞争者和平共处的定价方法。利用平均价格来获得平均报酬，能有效地避免价格竞争。在下述情况中，农产品经营企业通常会采取这种定价方法：①成本难以估算；②企业打算与同行业竞争对手和平相处；③如果另行定价，则较难获取消费者及竞争对手对于本企业价格的反映。

不管是在完全竞争市场还是寡头竞争市场，随行就市定价法是同质产品市场常用的定价方法。同时，由于企业在采用该方法时不需要全面了解消费者对于不同价格差异的反映，因此为营销、定价人员节约了很多时间。

在完全竞争市场中，销售同质农产品的经营企业在制定价格时，实际上只能按照行业的现行价格进行定价，没有过多的选择余地。农产品经营企业如果将价格定得过高则农产品难以销售出去，如果定得过低又会引起降价竞销，因而相互之间形成一种默契并将价格保持在一定的水平之上。

在寡头垄断市场中，由于市场上只有少数几家大企业，彼此相互了解，一般倾向于选择与竞争对手相近的价格。此时消费者了解农产品的特征，一般会购买低价农产品经营企业的农产品。如果某家农产品经营企业价格出现差异，消费者就会转向价格低的企业，但是此时该企业的需求量并不一定会增加，因为其他企业会出现随之降价的行动。因而，几家大企业基本保持和平共处，维持现有价格。

在异质产品市场中，农产品经营企业对于农产品价格的制定有选择的余地。产品差异化使得消费者对于价格的敏感度不高，农产品经营企业需要确定自己的目标市场及企业角色，在定价上区别于竞争对手，而产品策略等也要相应调整，以应对竞争对手的策略。

(2)追随定价法。农产品经营企业以同行主导企业的价格为标准制定本企业农产品的价格。因此，一般是由某一个或几个大企业首先定价，其他企业参考或追随定价。

(3)密封投标定价法。在买家发表招标公告购买大宗农产品时，多家农产品经营企业对招标项目提出密封报价的方法。定价程序依次是：招标，即由买方发布公告，提出征求农产品的具体条件；投标，即农产品经营企业依据公告内容和具体要求，从自身条件出发，综合考虑成本、利润和竞争方可能提出的报价，在规定的截止日期内将自己的报价密封提出；开标，即买方在规定期限内选标，并到期开标。最终的开标价格即是农产品的价格。在这种方法中，投标价格是农产品经营企业能够中标的关键性因素，需要注意的是，企业不能将报价定得过低，即不能低于边际成本，尽管中标的机会大，但难免使经营状况恶化；如果报价远远高出边际成本，即使高价格会使潜在利润增加，也会降低获取合同的机会。

那么，农产品经营企业在该定价方法下的具体做法为：首先，企业根据自身的成本，确定几个投标价格的备选方案，并依据成本利润率进行计算，得出可能出现盈利的几个价格水平。其次，搜集资料分析竞争对手的实力，包括产销率、市场占有率、信誉、声望、质量、服务水平等，同时推测竞争对手较有可能的报价，确定本企业各个备选方案的中标机会，其可能报价则在分析历史资料的基础上得出。再次，根据每个方案可能的盈利水平和中标机会，计算每个方案的期望利润，每个方案的期望利润＝每个方案可能的盈利水平×中标概率(%)。最后，根据企业的投标目的来选择投标方案。

(三)需求导向定价法

需求导向定价法是以消费者对农产品价值的理解程度和需求强度为依据的定价方法。一般是以农产品的历史价格为基础，根据市场需求变化情况，在一定的幅度内变动价格，使同样的商品可以按照两种或两种以上的价格进行销售。这种差价可以根据消费者的购买能力、对产品的需求程度等而采用不同的形式。其主要包括以下两种。

1. 理解价值定价法

理解价值是消费者对某种农产品的主观评价。理解价值定价法就是农产品经营企业以消费者对农产品价值的理解度为定价依据的方法。这种定价方法是以买方对农产品的需求及价值的理解为出发点的，运用该方法，农产品经营企业首先要借助营销策略和手段影响消费者对农产品的认知，争取让消费者形成对企业有利的价值评价，然后再根据消费者的价值评价来制定农产品的价格。同时，在制定价格后，还需计算根据该价格和成本能否获得较为满意的利润。如果能得到满意的利润则继续开发该农产品，否则，应当选择放弃。该定价法的关键，在于准确计算农产品提供的全部市场理解价值。农产品经营企业如果过高估计理解价值，便会定出偏高的价格，从而影响农产品销量；反之，则会定出偏低的价格，企业的利润又会降低；如果价格远高出理解价值，消费者会表示难以接受，如果价格远低于理解价值，在一定程度上则会影响消费者对于产品的印象。为此，农产品经营企业必须通过广泛的市场调研并了解消费者的需求偏好，在提高消费者理解价值时可以采取如提高产品质量、提高服务质量、有效地宣传产品并及时沟通等措施。

2. 区分需求定价法

区分需求定价法是根据消费者对农产品需求的差异，对同种农产品制定不同价格的方法，因此也称“价格歧视”。这种定价的基础是顾客的心理差异、产品样式差异、出售时间和地点差异等。需要注意的是，这种价格之间的差异并不和产品成本的变化成正比。该方法有多种形式：①可以因消费者而异。同种农产品面对不同职业、收入或年龄特征的消费者会制定不同的价格或给予不同的优惠。②可以因规格而异。对规格不同的同种农产品制定不同的价格。③可以因时间、空间而异。根据农产品上市季节的需求差异和农产品销售区域的空间位置来确定价格，如水果旺季时，人们愿意以稍高的价格购买，而到了淡季购买的意愿便会减弱。④可以因流转环节而异。农产品经营企业出售给批发商、零售商和消费者的价格往往不同。⑤可以因交易条件而异。交易条件主要是指交易量的大小、方式、购买的频率、支付手段等。因交易条件的不同，农产品经营企业会对农产品制定不同的价格，如交易量大的价格偏低，现金交易价格可以适当降低等。⑥甚至还可以因用途而异。

由于区分需求定价法针对不同的消费者需求而采用不同的价格，以实现消费者不同的满足感，能够为农产品经营企业获取更多的利润，因此在实践中也得到了广泛的运用。但也应该注意，实行区分需求定价需要具备一定的条件，否则将无法达到差别定价的目的，甚至产生反作用。这些条件包括以下几方面。

(1)从农产品经营企业方面来看，实行不同价格的总收入一般是高于同一价格的收入。因为差别定价只是企业为了获取更高利润的一种手段，但企业必须能够细分市场并掌握该市场消费者需求的差异。

(2)从产品方面来看，各个市场之间是分割的，低价市场的产品无法向高价市场转移，这种现象可能是由交通运输状况造成的，也可能是产品本身的特点所造成的，但还要注意防止低价细分市场买主向高价细分市场转售。

(3)从竞争状况来看，无法在高价市场上进行价格竞争的原因，可能是农产品经营企业已经垄断该农产品市场，竞争者难以进入；也可能是产品需求弹性过小，低价格对消费者需求没有产生较大的影响。

(4)从消费者方面来看，购买者对农产品需求存在差异，需求弹性不同，但要确保差异价格不会引起顾客的反感等。

三、农产品定价的程序

定价是一个不断变化的过程，而不是一个简单的结果。一般农产品经营企业的定价程序可以分为六个过程。

(1)确定农产品经营企业的定价目标，即选择以利润、销量或排挤竞争对手为目标。

(2)测定市场需求。农产品价格会影响需求，需求的变化影响农产品经营企业的农产品销售及其经营目标的实现。因此，测定市场需求是十分重要的步骤。企业主要采用需求的价格弹性进行分析。

(3)估计农产品成本。农产品经营企业的农产品最高价格主要受到市场需求和其他因素的影响，最低价格则不能低于农产品的经营成本。

(4)分析市场的竞争情况。一般通过分析企业在市场中的竞争地位、协调企业的定价方向以及估计竞争对手的反应来进行。

(5)选择合适的定价方法。定价方法主要有成本导向定价法、竞争导向定价法和需求导向定价法三种，根据农产品经营企业的定价目标，并对成本、需求等进行分析，从而选择合适的定价方法，为农产品进行定价。

(6)确定价格。在确定农产品最终价格时，需要考虑几个问题：一是该价格是否符合农产品经营企业的定价目标；二是该价格是否符合消费者整体和长远的利益；三是该价格是否与农产品经营企业营销组合中的非价格因素相一致；四是该价格是否符合国家政策法规等相关规定。

第三节　农产品定价策略

农产品定价策略是农产品经营企业为了实现预期的经营目标，根据企业自身条件和外部环境，对农产品选择最优定价时所采取的策略。农产品经营企业根据成本、需求、竞争等因素确定农产品的基本价格，这是单位农产品在生产地点或者经销地点的价格，并没有将折扣、运费等因素考虑进去。因而在实践中，农产品经营企业还需要考虑和利用灵活多变的定价策略，适当调整产品价格。

一、新产品定价策略

农产品经营企业刚刚推出的新产品往往成本较高，消费者对其了解不够，竞争者也可能暂未跟进，新产品的定价策略选择恰当与否，直接影响了新产品能否顺利打开和占领消费者市场，此时企业可以采取如下三种定价策略。

(一)撇脂定价策略

农产品经营企业在新产品投放市场之初就把价格定得很高，这样利用新产品对消费者产生的吸引力短时间内就能获取高额利润。该策略就像撇走烧热牛奶上面一层精华的油脂一样，故而得名。

运用该策略要具备一定的条件：首先，市场要有足够的购买者，需求缺乏弹性，高价会使他们产生这种产品是高档产品的印象，即使把新产品价格定得很高，市场需求也不会大量减少；其次，高价使需求减少，但不致抵消高价所带来的利益；最后，在高价情况下，仍然独家经营，短期内竞争者难以推出类似农产品。撇脂定价策略的优势十分明显，在顾客求新心理较强的市场上，高价有利于新市场的开拓；主动性较大，农产品在进入成熟期后，价格可分阶段逐步下降，有利于吸引新的购买者，能让企业在短期内获取最大利润并占领市场主导地位，但由于定价过高，企业仍须考虑渠道成员是否支持或消费者是否接受。如果价格远大于产品价值，会在某种程度上损害消费者的利益，容易受到消费者的排斥，不利于良好企业形象的塑造，同时竞争对手容易乘虚而入，迫使企业降低农产品价格，不利于企业长远发展，也会使得市场竞争异常激烈，并导致大量仿制品的出现。

(二)渗透定价策略

与撇脂定价策略相反，渗透定价策略是指农产品经营企业在新产品投放市场之初将价格定得相对较低，以逐渐渗透和排它的办法吸引消费者的购买并获得赢利和较高的市场份额。这种策略利用了消费者追求“价廉”的心理，因此适用该策略的条件是：农产品的市场规模和需求价格弹性大，价格稍微调低就会带来需求量的大增，企业的生产成本和经营费用会随着生产经营经验的增加而下降，同时，低价也不会引起实际和潜在的竞争。运用该策略，企业较易得到渠道商的支持和消费者的认可，从而提高市场占有率，而且低价策略一定程度上能有效阻止竞争者的介入。

对于农产品经营企业而言，撇脂策略和渗透策略孰优孰劣不能妄下定论，需要综合考虑目标市场的需求、竞争、价格弹性、企业未来发展战略等因素，根据选定的目标市场进行大量调查并进行科学分析从而制定农产品的价格。

（三）满意定价策略

满意定价策略是介于撇脂定价和渗透定价之间的折中策略，此时的新产品价格适中，兼顾了生产者、购买者和中间商的利益，也容易得到消费者认可。撇脂策略由于定价过高，有损于消费者利益，容易遭到消费者排斥，具有一定的风险；渗透策略由于定价过低，尽管对消费者有利，但容易引起与竞争对手的价格战，而且价格低意味着利润较低，此时企业的资金回收极其缓慢，一般的企业难以承受；而满意定价策略因其能使生产者和消费者都比较满意而得名，有时它又被称为“君子价格”或“温和价格”。该策略对农产品经营企业和消费者都很公平合理，比较适合于需求价格弹性较小的农产品种类，但由于定价比较保守而不太适合竞争激烈的市场环境。

满意定价策略由于获得的是平均利润，既可吸引消费者，又可以避免价格竞争，从而在市场上站稳脚跟，获得长远发展，但需要注意的是企业与消费者双方都比较满意的价格是难以协调的。

上述三种新产品定价策略各有利弊，有着不同的适用条件与环境，农产品经营企业应从企业实力、市场特征、产品特性、消费者购买力及价格敏感度等多方面出发综合分析并灵活运用。

二、生命周期定价策略

通常，农产品经营企业在农产品从导入期进入成长期、成熟期直至衰退期的生命周期不同阶段会制定新的价格或调整原有价格。

（一）导入期定价策略

这一阶段需要让消费者了解农产品，因而为了把产品的信息传播出去，农产品经营企业需要花费较高的宣传费用，同时需要选择分销渠道，此时可参考新产品定价策略制定较高或较低的农产品价格。

（二）成长期定价策略

随着农产品的宣传扩大，竞争开始加剧，更多的消费者了解产品并开始购买，此时农产品销量增长较快，农产品经营企业不必贸然降价。但如果企业在新产品入市时采取了撇脂策略，在竞争加剧后可以考虑适当降价以提高市场份额。

（三）成熟期定价策略

在这个阶段，由于消费者已经对农产品的熟悉程度进一步加深，同类产品间的差异不大，品牌的忠诚度开始发挥作用。此时的农产品销量达到最高水平并开始回落，市场竞争加剧，农产品经营企业可以考虑采取降价促销策略。但如果竞争者较少也可维持现价。

（四）衰退期定价策略

在衰退期，消费者的兴趣发生转移，农产品销量加速下降，农产品经营企业应果断降价甚至低于成本价促销。但如果竞争者均已退出市场，企业也可考虑维持现价甚至提高价格。

三、折扣定价策略

折扣定价策略是指农产品经营企业通过各种折扣和让价的办法吸引消费者购买本企业的农产品，从而扩大销量，提高市场份额。该策略增加了销售的灵活性，给消费者带来了实惠，因而经常被企业采用。常见的折扣定价策略有以下几种。

(一)数量折扣

数量折扣是指企业根据消费者购买的农产品数量给予一定的价格折扣，目的是鼓励消费者购买更多的农产品。该策略在农产品折扣定价中运用较广。通常，消费者购买越多折扣越大。数量折扣分为累计数量和非累计数量折扣两种，前者是在一定时期内累计购买超过规定数量后的价格折扣，对消费者长期购买有很好的鼓励作用，后者是按每次购买农产品的数量确定折扣，这样可以吸引买主批量采购，同时节约大量的销售费用。

(二)现金折扣

现金折扣是指企业规定凡是提前付款或在约定时间付款的消费者可以享受一定的价格折扣。该策略鼓励消费者尽早付清货款，从而盘活企业资金，加速资金周转，减少企业的经营风险。财务上常用的表达方式为“2/10，N/30”，其含义是双方约定30天内必须付清货款，如果消费者在10天内付清货款，则给予2%的折扣，超过10天，在30天内付款则没有折扣，超过30天则需要收取利息。现金折扣有一个重要前提，就是商品的销售方式为赊销或者分期付款。因此，使用该方式时，折扣比例、给予折扣的时间期限及付清全货款的期限都需要加以考虑。

(三)季节折扣

农产品经营企业在季节性农产品的销售淡季给消费者的价格折让。虽然有些农产品的生产是连续的，但消费上却出现明显的季节性。此类农产品在销售淡季时占用资金时间长，不利于企业的长期发展，通过季节折扣可以扩大销量，加快资金周转和节约库存费用，避免因为季节需求变化而面临的市场风险。

折扣定价策略的使用也受到诸多因素的影响。

(1)竞争对手及竞争实力。同行业竞争对手的强弱会影响折扣的成效。

(2)折价的成本均衡性。销售中的折价并不是遵循单位价格随着订购数量的上升而下降这一规律，对农产品经营企业而言，有可能出现这样的情况：一是订单量很大，但不清楚是否具有连续订购的可能，一旦企业扩大生产或收购农产品，而下季度订单下降，导致企业投资难以回收；二是订单量过小，企业实行该订单的总成本过大，利润难以填补。

(3)市场总体价格水平下降。由于折扣策略具有长期性，当消费者利用折扣购买超过实际需求量的农产品后，再转手将超过需求量的那部分农产品以低于折扣价卖给第三方，会造成该农产品市场的价格出现波动，市场的总体价格开始下降，将不利于使用折扣策略的企业。

四、心理定价策略

心理定价策略是指农产品经营企业针对消费者心理变化进行定价的策略。消费者的需求存在差异，不同的产品能够满足消费者不同方面的需求，因而农产品的价值与消费者的心理有着密切关系。因此，农产品经营企业在制定农产品价格时可以利用消费者心理因素，将产品价格定得高一些或低一些，以满足消费者各方面的需求，通过消费者对企业农产品的偏好，提高其忠诚度，扩大市场销售额，提高企业效益。心理定价策略中常用的有以下六种策略。

(一)组合定价策略

组合定价策略是指企业迎合消费者求全的心理，将多种有一定关联性的农产品捆绑在一起并制定一个统一的价格。该策略容易引发消费者的购买欲望，能够促进多种农产品的销售。常用的产品组合定价有以下几种形式。

(1)产品线定价。其是指根据消费者对同样产品线不同档次产品的需求，精选设计几种不同档次的农产品和价格点，人们在购买时会根据自己的消费水平选择不同档次的农产品，从而消除购买时的犹豫心理。农产品经营企业以保本或微亏的价格来制定低端农产品价格，增加消费者的购买，遏制外来竞争对手的进入。高端农产品则可树立企业的品牌形象，通过超额利润收回投资并填补低端产品的亏损。终端农产品则是用于维持企业的正常利润。农产品经营企业在采用该策略时需要恰当划分农产品等级，价格梯度不宜过大或过小。

(2)产品捆绑定价。农产品经营企业常常将一些农产品捆绑在一起进行销售，捆绑后制定的价格低于单件农产品的价格之和。在一定程度上能够推动消费者的购买欲望，但需要注意的是，有些消费者往往是按需购买，他们只需要捆绑组合中的某一种或几种商品，这时经营企业需要注意满足他们的要求。

(二)尾数定价策略

企业在制定农产品价格时以零头数结尾的策略，如 198 元、98 元、9.80 元等。消费者通常主观地认为，整数定价不够准确，而非整数定价则是经过精确核算的，反映了农产品的真实价值。因此，整数定价容易让消费者产生被蒙骗的感觉，而非整数定价容易增进消费者的信任，使消费者产生好感而迅速做出购买决策。

(三)整数定价策略

有些消费者比较注重心理满足的高端农产品，这时可以把价格定为整数，以此提高农产品的身价，进而标识和提高消费者身份。在日常生活中，对于难辨好坏的农产品，消费者容易出现以价格论质量的行为，将农产品价格定为整数，是农产品凸显高端、迎合消费者心理需求的表现。对于需求价格弹性不高的生活必需类农产品，把价格定为整数还可以大大提高结算效率。

(四)期望与习惯定价策略

对于消费者日常食用和购买的农产品，在长期的市场交换过程中已形成了消费者可接受的价格，即习惯价格。农产品经营企业可以根据消费者的期望、购买习惯和接受水平制定价格。对于消费者已经习惯的价格，切忌轻易变动。降低价格会使消费者认为该农产品的质量存在问题，提高价格则会使消费者产生不满情绪，从而选择新的替代品。在必须提价时，可采取改换包装或者品牌等方法，以减少消费者的抵触心理，引导其接受新的习惯价格。

(五)安全定价策略

针对大宗农产品购买时消费者担心运输不便或损耗等问题，农产品经营企业可以把农产品价格与相关送货费用加总计算，同时向买方保证产品配送等服务措施，消除购买者的心理担忧和增强其购买的安全感。

(六)特价品定价策略

农产品经营企业将农产品的价格定得低于市场价格，以此召唤消费者，引起其购买欲望和连带购买行为。采用这种策略，从表面上看这种农产品不赚反亏，但从实际的经济效益来看，由于产品价格较低，带动了其他产品的销售，企业仍有利可图。消费者在选购这些特价品时，往往还会寻找其他产品，这实际上是通过牺牲少数农产品价格的利润来获取其他农产品销售的利润，使企业的总利润得到提高。

采用这种策略时需要注意：一是农产品的降价幅度要足够大，一般接近或低于成本，只有这样，才能最大限度地刺激消费者购买；二是特价农产品的数量不适宜太多，要有限度，过多会使农产品经营企业的亏损过大，但过少则会使消费者对其失去兴趣；三是特价品要与过时农产品等处理品区分开来，否则会受到消费者的抑制，影响企业声誉。

五、价格变动策略

宏观经济环境和农产品市场供求发生变动时，农产品经营企业就有必要采取相应的策略主动调整原有价格。

(一)降价策略

农产品经营企业降价的原因包括以下几方面。

(1)农产品生产旺季，生产能力过剩，需要扩大销售，但又不能通过农产品改进和加强销售等扩大市场时。

(2)在激烈的市场竞争中，农产品经营企业的市场占有率下降。

(3)农产品经营企业成本费用低于竞争对手，使得农产品有降价的余地，有些潜在顾客因为自身消费水平的限制无法购买相关的农产品，此时企业企图通过降价将这一部分消费者转变为现实消费者，从而提高市场占有率，扩大生产和销售量，进一步降低成本费用。在实际操作中，率先降价的一般是有实力的企业，这样会给弱小的竞争对手重重一击。但必须重视的是，降价也存在风险，消费者有可能会误以为产品的质量得不到保证，使消费者的忠诚度受到极大的挑战。

(4)在经济萧条时期，消费者的购买能力不足，价廉的农产品是他们的选择，此时农产品经营企业需要降价以适应消费者的购买水平。

(5)根据农产品寿命周期的变化进行调整，相对于导入期的高价格，进入成熟期后，随着市场竞争的加剧，降价有利于吸引更多的消费者。

在降价之前，卖方应向自己的代理商、经销商保证，降价后对他们原来的进货或存货按新价退补降价损失，使长期客户及该商品分销渠道的各个环节的利益得到保证，从而保住企业的市场。

由于农产品经营企业所处的位置、环境及降价原因各异，选择降价的方式也大不相同，具体来说包括直接降价和间接降价两种。前者是指直接降低价格，后者是指企业保持农产品原有价格不变，通过折扣、优惠等方式，降低产品的实际价格，后者比前者更为灵活。

（二）提价策略

提价策略是指在市场营销中，为了适应市场的变化及自身条件的变化，农产品经营企业将农产品原有的价格调高。然而，虽然提价容易给企业带来负面影响，如消费者不满、竞争力下降等，甚至还会受到政府的干预，但仍存在一些情况使得企业必须提高价格。

(1)通货膨胀，物价上涨，成本费用提高，使农产品经营企业不得不提高农产品价格。在通货膨胀的环境下，企业一般会采取各种办法调高价格。

(2)农产品供不应求，难以满足所有消费者的需求。在这种情况下，农产品经营企业必须提价，提价方式可以为取消价格折扣、在产品大类中增加价格较高的项目或者直接提价。但是，提价时最好能够向消费者说明缘由，以减少消费者的不满，并帮助消费者寻求替代品。

为了尽量抑制消费者和中间商的不满，提价应讲究策略，如限时提价、在供货合同中预先约定调价条款、附加服务收费或取消附加服务、减少或取消折扣等。

农产品经营企业采用提价策略时，一般有两种方式，一是直接提价，即直接提高产品价格；二是间接提价，即农产品经营企业采取一定的方法使农产品原有价格不变但通过减少分量、减少价格折让等方式使其实际价格上升。

一般而言，降价容易提价难，提高农产品价格容易引起消费者的不满，严重则会引起政府的干预。因此，在方式选择上，应尽可能地采取间接提价，把提价的不利因素降到最低，并被消费者普遍接受。不论如何调整价格，为了企业未来的长远发展，应当多与消费者沟通，多留意消费者的反映，以免降低企业形象。

☞策略介绍

一、蔬菜配送企业的价格策略①

通常情况下，商品的价格是按其成本价格加各环节费用和利润构成。而按经济学理论，价格在市场中的定价会遵循三个原则(成本导向定价、需求导向定价和竞争导向定价)，蔬菜配送企业需要结合自己所处市场环境，及时收集顾客对价格的灵敏度及反馈，综合利用价格策略适时调整销售价格。

---

① 黄静．蔬菜配送企业的价格策略．经营管理者，2009，(8)：46，90.

(1)价格线策略。上述各种影响蔬菜配送企业的价格因素中，最重要的还是顾客对价格的接受和认可，由于蔬菜供给和市场的特殊性，无法对某种产品定制一个稳定的价格、产地或批发市场。蔬菜的价格每天不同，而且一天价格从上午至晚上也不同，但作为配送企业，则要化解这部分价格波动带给顾客的影响。应根据企业的产品定出一个相对稳定的价格线：高端产品价格不管经历何种因素的影响都确保“稳”和“平”；中低档蔬菜价格则根据产地进行地理价格定价，将企业的运营成本合理计入价格中，由顾客自由选择不同的产品和价格。

(2)周期价格策略。由于蔬菜受两个周期(商业周期和价格周期)的影响，从蔬菜市场来说，顾客可以自由选择各种替代品来弥补某种产品的价格上涨，但蔬菜配送企业对定购的顾客却不能说“产品涨价，请另选”，当然这可以作为一种补充的营销方式来弥补价格波动给顾客带来的麻烦，同时蔬菜配送企业由于为顾客提供了一定的服务，因此其产品价格在一定时间内有某种幅度的变动，顾客也是可以接受的，但对于每天或者经常的变动，大量的调查数据显示，顾客宁愿选择有小幅度上涨但相对稳定的价格。

蔬菜的价格周期基本是可以预测的，但没有完全的可控性。因此，企业可以根据配送量的积累情况，定出产品价格的调整周期：在市场变动幅度较大且非常频繁时选择“周价格”，而因季节变动的产品选择“月价格”或者“季价格”。

(3)善因价格策略。据市场调查部门统计，蔬菜配送企业在运营过程中每日占其成本支出40%的有门对门的服务人力成本、客服信息反馈、配送损耗。要解决这一问题，善因价格是最好的解决之道，每个配送社区或者近郊均有一些退休、下岗、失业、弱势人群等需要得到社会帮助或支助，而蔬菜配送企业可以利用善因价格策略“零价格或最低成本价”配送给这些人群，由他们帮助企业在社会内分发蔬菜，收集顾客真实和及时的服务信息，并及时配送或处理企业每日收尾蔬菜(减少企业损耗)。此部分费用只占企业当日成本的10%，顾客即可得到及时和优质的服务，同时使企业的社会形象得到极大提升。

二、中国大豆定价权缺失的策略选择①

(一)加强期货市场建设

(1)丰富我国商品期货市场品种及参与者，并建设配套的期权交易。首先，需要不断地健全我国商品期货市场的品种体系，建立与国际期货市场完全对应的期货品种，各种农产品都应先后有序地进入期货市场，使我国相关行业和企业得以运用避险工具进行套保。其次，引导和发动我国的相关产业企业积极参与期货市场，让更多国内企业通过期货市场来发现价格、规避风险。

(2)进一步开放我国期货市场，引进期货机构投资者。由于国内商品期货市场缺少机构投资者，难以形成权威性的价格体系，甚至会在某些时候造成商品价格的扭曲，而国外大豆指数基金、大豆期货期权、大豆期货等机构投资者持仓量稳定且均处于40万手以上。因此，我国要积极培育机构投资者，不仅要引导、动员众多相关企业进入期货

① 蔡爽．中国大豆定价权缺失思考及策略选择．特区经济，2013，(7)：161～162.

市场，而且还应允许保险基金、共同基金等参与期货市场，通过期货管理风险。

（二）提高政府及豆协信息提供的及时性

我国从总体来看虽然是采购大户，但行业集中度不足，众多分散的采购方与国外大公司谈判，没有任何优势，需要政府在信息提供方面加强工作，提供一个信息相对充分的市场，国家统计局、农业部、海关等部门要完善信息公布制度，将本部门统计数据及全球大豆供求情况向社会公开，或者以少量费用向行业协会提供，保证产业相关主体信息充分。因此，当前要进一步建立全国性的产销信息系统，及时掌握大豆生产和销售的第一手资料，政府部门应组织专门机构，跟踪并及时发布这些信息，消除交易双方的信息不对称。企业也应该通过建立统一的期货业协会形成一股合力，而各大豆企业加入其中，并由大豆协会统一发布相关的信息。

（三）建立非转基因大豆的定价中心

中国是非转基因大豆原产地，生产的大豆蛋白含量高，是安全、绿色健康食品，且目前许多发达国家，如欧盟、日本、韩国等对转基因食品尚存戒心。但是，由于转基因大豆因含油率相对较高，反而成了压榨企业的首选，使我国始终处于非转基因大豆产业链的加工环节，农民种植的国产非转基因大豆经常卖不出去或低价贱卖，严重影响了其收益和种植积极性。基于上面的分析，中国应力求打造非转基因大豆的国际定价中心。

（四）加强大豆收储建设

目前，我国大宗商品战略储备量较少，有些大宗商品还未建立战略储备。为避免引起国际社会的过度关注，我国可采取分批次增加储备或鼓励建立民间储备的方式，在现有条件下，采取各种有利于大豆生产的措施，积极发展大豆生产，才能从根本上保证我国的大豆储备来源。完善大豆最低收购价政策，使我国主产区的大豆都能顺利销售，让农民放心生产，这样才有利于增加民间储备。从宏观来说，应改革现行的储备管理体制，完善储备管理，鼓励储备企业深加工延长产业链，促进大豆产业链的上下游关系的协调，使大豆储备发挥其效用。

（五）大力推动人民币国际化

尽管对于人民币国际化有着不同的看法，但从掌握大宗商品定价权的角度，我国应充分发挥上海的金融中心地位，不断加强我国的金融实力，为实现人民币的国际化奠定基础。当前，我国人民币还不能自由兑换，交易所的报价还不是人民币报价，这直接影响到报价的权威性和影响力，进而影响到商品定价权的形成。而实现人民币的国际化，一方面将有利于提升我国的影响力，另一方面也将降低结算成本和汇率风险，有利于获取大豆的定价权。

➢案例讨论

合作社标准化生产，荔枝几钱果农说了算

2010 年的荔枝收获季刚刚结束，廉江的果农们喜上眉梢。今年荔枝收购价高达 3.5 元/斤左右，在广东省各地荔枝普遍增产 2～3 成的情况下，这一价格比业内预计提高了 0.4 元/斤～0.5 元/斤，仅此一项让廉江的荔枝种植户增收约 2 000 万元。

过去荔枝经常“丰收烂市”，如今大幅增产之后还涨价，这种反常的行情令人费解。记者走访廉江荔枝产区，发现荔枝进入“牛市”的重要因素之一是：当地果农和专业合作社正在逐步夺回荔枝定价权，并在荔枝产业利益分配格局中占据主动地位。

定价权在握，果农增收 2 000 万元

廉江全市荔枝投产面积达 20 余万亩，2010 年风调雨顺，加上管理水平提高，全市荔枝总产量约 8 万吨，同比增长了 30%。同样，广东省茂名等地的荔枝均实现大丰收，增产 2～3 成不等。

按照往年的经验，农作物大丰收年市场行情往往不佳。但 2010 年廉江荔枝行情之好出人意料，“妃子笑”等主力品种平均收购价达 3.5 元/斤左右，为近年来的最高水平。

位于廉江市良垌镇的日升荔枝合作社是广东省首家在工商部门注册的农民专业合作社，并在 2006 年获得荔枝、龙眼及其他农副产品进出口权。2009 年，日升共向欧美出口荔枝 1 000 多吨，占中国荔枝出口总量的 1/8 左右。2010 年由于美方对我国部分水果实施自动扣检措施，导致日升的荔枝出口量锐减到不足 500 吨。

但合作社社长马洪俊一脸淡定：“自动扣检是让我们损失不少，不过社员们今年还是赚到了，因为我们的荔枝在国内也不愁销路。”社员李树标种植荔枝 160 亩，今年总收入达到 70 万元左右。很多社员在这个销售季节结束后买了汽车、家电等。

根据马洪俊的判断，2010 年荔枝收购价比业内预估的至少高出了 0.4 元/斤～0.5 元/斤，即便是出口受阻，也未能压制廉江荔枝“量价齐升”的大牛行情，廉江荔枝种植户因此增收约 2 000 万元。

事实上，自 2003 年以来，廉江的荔枝收购价开始步入“稳中有升”的通道。恰恰也在 2003 年，日升荔枝合作社成立，廉江的荔枝合作社逐渐打通荔枝流通渠道，掌握荔枝定价权。

这两个时间点的重合，并非偶然。

“丰收烂市”，跳不出的怪圈？

在热带水果大市湛江，果农们一辈子都和难以捉摸的“收购价”战战兢兢地打交道。农产品的定价权是他们想都不敢想的“奢侈品”，因为无论是菠萝、香蕉还是荔枝的价格，“话事权”都在别人手里。

良垌荔枝声名远播，但它们从果园到市场要经过三个中间环节：代收商—供应商—批发商。一颗荔枝的利润经过三次分摊之后，能落入果农手中的已经相当微薄。在这种“中间肥两头瘦”的流通格局中，农民如果卖出 2 元的农产品，到了超市成本就会变成 5 元，中间商占据了 30%～40%的利润，而农民和超市只有 10%～15%的利润。

日升荔枝合作社的副社长卢亚金是个老果农，他回忆说，过去的荔枝收购季节，果农根本不敢睡觉，因为荔枝收购价变化太快了：凌晨 1 点可能是 3 元/斤，两点就成了 2 元/斤，到 6 点可能就是 1.5 元/斤了。果农们必须下午摘果，晚上装车，半夜拉到市场排成两三百米的长龙等待收果。代收商一看收得差不多了，就会开始压价。“辛辛苦苦熬夜排队，轮到我了，3 块钱的荔枝却变成了 1 块 5，你说心痛不心痛？”

在 2003 年之前，廉江良垌的荔枝种植户各自为战，埋头种果，对市场这一头的情况一无所知。由于荔枝流通渠道完全掌控在中间商手中，果农与市场供求信息基本绝缘，荔枝价格高低只能由中间商说了算。

“丰收烂市”看起来是“供过于求”的市场铁律，实际上暗含着中间商对价格的人为操纵。2009 年，广西蕉农一度被迫几分钱一斤卖香蕉，但在北京等销售地的蕉价依然是 2 元/斤～3 元/斤，个中暴利悉数落入流通环节。

流通受制于人，定价任人摆布，这才是果农跳不出的那个怪圈。

合作社开路，荔枝流通破冰

2001～2003 年，廉江的荔枝种植户连续遭遇困境，由于流通不畅，荔枝收购价一度低至 1 元/斤。湛江市政府为破解荔枝卖难问题，带农民们去四川等地取经，于 2003 年 12 月组织成立了日升荔枝专业合作社。

日升荔枝专业合作社成立之后，逐步建立起了一套规范的运作机制，实现了科学管理和标准化生产，并在 2006 年获得荔枝、龙眼及其他农副产品进出口权，成为广东首家具有进出口权的农民专业合作社。如今，合作社已经有 365 户社员，茂名化州等地的果农也慕名加入，全社荔枝种植面积达 18 000 多亩，2010 年荔枝总产量约 6 000 吨。

汇集了果农力量的合作社迅速打通流通渠道。2008 年，日升合作社开始跟家乐福展开“农超对接”，每年供应 500～600 吨荔枝给家乐福在国内的各超市；合作社引进长时间保鲜技术，成功打开东北市场，当年发货量达 2 000 吨；而合作社的高端荔枝品种，如“桂味”，在广东、福建和东南亚市场十分抢手，收购价也高达 5 元/斤～7 元/斤左右。2009 年，日升合作社共出口荔枝 1 300 多吨，占整个中国荔枝出口量的 1/8 左右。

合作社的实惠摆在眼前，果农纷纷加入。2006 年，廉江市新民镇新桂荔枝合作社成立，如今该社已有水果种植面积 1 万多亩，社员 200 多户。在合作社的主导下，东北等国内新兴消费市场和国际市场逐渐打开，廉江的荔枝流通渠道日益通畅，自 2003 年以来，未出现明显的荔枝积压情况。

目前，廉江两大荔枝合作社的种植面积接近 3 万亩，占全市荔枝种植面积的 15%。恰恰是这 15%的力量，正改变着廉江荔枝的定价机制。

“日升价格”坐镇，果农勇夺定价权

2010 年到廉江收购荔枝的外地客商达 600 多家，但他们都要关注一个本地价格——日升荔枝专业合作社的收购价。近几年，“日升价格”的标杆作用日益明显：每到日升合作社开始收果时，当地的荔枝行情就应声而涨；合作社收果完毕，荔枝行情就会下挫。

关于“日升价格”对荔枝行情的影响，社长马洪俊分析说，关键是合作社直接对接国内、国际市场，这个价格能准确反映市场行情，从而成为廉江 4 000 多荔枝种植户心目中的参考价。

良垌一位果农告诉记者，如果日升开价 3 元/斤，代收商们向散户开价就很难低于 2 元/斤，否则就收不到果。“日升价格”已经成为果农和中间商议价的底牌。

由于“日升价格”比一般荔枝收购价高出一截，它对整个荔枝市场行情总是起拉升作用。以日升的超市、出口两个渠道为例，跳过中间商直供超市，每斤荔枝价格可提高 0.3～0.4 元；荔枝出口价一般比国内市场收购价高出 0.5 元/斤左右。这种“领头羊”式的价格带动作用，是廉江果农今年大幅增收的关键。

美国农业经济学家约翰·W. 戈德温在专著《农业经济学》中指出：“建立农业合作社的主要原因，就是为了获得议价权。”但在廉江，一两家合作社竟能产生如此强的价格辐射力，并显著改变果农在议价格局中的边缘地位，显然出乎很多人的意料。

当地农业部门表示，在农业产业化进程中，合作社不单是先进技术和管理理念的推广者，还能保证农民在利益分配链条中处于有利位置，这才是合作社存在的最大意义。

一些商业机构也看到了优秀合作社的巨大价值，有一家大型农业企业曾试图收购日升荔枝专业合作社，但被拒绝。社长马洪俊说：“搞合作社并不是为了赚钱，而是为了改变果农的弱势地位。如果把控制权交给大公司，果农手里的定价权也会交出去。”

（资料来源：肖胤，陈煜，王德斌．合作社标准化生产，荔枝几钱农民说了算．湛江日报，2010-07-20，第 A03 版．）

讨论题：

1. 以“日升价格”为标杆的荔枝价格属于何种定价方法？

2. 为什么荔枝合作社能够帮助果农获得议价权？

第七章

农产品分销渠道设计

第一节　农产品分销渠道

一、农产品分销渠道的含义

1960 年美国市场营销协会将分销渠道定义为企业内部单位及企业外部代理商和经销商的组织机构，通过这些组织商品才得以上市营销。菲利普·科特勒则认为分销渠道是指某种货物或劳务从生产者向消费者转移时，取得这种货物或劳务的所有权或帮助转移所有权的所有企业和个人。农产品也总是通过一定的渠道从生产者流通到消费者的。所谓农产品分销渠道，就是指农产品从生产者向消费者流通过程中经过的一切取得所有权或协助所有权转移的组织或个人串联的通道。分销渠道始于生产者而终于消费者，中间环节包括各种批发商、零售商和中介组织与经纪人。

具体来讲，分销渠道包括以下几方面含义。

(1)分销渠道始于生产者终于消费者。它组织了从生产者到消费者的整个商品流通过程，而非其中一个阶段。

(2)农产品流通过程中的中间商(如批发商等)是分销渠道的积极参与者。在农产品从生产者到消费者的转移过程中，会发生多次交易，每次交易都是企业或个人的买卖行为，可表示为生产者—批发商—零售商—消费者。中间商组织收购、运输、储存、销售等活动，将农产品从生产者手中送到消费者手里。

(3)在分销渠道中生产者向消费者转移农产品是以其所有权的转移为前提的。农产品流通过程反映的是农产品价值形态变换的经济过程，因农产品货币关系使其所有权得到转移的买卖过程，才构成分销渠道。

(4)分销渠道是指某种农产品从生产者到消费者所经历的过程。分销渠道不仅反映农产品价值形态变化的经济过程，也反映其实物运动的空间路线。

农产品经营企业的农产品能否及时销售取决于分销渠道是否畅通。分销渠道是生产者之间、生产者与消费者之间商品交换的媒介，其功能可以从以下两方面进行分析。

1. 传统观点方面

(1)集中农产品的功能。流通部门可以根据市场预测国家计划，收购农产品生产者生产的农产品，并将其集中起来。

(2)平衡供给的功能。通过分销渠道可以按照市场的需求，从种类、数量、时间等方面调节市场供给，以满足市场需求，实现供需平衡。

(3)扩散商品的功能。利用分销渠道，可以把农产品扩散到不同的区域、不同部门和各个企业中，以满足消费者不同的购买需求。

2. 现代观点方面

(1)完成农产品的所有权和实物向消费领域转移的功能。营销机构按照市场需求向农产品生产者下单订货。在订货过程中双方就农产品的各个方面达成一致协议，货款交付后，农产品的所有权转移到营销机构手中，并通过分销渠道将产品转移到消费者手中。

(2)为生产减轻资金压力的功能。农产品生产者生产出的农产品如果由自己直接经营销售，则农产品实现价值转移的时间会相对较长，此时生产者不能及时得到足够的资金而难以进行正常的生产。如果通过分销渠道进行销售，则由营销机构预付资金以购入农产品，然后再分销，可以使生产者得到资金并执行下一步的生产计划。

(3)促进销售的功能。营销机构会通过促销手段如广告、展场等刺激消费者的购买欲望，并利用良好的信誉进一步劝服消费者购买。

(4)信息渠道的功能。分销渠道能够帮助企业收集、传递消费者对农产品的要求，也可以收集潜在顾客的要求，帮助企业改进农产品的供给情况。

(5)承担风险的功能。流通部门由于对生产者的农产品进行收购，承担了相应的风险如农产品损耗等，为消费者提供风险保证。

(6)为消费者提供农产品的功能。通过分销渠道，可以为细分市场的目标对象提供品种齐全的农产品，以满足其不同的需求。

农产品分销渠道成员具有市场调研、促进销售、开拓市场、编配分装、洽谈生意、实体储运、资金融通和风险承担等功能。其中，前 5 项主要是促成交易，后 3 项主要是辅助交易。相关功能和任务交由中间环节来完成，有利于农产品生产者节省资源、费用和提高经济效率。

由此可见，农产品分销渠道的功能较多，其作用也显而易见。从国家层面上看，分销渠道的存在使整个社会在生产过程得以顺利进行，同时分销渠道能够调节农产品产、供、销的平衡，对增加国家税收、扩大就业起着重要作用。

从企业层面来看，其一，销售渠道是农产品经营企业进入市场的重要选择。企业的产品只有通过销售渠道，进入消费领域才能实现价值形态。其二，分销渠道是企业的重要资源。市场资源是企业最重要且最难控制的资源之一，同时也关系到企业未来的生存与发展。其三，分销渠道是企业节省市场营销费用，加快农产品流通的重要措施。农产品经营企业能够借助分销渠道使农产品流通加快，节约流通环节的人力、物力等，加快资金的周转。

从消费者层面上看，分销渠道为消费者获得物美价廉的农产品提供了方便，由于分销渠道的存在，农产品流通过程的流通费用减少，降低了销售成本，使消费者从中受益。同时分销渠道的存在使农产品的品种能够集中在一起，节约了消费者的精力与时间，满足了不同消费者的偏好与需求。

目前，农产品营销渠道的发展呈现出新的发展趋势。

(1)农产品渠道结构短化。消费者的需求日益多样化，其对农产品营销渠道过程参与的程度也越来越高。信息技术为异地交易提供了方便，便利的运输大大提高了农产品物流的速度。消费者可以在市场上购买自己需要的农产品，例如，美国 78.5%的农产品通过“生产地—配送中心—超市、连锁店—消费者”的渠道完成其分销过程。只有20%的农产品通过“生产者—批发市场—销售渠道”的传统农产品营销渠道。农民的集贸市场只占 1.5%。这种渠道环节少、物流快、成本低、效率高的渠道结构已在全球形成发展趋势。

(2)渠道系统的一体化。渠道系统的一体化分为垂直一体化、水平一体化和渠道集成化。垂直一体化是由生产者和中间商组成的一种合体，以生产为中心的垂直一体化被称为向上垂直一体化，以中间商为中心的垂直一体化被称为向下垂直一体化。例如，我国的“公司＋基地＋农户”模式是一种典型的以生产者为中心的垂直一体化。水平一体化是由两个或两个以上渠道成员利用各自优势联合开拓农产品市场机会。渠道集成化，也称多渠道化，是指同时运用两个或两个以上的营销渠道通路进入某一细分市场。

(3)渠道内部关系从交易关系向合作联盟发展，即农产品营销渠道成员之间逐渐建立起在交易关系基础上的合作关系、在合作关系基础上的伙伴关系和在伙伴关系基础上的联盟关系。

二、农产品分销渠道的类型

(一)直接分销渠道

农产品生产企业不通过中间商环节，直接将农产品销售给消费者。直接渠道是中小城镇蔬菜等农产品最主要的销售渠道。

(1)直接分销渠道的优点。这种渠道非常直接，没有任何中间环节，有利于生产者避免经纪人、中间商、零售商的盘剥；有利于农产品生产者与消费者沟通信息，卖者可以深入地了解目标市场的需要，而买者可以更好地掌握农产品的性状；可以加快农产品流转，降低农产品在流通过程中的损耗；生产者可以针对最终客户开展促销活动。

(2)直接分销渠道的缺点。由于绝大多数农产品的购买都是少量化、多样化和重复化的，因此生产者仅靠自身力量设立销售网点将会大大分散精力，最终可能导致事与愿违，难以快速拓展市场；中间商在了解市场行情、消费者需求方面比农产品生产者经验丰富，市场营销能力更胜一筹，生产者舍弃其在专业领域的优势，以己之短开拓市场将会寸步难行。

(二)间接分销渠道

农产品经营企业利用中间商将农产品提供给消费者，其典型形式是生产者→批发商→零售商→消费者。

(1)间接分销渠道的优点。中间商在农产品分销中能够调节生产与消费的矛盾，更能促进农产品的分销和扩大市场；中间商缓解了生产者在营销过程中人力、物力和财力的不足，有利于生产者资金循环；中间商对所经销的同类农产品的不同宣传和推广对农产品销售的影响很大，如果生产者与中间商结成纵向协作关系，将大大有利于本企业农产品的销售。

(2)间接分销渠道的缺点。中间环节的增加可能导致分销缓慢，如果中间商措施不力，则农产品整体的销售进展就会大受影响；中间商参与的间接分销有可能加重消费者的负担从而出现抵触情绪；不便于生产与消费直接沟通信息；由于流通过程中经过多个环节和多重中介主体，农产品在市场中所得到的交换利润绝大部分容易被以追求利润为目的的中间商所掠夺，农产品生产商往往得不到农产品市场交换中的平均利润，且要承担卖难的风险，这严重挫伤了生产商的生产积极性。农业部的一项调查研究显示，农产品价格的形成一般要经过五个环节，其中收购、运输、加工和销售环节对其最终价格影响最大。以西红柿为例，从寿光产地农民手中到北京超市再到北京市民手中一般要经过六大过程，33 个发生费用的环节，每斤西红柿农民仅获利 0.2 元，其他环节如批发商、超市零售商等获利 1.31 元。据商务部的统计，在我国农产品销售价格中，流通成本占了 50%，而且我国农产品流通过程中参与的个体和组织众多。但这种分销渠道仍是目前我国农产品营销渠道的主要形式。

(三)长渠道和短渠道

流通环节的多少使得分销渠道具有长短之分，具体有以下四层(图 7-1)。

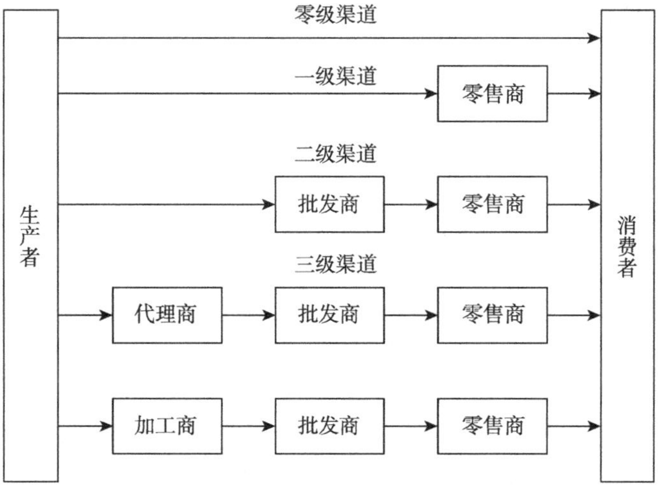

图 7-1　农产品的层级渠道

(1)零级渠道：生产者→消费者。其是指生产者直接将农产品出售给消费者，不经过任何中间环节，没有中间商介入的简单结构。例如，农户把自产的产品(鸡、鸭、蛋等)运到农贸市场自行销售。这种销售渠道的环节最少、费用最小。

(2)一级渠道：生产者→零售商→消费者。生产者将农产品先出售给零售商，再由零售商出售给消费者。这种销售渠道环节较少，适用于鲜活农牧产品(如草莓、活鱼等)销售。

(3)二级渠道：生产者→批发商(代理商)→零售商→消费者。生产者将农产品先出售给批发商，再转卖给零售商，最后出售给消费者。这种销售渠道适合储存期较长的畜产加工品(如罐头类食品、皮毛类制品)。

(4)三级渠道：生产者→代理商→批发商→零售商→消费者。这种销售渠道通过代理商将农产品卖给批发商，再转卖给零售商，最后出售给消费者。由于代理商了解市场行情，销售经验丰富，因而推销成功率高。

(5)三级渠道：生产者→加工商→批发商→零售商→消费者。这种渠道主要适用于那些需要加工后才能销售的农畜产品。例如，生猪、菜牛等需要先运到屠宰场屠宰、加工，然后才能进一步销售。采取这种渠道必须在农产品产地设有农产品加工厂，方便生产者直接出售农产品。

由此可知，零级渠道最短，三级渠道最长。如果农产品分销经过两个或两个以上中间环节，称为长渠道；农产品经营企业仅采用一个中间环节或直接销售，称为短渠道。长渠道的渠道长、分布密，能有效地覆盖市场，扩大农产品销售范围和规模，但中间环节较多也带来流通费用高、价格调整余地小、信息反馈慢且失真等弊病，因此采用长渠道时有必要充分协调渠道成员的关系。短渠道削减流通环节和流通费用、流通时间，加快信息反馈，大大提高了农产品分销效率，但短渠道降低了渠道成员的风险分担能力，也难以延伸市场范围和拓展覆盖面。从生产者的角度来看，渠道的长度越长，获取终端消费者的信息难度越大，渠道控制的难度也越大，因而，农产品经营企业的营销人员在设计分销渠道时需要把握对某些中间环节的取舍。

(四)宽渠道和窄渠道

农产品分销渠道的宽窄是指渠道中每个环节同类型中间商数目的多少。农产品经营企业使用的同类中间商多，农产品分销面广，能大量接触消费者，大批量地销售农产品，称为宽渠道。农产品经营企业使用的同类中间商少，分销渠道窄，则称为窄渠道。独家分销是最窄的渠道。农产品分销渠道的长短、宽窄均是相对的，评判其优劣与适用与否都要依具体情况而定。一般而言，日用消费农产品可由多家批发商经销，转卖给更多的零售商，可采用宽渠道。

农产品从生产者到消费者手中有多种类型，在这个转移的过程中，渠道成员之间会发生各种各样的业务联系，这些业务联系构成了“渠道流程”。这些流程将农产品在一定的时间以一定的方式运送到一定的地点交至消费者手中，分销渠道主要由以下流程构成。

(1)实物流，是指农产品实物通过有效的装配、包装、存储、运输等传送直至消费者的一系列活动，最终的功能是完成了农产品实物的转移。

(2)所有权流，是指农产品的所有权从生产者到消费者之间的流转过程。农产品只有到达消费者手中才实现其价值的让渡(图 7-2)。

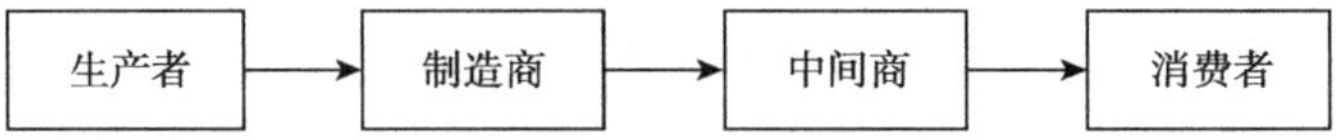

图 7-2 农产品的所有权流

(3)促销流，是指企业采用广告、展示等方式进行的促销活动(图 7-3)。

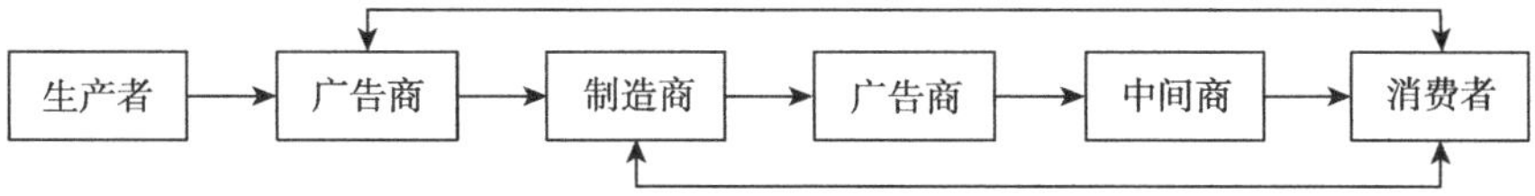

图 7-3　农产品的促销流

(4)信息流，是指市场信息的传递和共享，向消费者施加影响的各种活动(图 7-4)。

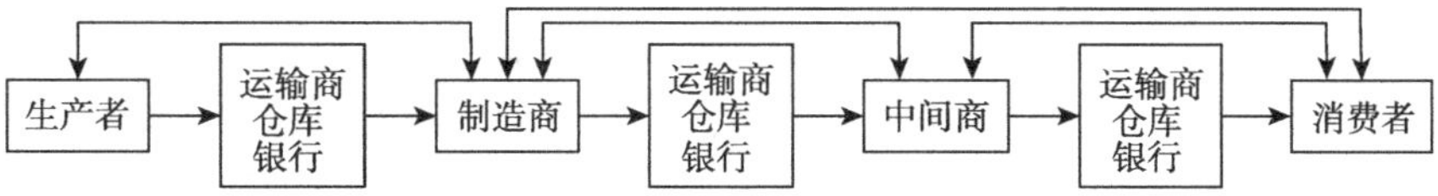

图 7-4　农产品的信息流

除此之外，分销渠道还包括融资流、风险流等。

第二节　农产品分销中间商

农产品分销中间商是处于农产品生产者和消费者之间，从事农产品流通，促进农产品交易，具有法人资格的农产品经营机构或个人。

中间商能够解决整个农产品流通过程中的许多问题：①许多农产品生产者缺乏进行直接营销的资金，导致针对终端消费者的销售难以进行。②在某些情况下，农产品生产者进行直接营销成本过高，大于中间商分销所产生的成本，从而不采用直接营销。③尽管有些农产品生产经营企业或个人有能力建立自己的销售渠道，但通常他们不愿意采用纵向一体化的战略，而希望将人力、物力尽可能地投入到自身的核心竞争力中，此时选择合适的营销渠道，可以将农产品运输到较远的地方，从而扩大农产品的销售范围。④中间商的存在使得农产品的交易次数降低，减少了农产品经营企业在流通领域中积压的农产品和资金，加速了资金周转，大大提高了交易效率。

一、农产品批发分销渠道

(一)农产品批发商的含义与作用

农产品批发商处于农产品流通的中间阶段，以农产品生产企业和零售商为交易对象，一方面向生产企业购进农产品，另一方面转手向零售商批销农产品。通常认为，批发商是农产品流通的大动脉和关键性环节，批发商不仅是连接生产商和零售商的枢纽与桥梁，也是调节农产品供求的蓄水池。

(1)批发商是农产品生产商的推销中心和零售商的采购中心，其存在大大减少了买卖双方的交易次数，节省了流通费用。

(2)批发商对农产品的分类、分级方便了零售商组织销售，适应了零售商快进快销、农产品品种多而数量少、资金周转快的特点。

(3)批发商汇集了生产商和零售商两方面的信息，是生产者与消费者信息沟通的桥梁，不仅提高了农产品市场的透明度，也减少了生产商和零售商的盲目性。

(4)批发商可以通过仓储和运输调节不同时间、地区的农产品供求，产生良好的地点效用和时间效用。

(5)批发商还具有广告宣传、提高农产品口碑、诱导消费者购买欲望等多种服务功能。

(二)几种主要的农产品批发商

(1)独立批发商。独立批发商是指自己从农产品生产商处进货，取得农产品所有权后再批发出售的农产品经营机构或个人，是批发商的最主要的类型。独立批发商按职能和服务也可分为两种：一种是完全服务批发商，具有批发商的所有职能，包括存货、运送农产品及协助管理等；另一种是有限服务批发商，为了能够减少开支和降低进货价格只执行批发商的部分职能。有限服务批发商还可以进一步细分为：①现购自运批发商。该类批发商既不进行赊销也不承担送货的行为，消费者需要自行去仓库选购农产品，货款需要及时付清，并将自己采购的农产品自行运回。②承销批发商。该类批发商则是通过消费者的订货单，向农产品生产者进货，并通知生产者将农产品直接运送给顾客，该类批发商不需要仓库也不存在农产品的库存，一般只有办公室或者营业场所，较大程度地减少了经营成本。③托售批发商。该类批发商在超级市场或其他大型商店设置货架，展销其经营的农产品，卖出后零售商给予货款，但此类批发商的经营费用极高，需谨慎采用。④卡车批发商。该类批发商也不需要仓库和库存，是直接从生产者处取得农产品并装载在车上，立即运送到各个零售商或超市等，实际上是执行推销和送货的功能等。

(2)经纪人和代理商。经纪人和代理商不取得农产品的所有权，只是在农产品生产商与零售商之间从事购销方面的洽商和有限服务，其主要职能是促成农产品交易，并以此获取佣金。经纪人和代理商包括以下几种：①农产品经纪人，为买卖双方牵线搭桥、协助谈判，成交后向雇主收取佣金，自身没有农产品，也不承担风险。②生产商代理，代表数个生产商并分别与之签订定价策略、目标市场、订单处理及佣金比例等正式合同。他们对每个生产商的产品线较为了解，并利用其广泛的关系来销售农产品。③销售代理商，为委托人销售合同规定的农产品，对价格条款及其他交易条件可全权处理。④采购代理商，一般与消费者存在稳定的长期关系，代委托人采购、收货、验货和储运，消息较为灵通，可向消费者提供市场信息，而且能够以较低价格获得农产品。

(3)生产商的分销机构及零售商的采购办事处。两者均属于自营批发业务的内部组织。前者具有农产品储运和销售服务的职能，主要从事农产品销售，没有仓储设施和库存，设置目的是改进农产品存货控制、销售和促销；后者的作用与经纪人或代理商类似。

二、农产品零售分销渠道

(一)农产品零售商的含义与作用

零售是指所有向最终消费者直接销售产品和服务，且产品和服务用于个人及非商业性用途的活动。农产品零售商处于生产者或批发商与最终消费者之间，在农产品分销系统中数量最多，也是农产品流通的最后一个中间商环节。零售商购买农产品的目的是向消费者出售从而获利，它既是生产者的营销者和消费者，要从事分级整理、促销和收集需求信息，也要向消费者提供满意的农产品。零售商通过把农产品从生产商或批发商转移到目标市场从而创造空间效用；通过库存随时向消费者供应从而创造时间效用；通过所有权转移来承担风险从而创造所有权效用。

（二）几种主要的农产品零售商

(1)商店零售商或零售组织。其主要有连锁超市和农贸市场两种形式。跟传统的农贸市场相比，连锁超市采取统一采购、统一配货、统一定价的经营方式。统一采购是指直接从农产品生产基地进货，最大限度地减少中间环节和流通费用；统一配货经过严格的筛选、包装、加工和检测，不仅能保持生鲜农产品新鲜和食用安全，而且能够多元化地满足市场需求；另外，超市的营业时间长、购物环境也较好。尽管如此，农贸市场也有其优势，如营业时间早、蔬菜和水果等价格明显低于超市、可以讨价还价等。

(2)非商店零售商。非商店零售商包括两类：一是网络营销，是基于开放便捷的国际互联网络，通过数字化信息和网络媒体对农产品开展的一系列营销活动。网络营销是一种新型的商业营销模式，消费者可以根据个性需求在全球范围搜索满意的农产品，随意获取农产品信息并决定是否购买，大大提高了消费者的购物效率。二是直接销售，可以分为挨家挨户推销、逐个办公楼推销和举办社区促销会等形式。由于需要支付较高的人员费用，因而直接销售农产品的成本费用并不低。

农产品中间商是农产品分销渠道的重要组成部分。在市场营销活动中为生产者和消费者带来了方便，也缓解了生产与需求之间的矛盾，为农产品顺利进入市场创造了良好的条件，但是中间商的选择受到几个方面的影响：①中间商是否与目标市场一致。只有中间商的销售对象与农产品的目标对象相一致才能利于农产品进入市场。②中间商的经营能力是否足够。中间商的资金力量雄厚程度、信誉程度、仓储运输能力的高低直接影响了农产品的销售量、销售利润、市场占有率等。③中间商在市场中的竞争情况。中间商是否在经销竞争对手的农产品，当中间商已经在经营竞争对手的农产品且本企业的农产品处于劣势时，农产品经营企业则需要考虑避开该中间商，若本企业的农产品竞争力处于优势则争取该中间商，以增强本企业产品的声誉和市场竞争力。

农产品经营企业必须进行深入的市场调查，准确地掌握中间商的具体情况，通过对不同中间商的全方位分析与比较，从中选择适合自己企业的中间商，建立农产品分销系统，为农产品进入消费领域创造良好的条件。

第三节 农产品分销渠道设计与管理

理想的农产品分销渠道，应对目标市场的覆盖能力强，使目标市场的消费者满意程度高，并能为农产品生产者提供较大的利润空间。

一、农产品分销渠道设计的影响因素

(一)农产品因素

不同类型的农产品适用不同的分销渠道。农产品因素主要包括以下几方面。

(1)农产品的价格。农产品单价高的宜采用短渠道，最好是直接销售，通过减少流通环节来降低流通费用；农产品单价低的则可以采用长而宽的间接分销渠道。

(2)农产品的重量和体积。农产品的重量和体积影响其运输与储存费用。体积和重量较大的农产品宜采用短渠道，从而减少损耗、节约储运费用；体积和重量较小的农产品则可采用较长的渠道，以求深入渗透进目标市场。

(3)农产品的季节性。农产品生产与消费的季节性和时间性都很强，这就要求农产品的供货速度要快，因此生产者要充分利用中间商进行销售，渠道相应就宽些。

(4)农产品的理化性质。易腐、不耐储运的鲜活农产品应设计短而宽的分销渠道，以缩短流通时间、保持农产品新鲜和减少损耗；茶叶等耐储运的农产品则可设计长而宽的渠道。

(5)农产品所处的生命周期阶段。农产品所处生命周期的不同阶段，对分销渠道的设计要求也有所不同。投入期的农产品还不被人们所认识，中间商不愿经销，为使消费者尽快接受，生产者可以组织强有力的推销队伍直接推销，因而可以设计短而窄的分销渠道；成长和成熟期的农产品，消费需求旺盛，生产者要扩大市场份额，就需要借助中间商的力量，设计长而宽的分销渠道以扩大市场覆盖面。

(二)市场因素

(1)目标市场范围。市场范围大的农产品，消费者的地区分布就较广泛，农产品经营企业的分销渠道可设计的长而宽；反之，若目标市场近、范围较小，则可以设计短渠道。

(2)市场集中度。市场集中度高的农产品，可以设计短渠道；如果农产品市场集中度低、消费者分散，则有必要发挥中间商的力量而采用宽而长的分销渠道。

(3)单次销售批量。单次销售批量大的农产品可以减少中间环节，因而可设计短渠道；单次销售批量小、交易频繁的农产品可以采用长而宽的分销渠道。

(4)市场竞争状况。为了方便消费者对不同品牌和价格的同类农产品进行挑选，农产品经营企业有时会选择与竞争对手相同的分销渠道；但有时为了避免竞争加剧，企业也会选择与竞争对手不同的分销渠道。

(三)企业因素

(1)企业的规模和商誉。农产品经营企业的规模越大、商誉越高，越具备农产品分销能力，在渠道成员中的主动权就越大，此时，企业设计的分销渠道就可以较短，甚至可以在外地自设分销机构与网络，从而缩短与最终市场的距离；反之，如果企业无力分设销售点就要更多地依靠中间商的力量进行分销。

(2)企业的营销管理与服务能力。如果企业市场营销经验丰富、管理能力强，能够为消费者提供全面的农产品性状与食用介绍，则可以考虑设计较短的分销渠道；反之，企业缺乏营销管理与服务能力，就需要借助中间商来分销。

除此之外，农产品分销渠道设计还受到消费者、中间商和环境等因素的影响。例如，渠道设计受到消费者人数、地理分布、购买频率、对不同促销方式的敏感性等因素的影响，当消费者人数较多时，农产品分销渠道适宜采用长渠道。又如，设计渠道时要考虑不同中间商的优缺点，评价其在成本和提供服务上的优劣势。

二、农产品分销渠道设计的程序

在设计分销渠道之前，农产品经营企业需要了解目标市场消费者购买商品的种类、购买农产品的地点、购买原因及购买时间等内容。营销人员还必须了解目标消费者需要的服务产出水平，即消费者购买农产品时所期望得到的服务类型和水平。在此基础上才能更好地设计出有效的分销渠道。设计一般需要经历以下几个程序。

(一)确立渠道目标

农产品分销渠道的设计，要求以最低的渠道费用达到总体的营销要求。以此为目标，农产品经营企业分析影响渠道选择的主客观因素，针对不同的目标市场设计最佳的农产品分销渠道。

(二)选择渠道类型

农产品经营企业根据内外条件与环境，决定采取自设分销网点或上门推销的短渠道，还是与中间商合作建立长渠道。分销渠道类型的选择首先要确定渠道长度。目前，包括两个中间层次的“生产者→批发商→零售商→消费者”模式是比较典型的农产品分销渠道类型，企业在设计与选择中可以根据实际情况而定。农产品经营企业选择长渠道销售策略时可参考以下几个条件：①生产与消费在时间上距离长、空间范围较大的农产品；②消费者数量较多但过于分散的农产品；③生产或需求具有明显的季节性的农产品；④消费者每次购买量少但频率高，属于价格敏感型的农产品；⑤技术工艺和标准化程度较低的农产品；⑥销售中期及售后不需要进行技术指导和服务的农产品。若选择短渠道销售策略则可考虑：①生产与消费在时间上距离较短、空间范围小的农产品；②生产者财力雄厚、有较强的技术支撑能够大批量生产的农产品；③消费者较为集中且大批量购买的农产品；④生产与需求保持相对稳定的关系的农产品；⑤消费者购买数量少但价格偏高的农产品；⑥易腐烂易损坏的农产品；⑦需要高技术工艺和高标准化程度的农产品；⑧产品种类繁多、需求变化波动大及新的农产品。

一般而言，高技术性、高服务、高保险要求的农产品需要短渠道；而单位价格低、标准化的日常需要的农产品则采用长渠道。从市场状况而言，消费者较少但集中时采用短渠道；否则，采用长渠道。如果企业自身的规模足够大，能够进行营销，则可以使用短渠道；否则，采用长渠道。分销渠道的长度取决于该类型能否提高分销的效率以及经营的效益，因此农产品经营企业需要针对自身的情况以及市场的环境等选择合适的分销渠道及长度。

(三)确定中间商数目

确定每个渠道层次使用多少中间商，即确定农产品分销渠道的宽度。该决策通常取决于农产品自身的特点、市场容量大小及市场覆盖面的宽窄。一般有三种策略可供选择。

(1)密集分销策略。这是一种农产品经营企业在同一地区内对各类中间商的数目不加以限制，要求越多越好，借助大量的批发商、零售商等中间商来分销农产品，尽量加宽渠道的策略。该策略能迅速扩大市场覆盖面，使消费者随时随地买到农产品。但采用该策略的农产品经营企业必须充分考虑到，其所面临的每个中间商都有可能同时经销多个企业甚至是竞争对手的农产品，从而中间商不可能为其经销的每一种农产品均提供如广告宣传、人员促销等所需要的费用，这就要求农产品经营企业向中间商提供一定的经济支持，从而增加了企业的渠道费用。由于中间商数目过多，因此农产品经营企业难以控制每一个渠道的行为，这是采取密集分销的劣势所在。

(2)独家分销策略。其是指农产品经营企业在一个区域只选定一家中间商合作，双方协商签订合同让中间商专门、独家经销或代销农产品，经销公司在享有农产品经销特权下享有经营上的排他性，而生产者规定经销商不得经营其他竞争性农产品。独家分销是一种最极端、最窄的农产品分销渠道，有利于生产者控制中间商，提高流通环节效率和获得高的利润率。需要注意的是该策略也存在如下缺点：①在该区域的生产者过于依赖这一家中间商，从而容易受到其控制；②在一个区域内选定一家合适且满意的中间商的搜寻成本极高，同时风险也大，如果因选择不当或其他环境发生变化，可能会完全丧失目标市场；③一个区域只有一家中间商，推销能力相对有限，容易失去潜在消费者。

(3)选择性经销策略。其是指生产者在某一区域挑选几家合适的中间商分销农产品，是一种介于密集分销和独家分销之间的策略。该策略的市场覆盖面比独家分销宽，有利于开拓市场；比密集分销窄，有利于加强对中间商的控制和管理，也能节省营销费用。其策略重点是巩固农产品经营企业的市场地位，维护农产品声誉。

(四)规定渠道成员的条件和义务

农产品经营企业确定了分销渠道的长度和宽度之后，要进一步规定渠道成员的条件和应尽的义务，内容主要涉及价格政策、分销条件、权利范围及责任义务。价格政策要求生产者拟定价格，对不同地区和类型的中间商给予不同的价格折扣并获得中间商的认可。分销条件是中间商付款及生产者的担保，对付清及时、结清货款的中间商要给予现金折扣，生产者也应向中间商提供相关的质量保证和跌价保证，跌价保证对于激励中间商购货具有重要作用。除此以外，生产者还应明确中间商的特许权力，在交货时间、结算条件等方面都做出明确规定。

(五)选择渠道成员

农产品经营企业在招募渠道成员时，常处于两种极端情况：一是不花费力气就找到特定的商店使之成为渠道成员；二是费尽心思才能找到预期数量和良好质量的渠道成员。然而，不论农产品经营企业处于何种情况，都需要明确渠道成员的优劣所在，因此渠道成员的选择要考虑以下因素。

(1)地理位置。中间商的地理位置对于农产品分销至关重要，选择中间商时要考虑其是否接近消费者，是否便于农产品的运输和调度。

(2)分销能力。其主要考察中间商是否有稳定和高效的分销队伍、健全的分销组织、完善的分销网络和丰富的分销经验。

(3)基础设施。一定的基础设施和储运条件是中间商必备的，特别是易腐、不耐储运的农产品对基础设施要求更高。

(4)信用与财务状况。良好的中间商应有良好的信用与财务记录，这关系到其是否可以按期付款，因此生产商对此要严加考察。

实际上，选择的过程依旧是“双向选择”的过程，不仅农产品经营企业在寻找和选择渠道成员，中间商也在选择农产品经营企业。因此，为了能够获取高质量的渠道成员，农产品经营企业必须让渠道成员认可其农产品在市场中的可行性。

(六)评估渠道方案

对各种备选渠道方案进行评价，主要标准有三个，即经济性、可控性和适应性。

(1)经济性标准。经济性标准是最重要的评价标准，因为农产品经营企业最终也是追求利润的，而非追求渠道的控制性。因此，许多企业常常面临这样一个问题，使用自己的推销力量还是选择销售代理商。实际上，这主要考察的是本企业直接推销与使用中间商哪种方式的销售额更高，哪种方式的支出费用更大。

(2)可控性标准。使用中间商进行分销涉及控制的问题，企业自销对渠道的控制能力最强，分销渠道也最为稳定，但人员推销费用较高，市场覆盖面有限。而中间商分销的渠道可控性弱于直接分销，由此导致的分销渠道不稳对农产品经营企业的市场拓展具有重要影响。一般认为，特约经销或特约代理关系的中间商较容易控制。同时，需要注意，中间商也是一个独立的企业或个人，它也关心自己怎样能获得最大的利润，因此会出现不愿与相邻地区的同一委托人的中间商合作，或可能无心了解与委托农产品相关的技术细节等问题。

(3)适应性标准。一个分销渠道就意味着一个渠道成员关系，这个关系并非固定不变的，也存在是否适应市场变化的问题。农产品分销渠道应与当地的市场结构、收入水平、消费习惯相适应，并能根据不同时间的销售状况采取不同的应变措施。

三、农产品分销渠道管理

农产品分销渠道管理首先需要解决的是与渠道成员之间的合作、冲突与竞争的关系。渠道合作，是指同一渠道通路中各个成员之间为了实现共同的利益目标而形成的合作行为，即成员自觉、自愿地按照事先达成的协议或合同履行职能，维护共同利益，使分销渠道正常运行。分销渠道是因各个成员之间存在共同利益而联结，为了实现各自需求而形成的，且各成员共同合作所获得的利益将大于各自单独从事分销工作所得的利润。渠道冲突，是指某渠道成员意识到其他成员从事损害、威胁其利益或以牺牲其利益为代价获取稀缺资源的活动，从而引发的争执、敌对和报复等行为，渠道冲突可分为水平渠道冲突和垂直渠道冲突两种类型。前者是指处于同一渠道层次的各渠道成员之间的冲突，需要渠道领导者制定相关政策缓和这些冲突，以免影响渠道的向心力。后者是指统一渠道中不同层次的渠道成员之间的利益冲突，此时也需要渠道领导者确立一系列目标并强化渠道内部的管理职能，增强渠道成员之间的信任感从而消除冲突。渠道竞争，是指同一系统内不同企业之间或不同系统之间为了同一目标市场而展开的竞争。在进行农产品分销渠道管理时，更重要的是对中间商进行定期评估和激励，以期渠道的顺利运行。

（一）定期评估中间商

农产品经营企业要定期评估中间商的绩效，通过一系列的考核标准来检查中间商的表现。考核指标主要有销售目标完成度、存货水平、交货快慢程度、对腐烂和损伤农产品的处理等。其中，销售目标完成度最为重要。

1. 合同约束与销售配额

农产品经营企业应当在合作初始与中间商签订相关的绩效标准及奖惩的措施，以避免后续工作出现不当。合同中应明确经销商的责任，以及考核的相关指标。除此之外，还需定期发布销售配额，确定目前的预期绩效。农产品经营企业要动态考察和定期公布对中间商的考核结果，如根据销售额大小排出优先次序，以鼓励先进中间商继续保持，鞭策落后中间商奋力直追。

需要注意的是，排名不仅要看销售水平的绝对值，也要考虑不同中间商所处的市场环境，以及其农产品大类在各中间商全部农产品组合中的相对情况。

2. 测量中间商绩效的两种方法

(1)将每一个中间商的销售绩效与上期绩效相比较，以整个群体的波动百分比作为参考标准，对低于平均水平的中间商加强评估与激励，并对后进中间商的环境因素进行调查，看是否存在客观原因，明确哪些因素在以后可以弥补。一般而言，农产品经营企业不宜对经销商进行惩罚。

(2)将各中间商的实际销售额与潜在销售额进行比较得出比率，并将各中间商按优先次序进行排列。这样，农产品经营企业的调整与激励措施可以集中用于未达到既定比率的中间商。

如果中间商的评价结果不佳，农产品经营企业应当帮助中间商找出原因，同时还要考虑补救方法。当放弃或更换中间商会产生更糟糕的结果时，农产品经营企业只能容忍。当预测不会出现更坏的结果时，应要求评价结果不佳的中间商在一定时期内改进，否则取消其资格。

（二）激励和扶持渠道成员

生产商在选择确定中间商或者评价中间商后，为了更好地实现农产品经营企业的营销目标，促使中间商与自己更好地合作，需要采取各种措施不断给予中间商激励，以此调动中间商经销企业农产品的积极性，并通过激励与中间商建立起良好的关系。激励中间商的方法较多，不同的农产品经营企业采用的方法也不尽相同，即使同一企业，对于在不同地区或者销售不同农产品的中间商所采取的激励方法也不同。

激励中间商，首先，要向其提供物美价廉、适销对路的农产品，只有农产品畅销，才能加快中间商的资金周转，早日完成销售目标。其次，要合理分配利润，生产者要努力与中间商成为“风险共担、利益均沾”的紧密利益共同体。这主要包括对中间商的扶持，适当延长中间商的付款期限，以缓解其资金不足的困难；将企业掌握的市场与农产品信息及时向中间商传递；帮助中间商策划促销活动，并提供宣传品和一定的广告补贴、陈列经费等。

农产品经营企业还可通过一些权力来赢得与渠道成员(即中间商)的合作，这些权利主要包括以下几种。

(1)强制力，即对于不合作的中间商，生产商可威胁撤回某种农产品或终止合作关系而形成的权力。如果中间商依赖生产者的意向越强烈，这种权力的效果就越明显。

(2)奖赏力，即生产者给执行了某种职能要求的中间商支付额外报酬所形成的权力。但值得注意的是，奖赏力容易导致一种负面效应，即中间商为生产者服务往往是因为能够获得额外的报酬而不是因为出于职业道德的诉求。每当生产者要求中间商执行某种职能时，中间商往往会向生产者要求更高的报酬。

(3)法定力，即生产者要求中间商履行双方合同而执行某些职能的权力。

(4)专长力，即生产者因拥有某种专业知识而对中间商造成的控制力，也就是生产者借助复杂精密的系统或具有专业知识培训的服务以控制中间商所形成专长力。如果中间商得不到这些专业服务，经营就难以成功；而一旦将专业知识赋予中间商，这种权力的效果就会减弱。

(5)感召力，即中间商认为生产者极具声望，愿意与之建立长期合作关系，因而会心甘情愿地按照生产者的指令完成职能要求。

一般地，生产者应尽量避免使用强制力，转而采用如奖赏力、感召力等其他权利，这样能够使效果更加明显。总体而言，激励方法的选择要有针对性，农产品经营企业在选择激励方法前需要分析不同的中间商的需求，尽可能地满足其需求。如果不分析中间商的需求而随意采取激励手段，会导致激励效果不佳甚至适得其反，从而也浪费了农产品经营企业的人力、财力。在进行激励时还需要注意使用多元手段，如果中间商与农产品经营企业之间只存在利益关系，那么在市场不稳定时，中间商就容易流失。因而，农产品经营企业在加强自身发展时，需要与中间商不断地沟通、交流，扩大与中间商的合作领域，加强本企业对中间商的影响力。

(三)渠道调整

市场营销环境的变化使得农产品分销渠道的效率和经济效益发生相应变化，因此，适时调整渠道成员抑或渠道策略就显得非常重要。一般而言，分销渠道的调整分三个层次。

一是精减中间商，即在同一销售渠道中减少个别中间商。企业决定减少中间商时需要进行经济效益分析，对于经营不善的中间商考虑削减，以免影响整个渠道的效益。例如，农产品经营企业决定在其目标市场减少一家批发商，需要考虑这种做法会给企业带来多大影响，是否会引起渠道中其他成员的反应。一旦决定减少某些中间商，企业还需要采取相应的措施，防止在渠道成员中出现不必要的矛盾。

二是精减分销渠道。如果生产者不能通过精减中间商提高渠道效率，就要从分销渠道本身找原因，酌情考虑对分销渠道进行精简。采取这种方式时，也要对可能在渠道成员中产生的直接或间接反应及市场的经济效益进行广泛的分析。例如，某一销售渠道销售农产品经营企业的某一农产品，其销售额一直不理想，那么农产品经营企业就可以考虑在目标市场上撤销这种渠道，重新设计或增加其他的渠道。

三是调整整个分销渠道策略。如果以上调整不能使渠道效率得到根本的改善，就要从企业整体的渠道策略选择角度进行思考，包括产品策略、价格策略、促销策略等。这种调整的难度较大，因为其不是在原有分销渠道上进行完善，而是改变整个企业的销售系统，同时也会引起该企业市场营销组合的一系列变化。

☞策略介绍

一、我国农产品分销渠道发展策略①

(一)整顿农产品批发市场

目前，由于农户的农产品生产比较分散，“农户＋批发商→消费者”的分销渠道模式依然占据着主要地位，我国还不能马上脱离这种分销渠道模式。为了保障我国农产品分销渠道的通畅，应采取积极措施整顿我国农产品批发市场。一是加强对批发市场的基础设施建设，如整修简陋的市场，有效合理地利用批发市场空间，配置鲜活农产品保鲜、冷藏设备等。二是加强地方政府对批发市场的监管力度，有效地规范批发商的市场行为及批发市场的经济秩序。

(二)大力发展“农户＋合作社＋龙头企业→消费者”分销渠道模式

“农户＋合作社＋龙头企业→消费者”分销渠道模式在渠道关系、权利结构及流通效率等方面具备相对优势。实际上，我国农业专业合作社和龙头企业的数量都不算少，但是相对于我国农业发展需求而言，农业合作社和龙头企业的发展仍显滞后，因此要在条件允许的情况下，增加农业专业合作社数量，扶持龙头企业发展，带动农户积极加入农业专业合作社，有效地发挥龙头企业的作用。

(三)积极推广“农户＋代理商＋超市→消费者”分销渠道模式

相对其他农产品分销渠道模式而言，“农超对接”分销渠道模式具有渠道关系较稳定、权力机构低度平衡、流通技术相对发达、流通效率较高等优点。农户和超市联合可以明显减少渠道流通成本，切实降低农户生产的盲目性和风险性。在该模式中，代理商充当了农户和超市的中介，使农户和超市的关系愈加紧密。农户通过超市的引导，供应的农产品价格稳定，并且有效地避免农产品特别是鲜活农产品因不能及时销售所造成的产品过剩、腐烂等问题。鉴于这种农产品分销渠道模式在我国的发展还不充分，因此积极推广和运用该分销渠道模式非常有必要，各地相关部门(主要是农业部门)应在政策上给予大力支持。

(四)积极发展农产品流通中介组织

在发达国家，不论是小规模经营的农户还是大规模生产的农场主，其生产的农产品基本都是依靠中介组织进行分销的。我国必须学习、借鉴国外的先进经验，大力发展农产品流通中介组织，包括农业流通中的龙头企业、农产品流通合作社、代理商、经纪人

---

① 王宏伟．我国农产品分销渠道模式发展策略浅析．价格月刊，2013，(4)：78～80.

队伍、农民协会等，以此壮大农产品流通主体。其具体做法如下：一是积极培育并扶持一大批流通型农村龙头企业，发挥其在市场流通中的带头作用；二是提倡成立农民销售合作性组织，使它成为农民进入市场的重要方式；三是重点发展农业行业协会，目前市场经济国家已经普遍建立了农业行业协会，我国政府应该把培育农业行业协会列入政府工作目标，加大政策扶持力度；四是加快农民经纪人队伍建设。

(五)加强农产品信息化建设，以积极主动的方式进行营销

一是要积极构建农产品流通网络信息体系。政府要加强信息化硬件设施建设，在农产品流通市场广泛配置信息化设备。从建立全国性农产品批发市场信息网络做起，对农产品流通信息进行全面、科学、及时的分析整理，并采取有效方式，大力解决中介组织、农民与商户在上网方面存在的经济与技术问题，让他们能够及时获取市场信息，合理安排生产、科学组织销售。二是采取积极主动的方式进行营销。要采取“请进来”与“走出去”的方式，通过举办各种展销会，对国家级和省级龙头企业及获得绿色食品、无公害农产品、有机食品认证的企业予以大力宣传，通过各种新闻媒体的推介，树立企业品牌形象，利用先进的网络技术，使农产品分销尽快实现电子化，构建全面的农产品电子商务网络营销体系，为我国农产品进入国际市场奠定基础。

(六)提高政府对农产品分销渠道建设的支持力度

政府作为国家宏观调控主体，必须对中介组织、各种市场主体及其交易行为进行有效的监管，应出台一系列有利于促进农产品分销渠道建设、发展的政策，通过建立健全相关法制体系，从根本上规范农产品分销市场，优化农产品分销渠道发展环境。在市场经济条件下，政府虽然不再直接参与经营管理和市场流通的具体事务，但仍然需要规范各种市场主体、中介组织的市场交易行为，通过制定公平竞争的法律法规，构建良好的市场环境，为我国农产品分销渠道建设提供政策支持。

二、农产品中小企业电子商务平台销售渠道策略①

(一)慎选实体商超的在线销售平台

经营粮油米面、油盐酱醋等日常生活用品为主的超市利润低，体积较大，购买者主要是主妇或老人，习惯就近购买，网购对于这部分采购主力很难覆盖，实体商超的在线销售平台仅仅是其增加销售的一个补充渠道，因此应慎重选择。

(二)在第三方交易平台开设网店或门户

适应农产品中小企业选择的电子商务的模式主要有目录模式、虚拟社区、农产品信息中介模式及第三方模式。因为在第三方网站上建立店铺门槛低、投资少，目前被认为是最有效的模式。

(三)运用网络平台及网络媒体吸引关注

(1)应用官方农产品电子商务平台。中小企业可选择在农产品加工网、农产品市场

① 邹心之．基于电子商务平台探索农产品中小企业销售渠道策略．农业考古，2011，(6)：186～188.

信息网，以及一些政府农业管理部门的官方网站上发布供求信息，引起关注。

(2)巧用论坛等社会媒体。中小企业可以借助博客、链接、论坛、微博等宣传自己的产品信息及概念，准确地分析市场导向，有效运用各个媒体资源，适当地开展一些有影响力的营销活动，扩大自身的知名度。

(四)明确目标顾客，加强服务建设

(1)根据农产品特点进行网络销售。农产品的网络营销要始终适应农产品的特点，必须围绕农产品的季节性、区域性布局。

(2)强化服务意识，提高服务质量。农产品在电子商务平台销售中的服务往往被忽视。网络产品往往会给人以品质无法保证的初步印象，农产品中小企业或农户在网络营销中应以强化服务、提高服务质量为首要任务，建立网络品牌形象，用高品质的商品和服务迎来更多的销售。

(3)准确定位目标群体。充分利用现有的市场资源，建立网络营销渠道，根据农产品的品质特征、供求关系等因素定位相应的消费群体。原则上，应先定位城市有消费能力的高端群体，再向中等收入人群扩展，销售手段则可以用团购的方式做出规模效应，同时也注重产品个性化扩展。

(五)通过特许经营模式增加盈利

网络产品可以用无形资产替代有形投入。由于网络媒体传播的成本低，因此中小企业除了有机会创立并发展自己的品牌，也可以借助现有的大品牌发展自己。一方面拓展特许经营可以成为中小农产品企业的渠道盈利模式，另一方面中小农产品企业还可以选择成为网络明星店铺的加盟商。

➤案例讨论

批发市场大型化、聚集化成菜价推手

北京将再建一大型农产品批发市场，辽西最大的农产品市场在建昌兴建，武冈市农产品批发市场开工兴建……近期，全国各地农产品批发市场建设项目正在兴起。2011年10月8日召开的国务院常务会议提出，加强鲜活农产品流通体系建设，并要求对鲜活农产品市场减免租金、摊位费、管理费等费用。可以肯定的是，农产品市场对于承担农产品流动，满足人民生活需求起到了重要作用。但同时，市场在运行中也逐渐暴露出一些问题。农贸市场不断兴建，短板显现，菜价波动仍然较大，有专家表示，大型农贸市场之外，马路市场越来越少或成为高菜价推手。

高额市场建设投资或转嫁

2011年9月底，深圳最大的农产品批发市场从布吉迁至平湖，在距离深圳主城区稍远的同时，新建农产品批发市场面积扩容了一倍。与此同时，上海最大的农产品中心批发市场亦计划从北蔡迁至航头。许多地区也正在或准备建设农产品市场。

记者调查了解到，新建农产品批发市场的投资少则1亿元，多则数亿元，这直接推高了农产品商户的经营成本——目前一线城市，新建农产品批发市场的门面租金每月几乎均在150元/平方米～250元/平方米；外地经纪人的进场成本，则几乎占到农产品交

易额的3%～5%。《每日经济新闻》援引中国社会科学院农村发展研究所副所长李国祥的话说，“虽然国家明确要求降低各项费用，但是要想落实这些措施，难度非常大”。

北京锦绣大地农产品批发市场信息部王亮认为，现在农产品批发市场一般是公司化运行，而摊位费是公司利润的主要来源，若摊位费降低很多，对公司利润的影响很大。王亮表示，虽然国务院出台政策要求降低摊位费和管理费，但是具体的降低幅度还是由经营批发市场的公司决定的，公司当然不会降低很大的幅度，这样一来，对农产品价格的影响就极其有限。

但同时，全国城市农贸中心联合会会长马增俊介绍，我国现阶段70%的农产品流通是通过农贸市场实现的，因此，要加强农产品流通体系建设，不能忽视农贸市场的主渠道作用。

那么，如何在既能发挥主渠道作用又能够保证菜农和消费者共同利益方面达到平衡，是当下农产品市场在建设中亟待解决的问题。

网点减少成推手

“我认为有三种办法可以解决这些问题：一是政府回购农产品批发市场，回购以后由政府降低各项收费标准；二是在农产品价格较高的时候，摊位费可由政府来承担，尤其是在春节前后；三是国家出台强行规定，限制摊位费等各项费用。”李国祥表示。

实际上，在有的人看来，平衡以上三者利益的关键并不在于取消农产品市场本身的各种高费用，而是目前我国农产品市场大型化、聚集化所带来的网点减少。专业人士认为，近10年来因城市化进程加快，原有邻近城市中心的农产品批发市场被迁至位置相对偏远的城乡结合部，且原有相对分散的农产品批发市场被拆并至经过扩容的新建农产品批发市场。而由此产生的农产品一、二、三级分销半径加大，新建农产品市场的建设成本分摊，以及以民资为主体的新建市场的趋利性，必然会加大农产品流通环节的成本，从而成为持续推高农产品价格的关键因素。

农业部数据统计，我国农产品批发市场10年内减少了近20%。与农产品批发市场因集聚而数量减少相比，我国农产品价格持续攀高。其中，大米、小麦、玉米、大豆等主粮10年内涨幅高达100%～150%，而猪肉、鸡蛋、蔬菜的价格更是上涨了2倍以上。

另外，根据农业部市场司连续4年的跟踪调查，山东产地0.5元/公斤的大棚黄瓜，运到北京新发地批发市场即涨至1.00元/公斤～1.30元/公斤，进入社区集贸市场则以将近3元/公斤的价格销售。可见，加价的主要角色是农产品批发市场，如果蔬菜从产地直接进入北京的零售网点销售，则可以降低成本和价格。

但目前，这样的零售网点、市场在城市仍然在不断减少。

应支持社区安置菜摊

记者了解到，从终端来看，我国农产品零售体系可以细分为几个不同层次，包括超市、农贸市场和“早晚市”等阶段性市场。法国、德国、西班牙等许多欧洲国家至今仍保存了农贸市场、“马路市场”等不同层级的市场，以满足不同消费群体的需求。因此，尽管与超市相比，普通菜市场这种流通模式显得有些落后，但它是客观存在的，与我国目前的发展阶段是相适应的，仍是我国农产品流通的主渠道。

中国科技发展战略研究院副研究员陈诗波认为，在社区内开辟菜市场，安置菜摊，能够起到不错的效果，理论上讲是可行的。对于需要在小区内建设菜市场的老社区，政府应当通过财政补贴的方式，支持社区开辟专门的场地来建设菜市场。另外，对于新建小区，关键要“规划在先”，在小区建设之前，就事先规划一片地方，专门用于建设菜市场。

目前，一些地区已经出现了类似模式。北京朝阳区社会办推出了“农社对接”模式，即社区与农产品基地对接，基地的蔬菜直接送到小区内的直销店销售，让居民在家门口就能买到便宜的新鲜菜。

朝阳区社会办负责人表示，社区与农产品基地对接，蔬菜直接送到小区内的直销店销售，这种“农社对接”的销售方式减少了蔬菜销售的中间环节，平抑了市场菜价，同时与合作方签合同，保证了蔬菜的品质。目前来看，试点的社区便民菜站深受居民欢迎，有望在朝阳区推广，预计首批将建40个便民菜摊，让更多居民受益。

（资料来源：史晓菲．批发市场大型化、聚集化成菜价推手．消费日报，2011-11-15，第A01版．）

讨论题：

1. 为什么农产品分销渠道变化导致“最后一公里”涨价？

2. 社区安置菜摊有什么好处？

第八章

农产品促销

第一节　农产品促销与促销组合

一、农产品促销及其作用

农产品促销是农产品经营企业市场营销活动的基本策略之一，是企业采取行之有效的方法向目标市场传递有关信息，以激发消费者对农产品的购买欲望和购买行为的一系列活动，包括人员推销、广告、营业推广和公共关系等。农产品促销的本质是农产品经营企业与目标市场之间的信息沟通，是企业作为行为主体发出作为刺激物的信息，传递到消费者进而刺激、影响消费者的态度和行为，使其贯彻企业意图，并产生企业所期待的行动的有效过程。

农产品促销的作用主要表现在以下几个方面。

(1)传播信息，加强销售。农产品经营企业通过广告等促销宣传，向消费者介绍农产品经营企业生产经营何种农产品、有何突出特点及在何处购买等信息，使他们加深对企业的了解，当选择农产品时，就会较为容易优先选择自己的产品。此外，消费者在购买商品的过程中，也会向企业反馈其满意度等信息，促进企业的改善，从而更好地提供满足消费者需求的农产品。

(2)突出特色，促进销售。在市场激烈竞争的情况下，同质的产品较多，可供选择的农产品更广泛，消费者难以辨别各种农产品之间的差异。此时，农产品经营企业通过促销活动，向消费者进行宣传并突出自己农产品的特色，便于消费者理解本企业产品的优势所在，并使之相信购买本企业农产品能带来较大的利益，从而促进销售的提高。

(3)引导消费，扩大销售。消费者在市场中购买农产品具有一定的盲目性和追随性。在促销的过程中，农产品经营企业让消费者不仅了解产品的一般属性，还要进一步加深其对农产品的特殊属性的了解。这在一定程度上对消费者起到了指导的作用，有利于刺激消费者购买欲望，吸引消费者大量购买或重复购买，发掘潜在需求。

(4)培养忠诚，稳定销售。消费者在购买农产品时，会选择形象良好的农产品经营企业的农产品。因此，企业需要不断提升自己的市场地位，切忌产品销售波动过大。运用适当的促销方式开展促销活动，在消费者中塑造良好的形象，培养消费者的忠诚，同时在市场中留有良好口碑，能够提高农产品知名度，增加潜在消费者对本企业农产品的关注，树立和强化企业在市场上的形象，从而大大提高本企业农产品的竞争力和市场占有率。

二、农产品促销组合的方式和策略

农产品促销组合是农产品经营企业根据促销的实际需要，对人员推销、广告、营业推广及公共关系这几种促销方式进行适当的选择和综合搭配，以求达成最好的农产品促销效果。

(一)农产品促销的基本方式

(1)人员推销，是指农产品经营企业派出推销人员向消费者介绍、推广和宣传农产品，以促进农产品的销售。具体方式可以是面对面交谈，也可以通过电话、网络或者信函进行交流。推销人员的任务是完成一定的销售量，并及时发现消费需求，开拓新的市场。

(2)广告，是指农产品经营企业以付费的形式，通过电视、广播、网络、报纸等媒介向目标市场的消费者传递农产品信息。现代广告不能局限于单向沟通，而要把企业与消费者共同的关心点结合起来进行双向沟通，以此综合考虑广告的制作和传播。

(3)营业推广，是指由一系列强诱导性、强刺激性的战术促销方式所组成的，以求通过一些短期性、临时性的措施使消费者迅速产生购买行为。营业推广只是作为人员推销和广告的补充方式，不连续进行。

(4)公共关系，是指农产品经营企业树立良好形象，改善与社会公众特别是目标市场消费者的关系，促进消费者对企业的认识、理解及支持，从而影响消费者对企业及农产品的态度，促进农产品销售的一系列促销活动。通过长期的努力，农产品经营企业能够适应目标市场环境，获得消费者信任，从而促进农产品的销售。

(二)农产品促销组合策略

(1)推式策略。其是指农产品经营企业把农产品推销给批发商，批发商再把农产品推销给零售商，最后零售商把农产品推销给消费者的策略。在推式策略中，农产品的所有促销信息和农产品本身的流向具有相同方向(图 8-1)，人员推销和营业推广组合可以被认为是“推”的方式。

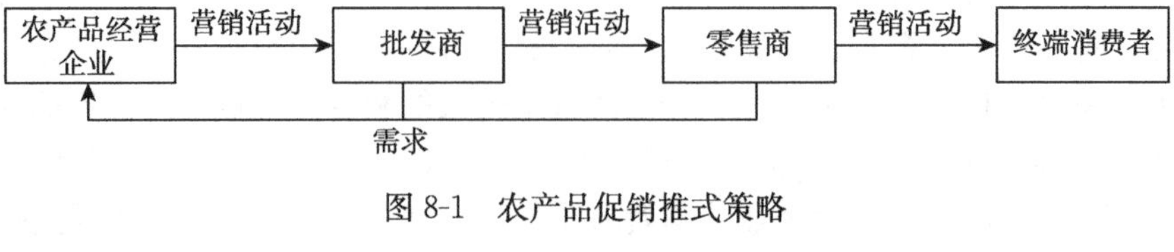

图 8-1 农产品促销推式策略

(2)拉式策略。其是指农产品经营企业不直接向批发商和零售商做广告，而是直接向目标市场消费者做广告，通过刺激消费者的购买欲望从而促使消费者主动寻找零售商购买，一旦购买者增加，零售商就会向上游寻找批发商，而批发商觉得有利可图，就会主动向生产者订购农产品(图 8-2)。在拉式策略中，促销信息和农产品的流向截然相反，但是农产品经营企业及其农产品能够直接得到消费者的认可，在与中间商的合作中占据主动地位。

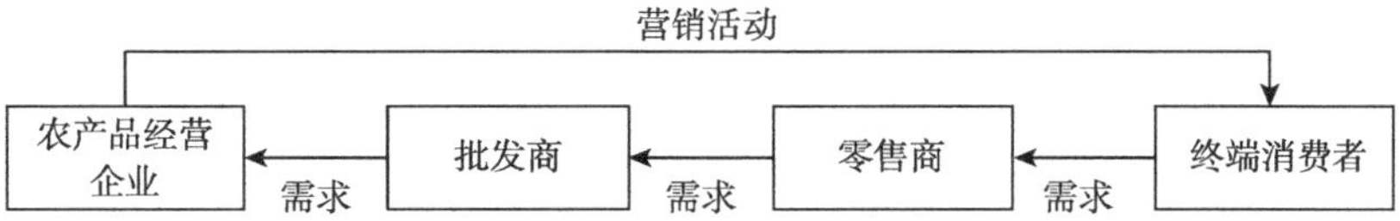

图 8-2 农产品促销拉式策略

(3)推拉结合策略。通常情况下，农产品经营企业可以把“推”、“拉”两种策略结合起来运用，如在向中间商进行大力促销的同时通过广告宣传来刺激市场需求。

推式和拉式策略都有农产品经营企业与消费者双方的能动作用，但前者重在推动，强调农产品的消费需求可以通过企业的积极促销而被创造出来，而后者重在拉动，强调消费者的需求是决定生产的根本原因。农产品经营企业在促销活动中，要根据农产品市场需求状况和消费者实际购买指向综合考虑采取“推”、“拉”组合的促销方式，做到既各有侧重又相互配合。一般而言，对于需求比较集中、技术含量较高、销售批量大的农产品适宜采用“推”的策略，对于需求分散、销售批量较小的农产品，则适宜采用“拉”的策略。

(三)农产品促销活动的步骤

农产品经营企业进行促销活动的实质与核心是为了成功地把企业及农产品的有关信息传递给目标消费群体，从而引发消费者的购买欲望。因此，企业的促销活动可以从以下几个步骤进行。

1. 确定目标消费群体

在促销伊始，农产品经营企业必须明确目标消费群体包括哪些，是潜在购买者还是正在使用者，是老人还是儿童，是高收入者还是低收入者等问题。确定目标消费者群体是促销活动得以进行的基础，它决定了农产品经营企业进行宣传的信息内容(传播什么)、信息结构和形式(怎么传播)、信息发布时间(何时传播)、传播媒体(通过什么传播)和信息来源(由谁传播)。

2. 确定沟通目标

确定沟通目标就是确定向消费者传递农产品信息后所希望得到的反映。消费者的购买过程一般包括以下六个阶段：①知晓，即此时消费者不太了解农产品，企业需要以行动引起消费者的注意；②认识，即当消费者已经知晓该企业的农产品但所知不多时，企业可以进一步宣传以加深消费者的认识；③喜欢，即当消费者对农产品印象逐步加深时，企业应当侧重于宣传企业及其农产品的特点和优势以区别于同质产品；④偏好，即消费者逐渐倾向于企业的农产品，但还没有达到对企业及其产品的忠诚，此时需要凸显企业及其产品的优越性；⑤确信，即消费者已经对农产品形成偏好但没有做出购买的决策，农产品经营企业需要使顾客确信这种决策的优势所在；⑥购买，此时消费者已经做出购买决策，企业所需要做的是促进购买行为的发生。农产品经营企业应明确目标消费群体处于购买过程的哪个阶段，从而做出应对措施促使消费者进入下一阶段作为沟通的目标。农产品经营企业在不同时期或者不同区域的经营目标各不相同，因此促销的目标也不同。促销组合和促销策略的制定一定要遵循企业的促销目标，没有目标的促销活动会是无效率且效果不够理想的。

3. 设计促销信息

设计促销信息即确定信息内容、信息结构、信息形式和信息来源。第一，信息内容。其是信息所要表达的主体，目的是促使消费者做出有利于企业的良好反应。一般有以下三种表达方式：一是理性表达，即与消费者群体的兴趣相对应地提出农产品能够产生的功能效益及为购买者带来的利益。二是情感表达，即为了激励消费者群体购买行为，给予消费者群体正面或反面情感的一种表达方法。例如，可以使用喜爱、欢乐等促进购买和消费；也可使用恐惧等促使人们做该做的事或停止做不该做的事。三是道德表达，即面对人们心目中的道德规范，促使人们分清是非。这种表达的方式可以用于企业的形象宣传中。第二，信息结构。其主要解决三个问题：一是提出明确结论还是由受众自己做出结论；二是单面论证还是双面论证，即仅仅宣传农产品的优点还是优缺点均宣传；三是表达顺序，即沟通信息时把重要的理念放在开始抑或最终。第三，信息形式。信息形式的选择成功与否决定了信息传播效果的好坏。例如，在印刷广告中，农产品经营企业需要决定标题、插图、色彩及信息的版面位置等；如通过广播媒体传达，农产品经营企业要充分考虑音质、音色和语调；如通过电视媒体传达，农产品经营企业除了要考虑广播媒体的因素外，还必须考虑服装、手势、发型等因素；若使用产品及包装传达，则特别要注意包装的质量、气味、色彩和大小等因素。第四，信息来源。信息来源即由谁来传播信息，这对于信息的传播效果意义重大。如果想要消费者较快地对信息产生注意和信赖，信息传播时则最好通过消费者信赖甚至崇拜的对象，如明星或该农产品领域的权威人物。

4. 选择信息沟通渠道

信息沟通渠道通常分为两类，即人员沟通与非人员沟通。

人员沟通渠道是指包括两个或更多数量的人相互之间的直接沟通。人员沟通是一种双向沟通，可以通过面对面的交流，也可以通过电话、信件等方式进行，能较快得到对方的信息反馈，并能够与沟通对象进行情感渗透，效率较高。人员的影响在昂贵的农产品、风险较大或不常购买的农产品及具有显著的社会地位标志的农产品中的表现尤为突出。

人员沟通渠道可以分为倡导者渠道、专家渠道和社会渠道三种。倡导者渠道是由企业的销售人员直接在目标市场上寻找消费者；专家渠道是通过有一定专业知识和技能的人员的意见和行为影响目标顾客；社会渠道通过邻居、同事、朋友等影响目标消费者，从而形成一种口碑。当前，广告竞争日益激烈，使得广告的促销效果不断下降，而口碑营销成为农产品经营企业越来越重视的一种促销方式。

非人员沟通渠道是指不通过人员接触而进行的一种信息交流的方式，也是一种单向沟通方式，主要包括大众传播媒体、气氛和事件等。大众传播媒体由于面对的是广大的消费者，传播范围较广；气氛是指设计良好的环境因素制造购买氛围，如商品陈列、营业场所的布置等，引起消费者的购买欲望，并实现购买行为；事件是指为了吸引受众注意而采取的活动，如展销会等。

5. 制定促销预算

促销预算是农产品经营企业较难决策的内容。不同行业、不同企业的促销预算也存在较大的差距。因此，农产品经营企业制定促销预算可采用以下几种。

(1)量入支出法，即农产品经营企业以自身所能支付的能力为基础，确定促销活动的费用。这是一种量力而行的方法。这种方法较为简单，但由于促销与销售量存在因果关系，企业每年的营业额不同，因此促销预算也时常波动。

(2)销售额百分比法，即按照销售额的一定百分比来制定促销预算。例如，假设企业今年实现销售额100万元，如果将今年销售额的10%作为明年的促销费用，则明年的促销费用就为10万元。

(3)目标任务法，即企业确定促销目标，然后确定达到目标所要完成的任务，最后估算完成这些任务所需的费用。

(4)竞争相对法，即依据竞争对手的促销费用来确定企业自身的促销预算。

6. 确定促销组合

农产品经营企业在确定了促销费用后，还需要考虑如何将促销费用合理分配在四种促销方式的活动上。四种促销方式各有优缺点，可以相互替代，也可以相互促进、相互补充。因此，大多企业都综合运用四种方式以实现既定目标。这使企业的促销活动更具有弹性，提高了企业设计营销组合的难度。

三、农产品促销组合的主要影响因素

(一)农产品市场特点

由于市场条件不同，因此促销组合与促销策略也有所不同。从市场地理范围看，广告宣传在广阔而分散的目标市场能够发挥重要作用，如果目标市场窄而集中，使用人员推销方式也许更为有效。从市场类型看，消费者市场如果呈现多而分散的情况，则依靠广告等非人员推销形式，如果呈现用户少但购买量大、成交额大的生产者市场，则主要采用人员推销形式。在有竞争者的市场条件下，制定促销组合和促销策略还应考虑竞争者的促销形式和策略，要有针对性地不断变换自己的促销组合及促销策略。另外，目标市场的消费者收入、风俗习惯、消费者文化水平等对农产品促销组合也有不同程度的影响。

(二)企业促销预算

农产品经营企业开展促销活动，费用的支付是必不可少的。农产品经营企业促销预算的多少会对农产品促销组合产生重要影响。并且，企业能够用于促销活动的费用是有限的，企业预算少就不能采用费用高的促销组合。因此，农产品经营企业需要在满足促销目标的前提下，以最小的费用投入实现最佳的活动效果。在确定促销预算额时，为了避免盲目性，不仅要考虑营业额的大小，还应考虑到促销目标的要求、企业资本实力、市场营销目标、产品市场寿命等其他影响因素。

(三)农产品生命周期

农产品经营企业的市场营销目标与促销重点对于所处不同生命周期阶段的农产品有

所不同，促销组合方式也不尽一致。在投入期，可以利用广告宣传与公共关系组合并配合营业推广和人员推销，通过鼓励试用来让消费者了解和认识新产品；在成长期，要继续利用广告和公共关系来扩大农产品的知名度和市场影响，同时用人员推销来降低促销成本；在成熟期，要充分采用广告宣传及时介绍农产品的改进，并使用营业推广来增加销量；在衰退期，营业推广的作用显得愈加重要，同时配合少量的广告来强化消费者的记忆。

第二节 农产品人员推销

一、农产品人员推销及其任务

农产品人员推销是指农产品经营企业派遣推销员与消费者进行直接对话和沟通，传达农产品相关信息从而促使消费者购买。人员推销的关键在于选择和培训优秀的推销人员。

在人员推销活动中，推销人员、推销对象和推销品构成了该推销方式的三大要素。推销人员在推销前可以选择具有一定购买意愿或计划的目标客户进行有针对性的研究，拟定具有操作性的策略和技巧当面洽谈，这样有利于推销人员与消费者形成一种直接、友好的氛围。通过交谈与观察，推销员可以较准确地把握消费者的态度和购买意愿，便于及时发现问题并给予解释，有针对性地宣传农产品特性、功能，以及采取其他必要的协调行动以打消消费者的疑虑，获得消费者的信任。通常，有经验的推销员还会把单纯的买卖关系发展到建立深厚的友谊的关系，从而推进营销工作的开展。

人员推销是重要的推销手段，与非人员推销相比，具有以下几个特点。

(1)信息传递双向性。人员推销具有双向性。一方面，销售人员通过向消费者介绍产品的相关信息，如产品的质量、特点、价格等来实现吸引消费者、促进产品销售的目标。另一方面，推销人员通过与推销对象(即消费者)接触，及时了解消费者对本企业农产品的评价，通过观察和实地调查，能掌握农产品的市场寿命周期及市场占有率等情况。这样不断地收集并反馈信息，为企业制定合理的营销策略提供了依据。

(2)推销目的的双重性。推销人员的目的不仅仅是为了推销自己的农产品，而是在增进消费者利益的基础上推销产品。满足消费者的不同需求是人员推销的出发点，推销人员只有更好地满足消费者的需求才有利于购买行为的实现。同时，推销人员以消费者的需求为目的，在与消费者直接接触时可以更加主动地了解消费者对于本企业及其产品的评价。因此，农产品经营企业可以要求推销人员提交市场分析报告，以促使其与消费者进行良好沟通。

(3)推销过程的灵活性。由于推销人员与顾客直接联系，当面沟通，可以通过交谈和观察掌握消费者态度的变化以及购买特点，有针对性地使用合适的工作方法，以适应消费者并引导其购买。同时，推销人员在与消费者沟通时，可以及时发现并答复消费者提出的问题，让消费者更满意于购买本企业的农产品。

(4)友谊协作长期性。推销人员与消费者的直接联系使其能够建立友好的关系。如果推销人员与消费者建立起稳定的、长期的合作关系，将大大提高消费者对于企业农产品产生忠诚的可能性，同时，这样的合作关系更有利于开展农产品的销售工作。

但人员推销也存在缺点：一是支出较大，成本过高。每个销售人员直接接触的消费者过多，销售面窄，如果在市场范围较大的情况下，推销人员的开支也会较大。二是对推销人员的要求较高，人员推销的效果与推销人员素质的高低密切相关，而且随着技术的不断发展，推销人员除了具备营销才能外，还需要熟悉新产品的特点、功能等。因此，对于企业而言，要选择合适的推销人员比较困难，且耗费的成本较大。

农产品人员推销的任务主要包括以下几方面。

(1)沟通。推销人员要与目标消费者保持密切联系，及时把本企业的农产品及相关信息传递给消费者，了解他们的需求变化，掌握产、销两方面的信息，成为沟通企业与消费者的桥梁。

(2)开拓。在沟通现有消费者和把握市场需求动向的同时，要努力寻找新的目标市场和发现潜在消费者，努力开拓市场。

(3)销售。通过与消费者的直接接触和洽谈，综合运用各种推销策略、艺术，在消除消费者疑虑并取得其信任的基础上最终达成交易，销售农产品。

(4)调研。充分利用亲临市场和直接接触消费者的机会，进行详细的市场调研和信息搜集，提出分析严密的调研报告，为企业完善营销策略和开拓新的目标市场提供依据。

二、农产品人员推销的步骤

(一)寻找目标消费者

寻找目标消费者，即寻找有可能成为潜在购买者的目标消费者。寻找目标消费者的方法有：①通过现有消费者及其他销售人员介绍；②查找工商名录及联系方式等。

(二)事前准备

推销之前，推销人员要储备三方面的知识：一是农产品知识，包括本企业及其农产品的性状、功能和食用注意事项等；二是消费者知识，包括消费者偏好、购买意愿、消费者家庭特征等；三是竞争者知识，包括竞争者市场竞争力、农产品特点等。同时，还要准备好农产品样品及说明材料，选定接近消费者的方式、访问时间、应变策略等。

(三)接近

接近，即推销人员登门访问，与潜在客户进行面对面的洽谈。本阶段推销人员要努力给潜在消费者留下好的印象，在言谈举止和态度上引起消费者的注意，为后面的农产品推介做好准备。

(四)介绍

介绍，即通过消费者的视、听、闻、触摸和品尝等向其传递农产品信息，要详细说明农产品的性状和带给消费者的好处，同时，要善于倾听消费者的意见以判断其真实的购买欲望。营销人员在向消费者展示介绍农产品时可采用以下策略：①正统法，着重强调农产品经营企业的声望和经验；②专门知识，向消费者适时表明对农产品和对方情况的深刻了解；③影响力，可逐步扩大自己与对方共有的特性、利益和心得体会；④迎合，可向消费者进行善意表示，以加强感情；⑤树立印象，即在对方心目中建立良好的形象。

(五)处理异议

消费者在听取推销人员的介绍时难免提出一些针对农产品品质和价格的异议，此时推销人员应及时处理这些不同意见，努力解释、说明、协商，但不要一味地争辩。

(六)达成交易

如果消费者表现出愿意购买农产品的意图，推销人员要及时抓住时机促成消费者采取行动，进行订货购买。此时要求推销人员在推销的过程中密切关注消费者的各种变化，为了达成交易，可适当提供一些优惠条件。

(七)售后追踪

达成农产品交易不是人员推销的结束，而是下一轮推销的起点。推销人员要了解消费者对所购农产品的满意程度，解决农产品售后出现的问题，从而表达推销人员的诚意和关心，以此传播企业的好名声，获取消费者的改进建议和促成消费者的重复购买。

三、农产品人员推销的对象、形式及基本策略

(一)人员推销的推销对象

推销对象是人员推销活动中接受推销的主体，即推销人员需要说服购买的对象。

(1)向消费者推销。推销人员直接向终端消费者推销产品，要求推销人员首先需对消费者的基本情况有所了解，进而了解消费者的购买欲望、购买能力、购买特点等，同时留意消费者的心理变化，有针对性地对不同消费者采用不同的推销技巧。

(2)向生产用户推销。推销人员将农产品推销给生产用户也必须了解产品的相关情况，如生产用户的生产规模、经营管理水平、资金能力等。推销人员能清晰明了地向生产用户阐明本企业农产品的优点，简要分析该农产品能够对生产用户产生多大的效益。同时，还要帮助生产用户解决疑惑，以取得用户信任。

(3)向中间商推销。与生产用户一样，中间商的购买行为也属于理智型，因为其对所购农产品具有较为丰富的专门知识。因此，农产品经营企业的推销人员应当具备丰富的业务知识和高级的推销技巧。在向中间商推销产品时，需要了解中间商类型、业务特点、经营状况等基本情况，然后向中间商提供农产品相关信息，给予帮助，建立较为长久稳定的合作关系以扩大农产品销售。

(二)人员推销的基本形式

一般而言，人员推销有三种基本形式。

(1)上门推销。上门推销是指由推销人员携带农产品的样品、说明书和订单等走访消费者以推销产品，是最为常见的人员推销形式。这种推销方式要求推销人员积极主动地出击，切实了解消费者的需求，并提供有效的服务，为消费者所广泛认同。

(2)柜台推销，又称门市推销。柜台推销是指企业在适当的地点设置固定的门市，

由营业员接待进入门市的消费者进行农产品推销。门市的营业员即推销人员，采用等待消费者上门的方式。由于柜台的农产品种类繁多，能够从各方面满足消费者的需求，为消费者提供方便的购买环境，因此为消费者所喜闻乐见。

(3)会议推销。会议推销是指利用各种会议如交易会、展销会等向参与会议人员宣传并介绍本企业农产品，开展推销活动。这种形式接触的消费者多且集中，可同时向多个推销对象推销农产品。此时的成交额较大，推销效果较为明显。

(三)人员推销的基本策略

1. 试探性策略

试探性策略也称“刺激—反应”策略，是指农产品推销人员在不了解消费者的情况下，利用刺激性的方式来激发消费者产生购买行为。推销人员在访问消费者时，事先设计好几套要说的话和用于散发的广告宣传、产品展销或介绍的传单，通过渗透性的交谈进行刺激，然后投石问路地进行试探，观察消费者的反应，进而根据其反应采取相应的措施或得体的语言对消费者进行刺激，进一步观察消费者的反应，以了解其真实需要，诱发购买动机和引导购买。

2. 针对性策略

针对性策略也称“配方—成交”策略，是指推销人员在基本了解消费者某些情况的前提下，利用针对性较强的宣传、介绍来引起顾客的兴趣和好感，促成消费者购买农产品。该策略的前提是推销人员事先较准确地掌握了消费者的购买欲望、需求状态和消费心理，只有这样推销人员才能够有效地设计推销措施和用语，有目的地宣传、介绍以说服消费者购买。因推销人员常常在事前已根据顾客的有关情况设计好推销语言的方式，与医生对患者诊断后开出对症下药的配方类似，故而得名“配方—成交”策略。

3. 诱导性策略

诱导性策略也称“诱发—满足”策略，是指推销人员运用能够激起消费者某种需求的说服方法唤起消费者的潜在需求，从而诱导消费者购买农产品。这是一种创造性的推销策略，推销人员在消费者本来没有兴趣的情况下，通过多种形式介绍某种农产品可以满足某种需求，设法使消费者对农产品产生兴趣，诱发其需求。运用该策略的关键是推销人员要有较高的推销技巧和艺术，能够诱发消费者产生潜在的需求，然后抓住时机向消费者介绍农产品的特质正好能满足消费者的这种需要，从而诱导消费者购买。

四、农产品人员推销的管理

(一)推销人员的规模

合理确定农产品推销人员的规模大小是进行推销人员管理的首要问题。确定推销人员规模的方法主要有两种：一是销售能力分析法，即通过测量推销人员在不同市场的推销能力来计算各种可能的推销人员规模下的农产品总销售额及投资收益率，以此来确定推销人员的规模；二是推销人员工作负荷量分析法，即根据每个推销人员的平均工作量及企业所需拜访的客户数目来确定推销人员的规模。

（二）人员推销的组织结构

（1）产品型结构，即将农产品经营企业的农产品分成若干类，每一个推销团队及其成员负责其中的一类或几类农产品推销。如果农产品经营企业的农产品种类多、分布范围广泛、产品之间的差异大、技术性能复杂，则适宜采用这种结构。因为对指定农产品特征较熟悉的推销人员专门服务于该产品的消费者，有利于集中推销。但这种结构也存在缺点，当不同产品的推销人员同时到达一个地区推销时，不利于推销费用的节约。

（2）区域型结构，即将目标市场分成若干个区域，再把推销人员分配到这些区域，分配到相应区域的推销人员专门负责完成该区域的农产品推销任务。其主要优点有：①推销员责任明确，利于考核；②推销人员的活动区域较为稳定，能够与当地建立长期的密切联系；③推销人员活动范围较小，节约差旅费；④容易熟悉当地市场，制定具有针对性的推销组合及推销策略；⑤售后服务及时且到位。这使得考核推销人员的业务成绩更为容易，发挥推销人员的综合能力，有利于节约推销费用。其不利之处在于，当农产品或市场差异较大、推销人员需要了解较多的农产品和尽可能多的消费者时，这一过程就会产生许多困难，同时也会直接影响推销效果。

（3）消费者型结构，即根据目标市场消费者规模大小、新老客户类型等对消费者进行分组，然后将推销人员分配到不同类消费者中进行推销。其优点在于农产品经营企业与消费者之间的关系密切且牢固，有着较好的公共关系，但如果消费者较为分散时，推销费用往往会过大。

（4）综合型结构，即综合考虑农产品、区域和消费者多种因素来组成推销人员队伍。

五、农产品推销人员选择与考核

（一）推销人员的基本条件

人员推销是一个复杂的活动过程，既包含了信息沟通，还包含了农产品交换及技术服务的过程，因此，推销人员的选择应当遵循以下条件。

（1）态度热忱，敢于进取。推销人员代表了农产品经营企业，有责任为企业塑造良好的形象。同时，推销人员又是消费者购买决策的主要顾问。企业的促销与消费者的购买都离不开推销人员。因此，推销人员应当具有高度的责任心与使命感，热爱工作，敢于进取，与消费者建立长期稳定的关系，这样才能使推销工作顺利进行。

（2）知识渊博，求知欲强。拥有渊博的知识是推销人员的基本条件。农产品推销人员应掌握市场营销的基本理论、技能和各种政策法规，要熟悉农产品经营企业及其农产品的情况，能够随时回答消费者的提问，并了解市场上同类农产品的基本状况且能正确区别和鉴定。同时，还应该了解、学习并适时运用心理学知识来研究消费者的心理变化和要求，以便采取相应的方法和技巧。此外，了解财务知识能够较好地保证销售收入的顺利回收。

（3）文明礼貌，善于表达 。推销人员个人须有良好的气质和职业素养，具有一定的沟通和社交能力、自我控制能力，在清晰说明主题的情况下，运用诙谐、幽默的语言给消费者留下良好的印象。

(4)应变灵敏，技巧熟练。市场环境变化复杂，为了实现促销目标，推销人员必须拥有熟练的推销技巧及灵敏的反应，能针对不同的市场环境采用恰当的推销方式。推销人员要能恰当地选择推销对象并准确地了解消费者的相关情况，尽可能地为消费者着想，为其解决疑惑，要善于选择恰当的沟通时机，善于把握交易机会。

推销人员的来源主要有两种：一是来自企业内部，即把农产品经营企业内部适合推销工作的人员选拔到推销部门工作；二是从企业外部招聘，即企业发布招聘信息，列出招聘要求，从中选择合适人选。无论哪种来源，都应经过严格的考核，择优录取。

挑选推销人员的方法多样，为了能够准确地选出优秀的推销人才，应根据推销人员的素质要求，采用报名、笔试和面试相结合的方法。由报名者自己填写申请表，以此掌握报名者的相关基本情况，通过笔试和面试了解报名者的理论功底、工作态度、语言表达能力、应变能力等。

(二)推销人员的考核及报酬

在对推销人员进行管理时，农产品经营企业必须对推销人员的工作进行科学、合理的考核。推销人员业绩考评结果既可以作为分配报酬的根据，又可以作为企业人事决策的重要参考标准。对推销进行考核主要包括两个方面。

1. 考评资料的收集

收集推销人员的资料是考核推销人员的基础工作。全面、准确地收集考核所需材料是客观考核的重要前提。考核资料主要通过四个途径获取：①推销人员的销售工作报告。销售工作报告一般包括销售活动计划和销售绩效报告，前者可展示推销人员的地区年度推销计划和日常工作计划的科学性与合理性。后者则可了解推销人员的实际销售情况，费用支出等。②企业销售记录。其一般包括消费者记录、区域销售记录信息。通过对这些信息的加工与分析，可以得到合适的评价指标。③消费者的评价。推销人员向消费者和社会公众开展推销活动，消费者和社会公众是直接受益人，极具话语权。因此在考核推销人员时，应听取消费者及社会公众的意见，如通过对消费者的投诉次数统计和定期消费者调查结果进行分析，可考察推销人员的形象是否对企业的整体形象产生影响。④企业内部员工的意见。其主要是指销售经理等高层人员的意见。

2. 考评指标的建立

在评价推销人员的绩效时，需要依据科学合理的考核标准。市场环境以及农产品经营企业内部条件的变化，决定了绩效考核标准不是一成不变的，而是要在实践中不断地加以完善。对推销人员进行业绩考核的指标一般分为两类：一是基于成果的考核，即定量考核。其指标主要包括销售量增长率、毛利率、平均每天的访问次数及访问时间、每次访问的平均费用、每百次访问收到订单的百分比、一定时期内新消费者的增加数及失去的消费者数目、销售费用占总成本的百分比等。二是基于行为的考核，即定性考核，一般包括销售技巧的考核、团队精神的考核、销售计划实施管理的考核等。

推销人员的报酬可以分为两个方面，一是物质报酬，二是精神报酬。物质报酬是指推销人员在促销活动中从事推销工作而获得的利益回报，一般包括工资、津贴、福利、保险、佣金等。公平合理的报酬是对推销人员劳动的认可，也是激励推销人员积极努力保证销售目标的工具。推销人员的物质报酬分为两种：一是定额制，规定销售人员在本年内的销售目标并把报酬与定额完成情况挂钩；二是佣金制，按销售额或利润额的大小给予销售人员固定或可调整比率的报酬。佣金制度能鼓励销售人员尽最大努力工作，并使销售费用与现期收益紧密结合，但这也存在管理费用过高、销售人员短期行为严重等缺陷。精神报酬则是指农产品经营企业给予优秀推销人员进修培养、晋升提拔、特别授权等非经济的报酬。农产品经营企业给予推销人员报酬时，应综合运用多种手段，以最大限度地提升推销人员的积极性，提高销售业绩。

第三节 农产品广告

一、农产品广告及其特点

农产品广告推销是指农产品经营企业通过电视、广播、网络、杂志和报纸等各种宣传媒介将农产品推销给消费者。广告作为一种被广泛运用的促销方式，其基本功能是传递信息，既可以用来树立企业和农产品形象，也可以用来刺激销售。

农产品广告推销的特点有：①传播面广。广告借助大众媒体传播农产品信息，能够在短时间内将相关信息告之目标消费者，而人员推销就难以做到。②传递速度快。由于大众传媒是一种迅捷的信息传播途径，因此，广告推销就是一种极富效率的促销方式。③表现力强。广告可以借助各种艺术形式、手段与技巧将农产品经营企业及农产品感情化、性格化、戏剧化，从而大大增强其市场说服力与吸引力。

广告对于农产品经营企业、消费者和社会都具有十分重要的作用。

(1)农产品广告对于农产品企业的功能。对于企业而言，首先，农产品广告具有传播信息、沟通的功能；其次，能降低成本，促进销售；最后，农产品广告能够塑造企业形象。

(2)农产品广告对于消费者的功能。第一，指导消费。消费者获取农产品信息的来源有个人来源、商业来源、公共来源和经验来源。农产品广告是消费者获取农产品信息的重要商业来源。第二，刺激需求。农产品广告的重要功能之一就是刺激消费者的购买欲望，促使消费者对农产品产生购买决策。广告刺激的需求包括初级需求和选择性需求。前者是指通过广告宣传，促使消费者产生对某类农产品的需求；后者是指通过广告宣传，促使消费者产生对特定品牌农产品的需求。第三，培养消费观念。广告能够引导消费潮流，促使消费者树立科学的消费观念。

(3)农产品广告对于社会的功能。农产品广告能够影响社会的意识形态，扩大人们的知识面，同时有利于社会价值观念的传播和传统文化的传承。

二、农产品广告的目标

农产品经营企业的广告目标，取决于企业市场营销组合的整体战略要求。一般来说，农产品广告的决策目标有如下几个方面。

1. 以告知为目标

以告知为目标即是农产品经营企业向目标市场介绍一种新产品的上市。其目的在于让潜在消费者了解到新产品，提高新产品的市场认知率，以此唤起初步的市场需求。

2. 以说服为目标

在农产品进入成长期时，农产品市场竞争比较激烈。消费者的需求是选择性需求，此时农产品经营企业广告的目标是不仅要让潜在消费者了解农产品的基本情况，而且要加深他们对农产品的了解，记住企业及农产品的特点，最终激发起潜在消费者的购买欲望。同时，鼓励竞争对手的消费者消费习惯的转移，改变消费者对农产品属性的认识，并乐于接受人员推销。

3. 以增加销售量为目标

除了详细介绍农产品的性状，广告还要有附图、价格、信贷和购买地点等方面的具体说明，消费者通过阅读即可决定是否购买及如何购买。

4. 以提醒为目标

当农产品进入成熟期之后，目标市场的消费者对其已经相当熟悉，此时只需向消费者提醒销售地点和新的附加价值即可。

三、农产品广告媒体的选择

为了实现农产品广告的目标，必须正确地选择各种广告媒体。农产品经营企业在选择媒体之前，要对各种媒体的接触度、频率和效果做出评价。接触度是企业在一定时期内让多少人接触到广告；频率是企业在一定时间内平均使每人接触多少次广告；效果则是企业投放广告后收到的实际市场反应。

广告媒体的种类很多，主要包括报纸、电视、广播、网络、杂志和户外广告。各种媒体接触的受众不同、影响力不同，广告效果也有差异。为了实现农产品广告良好的接触度、频率和实际效果，农产品经营企业要综合评价各类媒体的优缺点以作抉择。

(1)报纸。报纸广告的优点主要有：①其影响较为广泛，因为报纸的发行量较大，与人们联系较为密切；②传播迅速，能够及时传递相关的经济信息；③方便廉价；④依赖性强，借助报纸的威信，能够提高农产品广告的可信度。其缺点是：①报纸的内容较多，容易分散人们对广告的注意力；②印刷品属于静态表象，吸引力不够；③广告的时效短且重复性不足，效果不够明显。

(2)电视。电视广告的优点体现在：①电视广告能够进行动态演示，广告内容较为生动形象，感染力较强；②电视广告的宣传范围较广，重复性较强；③宣传手法多样，艺术性较强。其缺点有：①有时间限制；②电视广告制作成本高且播放费用昂贵；③播放节目较多，容易分散消费者对广告的注意力。

(3)广播。广播广告的优点有：①传播及时，无论身在何地，只要打开收音机就可接收到；②制作简单，费用较低；③较高的灵活性，广播广告在安排播出的时间和调整时段上相对比较容易；④听众广泛，如印刷媒介对传播对象的文化水平要求较高，而广播不需要。其缺点有：①时间短，稍瞬即逝，不便记忆；②只有声音传播，印象不深。

(4)网络。网络广告的优势在于：①传播范围广，不受时空限制，只要具备上网条件，任何人、任何地点均可接收；②内容详尽，无时间约束，易于查存；③广告效果易于统计，如可以通过访客流量、点击量等进行系统精准统计，便于企业正确评价广告效果；④广告制作周期短、费用较低，能够及时按照客户需求变更广告内容。其缺点是网络广告覆盖率较低。

(5)杂志。杂志广告的优点包括：①针对性，杂志一般拥有明确的读者对象，广告宣传的对象较为明确；②保存时期长，可以反复查阅；③广泛性，发行面广；④开拓性；⑤吸引性，杂志广告通常会采用彩色印刷，纸质较好，容易吸引消费者的注意力。但杂志有一个突出的缺点，即发行时间较长，信息传播不够及时。

(6)户外广告，即放置在户外的广告，一般可分为平面和立体两大类。平面的如路牌广告、海报、条幅等；立体的如农产品经营企业的LED(light emitting diode，即发光二极管)户外广告灯箱、高速公路边上的广告牌、霓虹灯广告牌等。其优点主要有：①到达率高；②对地区和消费者的选择性强；③视觉冲击力强；④表现形式丰富；⑤发布时段长。其缺点有：①覆盖面小，大多数户外广告的位置固定，宣传的区域较小；②效果难以评价，因为人们接触户外广告通常只会注视较短的时间，难以统计人们对于该户外广告的接受率。

选择媒体时，农产品经营企业还应考虑如下因素：一是目标市场接触媒体的习惯。以青少年消费者来说，网络和电视广告的效果比较好。二是农产品种类。三是广告信息本身。对于复杂的技术信息，选择专业杂志和邮寄广告也许更好。四是广告的成本费用。通常电视广告成本很高，而广播、报纸相对就比较低。总之，要根据广告目标的要求，结合各广告媒体的优劣，综合考虑上述影响因素，尽可能地选择效果好、费用低的广告媒体。

在进行农产品广告媒体选择的同时，还需要注意农产品广告设计的质量。在进行农产品广告设计时需要遵循一定的原则：①真实性。一方面，广告的内容要真实可靠，画面也要真实，广告内容要与实际情况相符合；另一方面，广告企业和广告中的农产品必须是真实的。真实性原则是对于农产品商业道德和社会责任的体现。②针对性。农产品广告的内容和形式要富有针对性，即因地制宜，根据不同的农产品和不同的目标市场采用不同的广告表现方式。根据不同消费群体的不同特点和要求，尽可能地符合消费者的需求。③感召性。农产品广告是否具有感召力主要取决于诉求主题。广告的主题是否突出农产品的优势、是否与目标消费群体的关注点一致是广告能否成功的重要标准。农产品经营企业在进行广告宣传时，应突出目标消费群体所需要的产品属性，只有这样才能刺激消费者的购买欲望和购买决策。④简明性。广告面对的是广大的消费者群体，由于广告众多，消费者接受和处理信息的能力有限，因而简单明了地宣传企业及其农产品的特色能够使消费者在较短时间内理解广告所要传达的信息，有利于提高广告传播效果。⑤社会性。广告必须符合社会文化、思想道德的客观要求，具体而言，就是不能违背国家法律法规，杜绝损害国家民族尊严的内容。

农产品广告的效果，主要体现在广告的传播效果、广告的促销效果和广告的社会效果三个方面：①广告的传播效果评价，主要是评估广告是否已将信息有效地传递给目标消费者。这种评估在信息传播的前后均要进行。评估前则可采用专家意见法，由专家对农产品广告进行评定，也可采用消费者评价法，由消费者对农产品广告从吸引力、认知力、感染力等方面进行评价。传播后，一般由目标消费者来对农产品广告进行评价。

②广告的促销效果评价，主要是测定由于农产品广告所引起的产品销售额及利润的变化情况。一般采用比较的方法，如其他影响因素一定的前提下，比较广告前后销售业绩的变化等。③广告社会效果评价，主要是评价广告对于社会文化价值观念的影响，一般用专家意见法和消费者评价法进行评价。

第四节 农产品营业推广

一、农产品营业推广及其作用

农产品营业推广是指农产品经营企业通过短期的刺激性手段说服消费者，激发他们的购买欲望。营业推广的对象可以是消费者或者中间商，通过营业推广，企业向他们提供特殊的优惠条件来引起他们的兴趣进而影响其购买决策，从而在短期内达成交易。

农产品营业推广主要吸引三类人群：一是已经使用过本企业农产品的消费者，以促使其消费更多；二是已使用其他品牌农产品的消费者，将其吸引至本企业的农产品；三是未使用过本企业农产品的消费者，打算试用本企业农产品。在农产品处于导入期和成长期时，营业推广的效果较佳；而在成熟期时，营业推广的作用明显减弱。对于同质产品，营业推广可以在短期内实现高销售额；但对于异质产品其作用较小。

因此，农产品营业推广的特点主要有以下几点。

(1)非规则性和非周期性。农产品营业推广用于短期和额外的促销工作，着重解决一些具体的促销问题，不是广告、人员推销和公共关系那样的常规性促销活动。

(2)灵活多样性。农产品营业推广有很多方式，彼此各有所长，企业可以根据实际的市场营销环境灵活地加以选择。

(3)短期效益明显。广告、公共关系等促销方式通常需要一段较长的时期才能见效，但如果营业推广的方式选择得当、措施得力，其效果则可以在短期内显现出来。

农产品营业推广的作用表现为以下几方面。

(1)加速新产品进入目标市场。当消费者对刚投放市场的新产品了解不足、反应缓慢时，企业可以通过营业推广措施在短期内打开市场局面。

(2)抵御竞争对手的促销活动。当竞争者大规模地发起促销活动时，企业可以采用减价赠券、减价包装、购货累计折扣和优待等多种营业推广方式来积极应对，以此稳定和扩大目标消费者。

(3)影响中间商特别是零售商的交易行为。与中间商保持良好关系对于农产品推广至关重要，生产者可以通过营业推广来促使中间商特别是零售商做出有利于农产品销售的经营决策。

尽管营业推广对于农产品促销意义重大，但也存在不足。例如，营业推广的影响面较小，它只是广告、人员销售和公共关系的一种辅助促销方式，而且营业推广时效较短，只能作为企业创造声势获取快速反应的一种短暂促销方式。另外，过分渲染或长期频繁使用营业推广也容易使消费者对农产品及其价格的真实性产生怀疑。

二、农产品营业推广的具体方式

农产品营业推广的方式多种多样，农产品经营企业不可能全部使用，这就需要企业综合考虑各种方式的特点、促销目标、目标市场的类型等因素，从而选择适合本企业的营业推广方式。

(一)面向消费者的营业推广方式

面向消费者的营业推广，主要是为了鼓励现有消费者的重复购买以及激发潜在消费者使用本企业农产品。其方式主要有以下几类。

(1)赠送促销。向消费者赠送农产品样品或专门提供品尝品，是介绍农产品新品最为有效的方法，但费用颇高。品尝品可以选择在农产品超市或农贸市场散发，或通过其他产品附送。

(2)折价券。消费者在得到折价券后，在购买指定的农产品时持券可以免付部分金额。

(3)包装促销。以优惠价格向消费者提供组合包装和搭配包装的农产品。

(4)抽奖促销。消费者购买一定数量的农产品之后可参与抽奖获得奖品或奖金。

(5)现场演示。企业派促销人员在销售现场展示本企业的农产品，向消费者介绍其特性、功能和食用方法等。

(6)联合推广。企业与零售商开展联合促销，将农产品放在超市或农贸市场集中展销，从而突出企业优势和农产品。

(7)参与促销。通过技能竞赛、知识比赛等让消费者参与各种农产品促销活动。

(8)会议促销。企业通过各种农产品展销会、博览会向消费者做现场介绍、推广。

(二)面向中间商的营业推广方式

(1)批发回扣。其是指企业对经销本企业农产品的批发商或零售商给予一定比例的回扣，以此争取他们多购进本企业的农产品。

(2)推广津贴。其是指企业向购进本企业农产品并帮助企业促销的中间商支付一定的推广津贴。

(3)销售竞赛。其是指以竞赛的方式对销售实绩较好的优胜者给以不同形式的奖励以资鼓励，如现金与实物奖、免费旅游等。

(4)扶持零售商。其是指生产商通过对零售商的店铺装潢给予资助，提供 POP (point of purchase promotion，即售点促销)广告，派遣联络员或代培销售人员等大力扶持零售商，从而提高中间商的积极性和销售能力。

(三)面向推销人员的营业推广方式

对农产品经营企业内部的推销人员，要鼓励他们积极开拓新市场、热情推销农产品。可采用的方法主要有销售竞赛、免费培训、技术指导等。

三、农产品营业推广的具体过程

农产品经营企业进行营业推广主要经历以下过程。

（一）建立营业推广目标

农产品营业推广的对象不同，目标也有所不同。对消费者来说，营业推广的目标是鼓励消费者经常、重复购买并吸引新的消费者试用，改进和树立企业及农产品的品牌形象；对中间商来说，营业推广的目标是促进零售商购买新的农产品和提高销售量，并鼓励非季节性购买，提高零售商的品牌忠诚等；对推销人员来说，营业推广的目标是鼓励其对新产品的支持，提高销售业绩等。

（二）选择营业推广方式

营业推广的方式多种多样，各有其特点和适用条件。农产品经营企业在选择营业推广方式时要考虑如下因素。

(1)市场类型。营业推广方式必须与农产品经营企业所在的市场类型及其特点相适应。

(2)营业推广目标。不同的营业推广目标对促销方式的选择有不同的条件要求和制约。

(3)竞争条件与环境。其主要是指企业的实力、基础、优劣势，以及竞争者的数量、实力和策略选择等。

(4)促销预算分配。总的促销预算以及营业推广的份额也影响着营业推广方式的选择。

当然，同一营业推广目标可以采用多种推广方式或者优化组合来实现，但以上因素仍须综合考虑。

（三）制定营业推广方案

农产品经营企业在制定农产品营业推广方案时，要着重把握以下几点。

(1)确定适宜的刺激程度。农产品营业推广需要一定程度的刺激性措施。刺激程度与销售反应正相关，但这种效应存在边际递减的规律。因此，农产品经营企业要总结以往的实践经验，结合新的市场环境来确定最适当的刺激程度和开支。

(2)选择营业推广对象。选择营业推广对象即确定营业推广面向目标市场的具体对象和控制范围。目标对象选择适当与否直接影响到营业推广的最终效果。

(3)选择营业推广的媒介。选择媒介后要将相关操作内容具体化。例如，如果选择赠券作为营业推广方式，那么就要确定分别放在包装、邮寄、杂志及报纸等广告媒介中的数量。

(4)选择营业推广的时机。营业推广的时机及持续时间对农产品促销效果有重要影响。持续时间过短，消费者无法重复购买，预期目标难以实现；而持续时间过长，容易导致开支过大和损失刺激效果。有研究表明，每个季度搞三次左右的营业推广活动最为适宜，每次的持续时间以平均购买周期的长度为限。

(5)确定营业推广的预算。要综合考虑农产品生命周期阶段各种营业推广的费用，在预算中加以平衡和确定。

（四）试验、实施和控制营业推广方案

农产品营业推广方案是在实践经验的基础上确定的，但仍然有必要在正式实施前采取询问消费者、填调研表、小范围试行方案等办法进行试验，从而检验推广方式及其刺激程度是否恰当。如果试验同预期相符，则可进入实施阶段。推广方案实施中，要密切观测农产品市场反应，根据市场需要及时调整推广范围、强度、频度和重点，始终保持对推广方案实施的良好控制，从而顺利实现预期的促销目标。

(五)评估营业推广的效果

营业推广方案实施后需对实际效果进行评估，最简单的方法就是比较营业推广前后及推广期间农产品市场份额的变化。除此以外，营销人员还可以通过调研来了解事后有多少人能回忆起这项推广活动、他们如何评价、有多少人从中得益、这项活动如何影响他们以后的购买决策行为等。

第五节 农产品公共关系

一、农产品公共关系及其本质特征

农产品公共关系，是指农产品经营企业通过在媒体刊登介绍性的文章或召开新闻发布会等对农产品进行有利的宣传，扩大企业及其农产品知名度，从而达到促销的目的。搞好公共关系，可以为企业树立良好形象，赢得社会公众特别是目标市场消费者的信任和支持，有利于企业扩大销售。公共关系的主体是各类社会组织，客体是与各社会组织密切相关的各类社会公众，公共关系的主要手段是双向信息沟通。

农产品公共关系有如下几种方式：一是与社会团体建立密切联系并提供咨询服务，通过他们的宣传报道使社会公众对企业及其农产品产生好感；二是培训公共关系人员来专门处理社会公众的来信、来访，并及时化解相关矛盾与问题；三是与政府机构、中间商和社会知名人士等建立信息联系，取得他们的信任与支持。

农产品公共关系的本质特征表现在以下几方面。

(1)农产品公共关系是农产品经营企业与相关的社会公众之间的相互关系。相关的社会公众有供应商、中间商、消费者、竞争者、金融机构、政府部门及新闻媒体等，这些社会关系不局限于消费者，也不局限于买卖关系。良好的社会关系是企业成功的重要保证，建立和维护这种关系对于企业营销具有重要作用。

(2)企业形象是农产品公共关系的核心。农产品公共关系首要的任务是树立和保持农产品经营企业的良好形象，争取广大目标市场消费者的信任和支持。在现代经济生活中，企业拥有良好的社会形象和市场声誉就等于拥有了可贵的无形资源，就容易获得消费者的广泛支持；反之，企业将寸步难行。

(3)农产品公共关系的最终目的是促进农产品销售。广告、人员推销等促销活动能够直接促进农产品销售，但公共关系的目的则在于互相沟通和理解，在企业行为与消费者利益一致的基础上争取消费者对企业及其农产品的信任和好感，从而使广告等促销活动的效果更好。因此，公共关系也是一种促销方式，只不过它是通过推销企业本身来间接促销的。

公共关系作为市场营销组合策略的重要内容担负着重要的职能，主要表现为：①塑造企业形象获取支持。农产品经营企业形象是指企业的总体表现及其在消费者心中的反映与评价，塑造良好的企业形象是企业开展公共关系活动的目的之一。良好的企业形象有助于提升企业员工的思想修养，增强企业凝聚力，获得消费者的信任与支持。②传播信息加强沟通交流。广泛地收集信息并及时传播是农产品经营企业开展公关活动的重要职能。企业公关活动能将企业的有关信息及时、有效、准确地传递给消费者，使消费者更全面地了解企业及其农产品，在消费者心中树立良好的公众形象。③协调关系以化解矛盾。农产品经营企业进行公关关系活动也需要协调企业内外部的各种关系，使企业内部各部门活动协同化，使企业与外部环境相适应，适当地控制和纠正外部对企业不利的舆论，及时改进以避免扩大不良影响。

二、农产品公共关系的方法

（一）利用新闻媒体

新闻媒体提供的农产品宣传报道对农产品经营企业而言是一种高效的免费广告，它能给企业带来许多好处：一是能够比广告创造更大的新闻价值，而且能极大地鼓舞企业内部的士气和信心；二是宣传报道比广告更具有可信性，消费者容易在心理上感到客观和真实。

（二）参与社会活动

农产品经营企业在从事农产品的生产经营时，还应积极参与社会活动，这不仅能够让企业在其中体现自身的社会责任，而且较易结交社会各界朋友，建立广泛和良好的人际关系，从而获得社会公众特别是目标消费者的理解和信任。

（三）组织宣传展览

农产品经营企业可以印发各种宣传资料，如介绍企业的小册子、业务通信、图片画册和音像资料等，还可以举办各种农产品展览会、新产品报告会及有奖竞赛等。通过这些活动使社会公众加深对企业发展历史、经营业绩、名优产品和发展前景的认识，从而达到树立企业形象的目的。

（四）咨询和游说

咨询主要是向管理人员提供社会公众意见，主要是农产品定位与企业形象等方面的建议，也包括消费者的质询、抱怨甚至投诉。游说的对象主要是立法机构和政府官员，企业游说的目的是防止不利于本企业及其农产品的法令、法规的颁布实施，抑或是促使有利于本企业及其农产品的法令、法规颁布实施。

（五）导入企业识别系统

企业识别系统（corporate identity system，CIS）通过改变农产品经营企业形象来吸引外界的注意，进而改进经营业绩和达到预期销售目标。

三、农产品公共关系步骤

农产品公共关系的实施必须遵循以下步骤。

（一）确定目标

农产品经营企业应以详细的调查研究为基础，根据社会公众特别是目标市场对农产品经营企业的了解和意见来确定公共关系目标。由于公共关系主要利用信息沟通原理和方法开展活动，因而不同时期公共关系的具体目标有所不同。一般而言，农产品经营企业的公共关系目标有：①新产品的开发，要向社会公众提供足够的信息以帮助其了解该产品；②开辟新的市场时，需要在新的细分市场中进行宣传，加深企业在当地社会公众心中的印象；③参加社会公益活动，增强社会公众对农产品经营企业的好感；④本企业的农产品或服务在社会上造成不良影响后，应及时采取措施挽回等。

(二)选择方法

方法正确才能保证农产品促销目标的实现。农产品公共关系的方法较多，但都具有强烈的针对性，有的是为了增进企业目标消费者的支持与理解，有的是为了提高企业知名度，有的是为了提高市场份额。因此，农产品经营企业要根据促销总目标的要求和市场实际选择公共关系的方法。

(三)实施计划

农产品公共关系活动存在一定的不确定性，在实施中的控制难度较大。为了保证公共关系计划的实现，农产品经营企业要着力加强组织建设和明确部门职责，提高公共关系人员的业务素质，并始终坚持以诚取胜的原则。

(1)做好实施计划前的准备。农产品经营企业在实施任何公共关系活动之前都要做好充足的准备，这是保证计划实施的关键。准备工作主要有公共关系实施人员的培训、计划实施所需要的资源配置等。

(2)消除沟通障碍，提高沟通的有效性。公共关系传播会受到当地语言、风俗习惯、信仰或传播时间等因素的影响，因而在实施计划时要注意消除这些不良因素的影响。

(3)加强公共关系实施的控制。农产品经营企业在公共关系实施过程中要实行有效的控制，以免产生偏差，从而影响公共关系目标的实现。公共关系实施的控制主要是对人力、物力、财力、进程、突发事件等的控制。

(四)评价效果

之所以评价公共关系活动的效果较为困难，是因为农产品公共关系是一个长效的促销手段，信息传播的成效是潜移默化地表现出来的，难以用精确的数据予以反映，同时，公共关系常会配合其他促销活动进行，其对农产品促销的效果难以单独列出。尽管如此，农产品经营企业还是可以从目标消费者观念和态度上的转变来对公共关系的成效进行把握。

☞策略介绍

一、本香冷鲜肉在西安市场的促销策略①

(一)广告策略的改进

第一，要树立广告意识，要打广告。消费者对本香冷鲜肉的品牌知晓度和购买意愿

① 吴正海．本香冷鲜肉促销策略改进探析——基于西安市场的分析．新西部，2013，(21)：23～24.

均较低，其原因就在于本香集团在开拓西安市场时缺乏营销意识，对促销的认识不够，营销观念滞后，认为“肉好不愁卖”，猪肉不用促销。广告是竞争性最强的传播方式，在商品云集、竞争激烈的现代市场，没有广告，企业就难以在市场中立足。

第二，要宣传产品卖点，要具有差异化。本香冷鲜肉的广告应突出两方面的内容：一是突出宣传本香冷鲜肉的高品质肉食属性；二是突出宣传品质生活、精致美食的内容，引导中高收入群体追求健康且富有品质的生活，积极迎合高收入群体的消费诉求。总之，要围绕“品质肉食、品质生活”这一核心概念展开，以引起目标顾客的注意并产生兴趣，促成购买。

第三，要选好广告媒体，要产生影响力。对此，本香冷鲜肉的广告形式策划要把握好两方面的问题：一是广告媒体的选择；二是广告设计的艺术。

(二)人员推销策略的改进

第一，严格选拔推销人员。要按照“申请→面谈→测验→调查→体检→安排工作”的选拔程序，从企业内部进行选拔或者从企业外部公开招聘，选贤任能，选拔一批具有勇于进取、知识广博、求知欲强、文明礼貌、善于表达、富于应变、技巧娴熟等特点的人员作为企业的战略销售代表。

第二，强化培训推销人员。针对冷鲜肉销售人员的培训，其内容应当包括产品知识、企业知识、市场知识、推销技巧、国家方针政策、公共关系及人际关系等，特别是要通过讲授、模拟、实践等培训方式，让推销人员熟练掌握寻找目标顾客的技巧、约见潜在顾客的技巧、推销介绍的技巧、回答异议的技巧、促成交易的技巧等，并养成事后追踪的习惯，从而大幅度提高本香销售人员的业务能力和素质。

第三，科学激励推销人员。首先，要建立科学合理的考评标准，既要进行基于成果的考核，也要进行基于行为的考核。其次，要建立完善的考评资料收集渠道，包括推销人员销售工作报告、企业销售记录、顾客及社会公众的评价、企业内部员工的意见等。最后，对营销人员实行混合薪酬制度，使销售人员充分地发挥其技术和才能，变消极为积极。

(三)对最终消费者的营业推广改进

第一，建立顾客会员俱乐部。针对购买本香冷鲜肉的顾客成立专门的会员俱乐部，并开展新的销售促进活动和会员增值服务活动：一是通过会员卡进行消费积分，并推出积分返券活动(该返券可以分为A券和B券两种，A券可用于冲抵顾客在本香冷鲜肉专卖店的消费额，B券可用于购买与本香集团有合作关系的商家的商品)；二是对消费积分达到一定额度的会员提供优质服务，如组织会员免费参观本香集团、组织会员参与本香会员联谊活动，促进会员之间、会员与企业之间的交流和沟通，为会员提供更多增值服务。

第二，与其他商家合作，开展联合促销活动。通过市场调研发掘一批受西安市中高收入群体欢迎的中高档产品商家，在充分考虑商品属性的基础上，进行合作洽谈，开展联合促销活动。

第三，适时开展赠品促销活动。通过提供附加赠品进行搭配销售，用顾客看得到的实惠鼓励其购买，这样既可以吸引新顾客、回报老顾客，促进销售，也可以避免直接的价格折扣活动对本香冷鲜肉的品牌定位造成负面影响。

第四，积极开展服务促销活动。通过周到的售前、售中、售后服务使顾客得到实惠，在相互信任的基础上长期开展交易，特别是要通过良好的服务，通过灵活多样、富有特色的促销活动，以服务增值、以品牌价值来消除消费者购买本香冷鲜肉时的价格顾虑，让顾客心甘情愿地接受本香冷鲜肉，并促使其产生持续购买行为。

(四)公共关系策略的改进

第一，发现和创造新闻。例如，邀请陕西电视台对本香的“从源头到终端”完整的有机猪肉产业链模式进行新闻报道，通过新闻报道向消费者传递本香冷鲜肉的“5A级”品质。

第二，介绍情况、回答问题和发表演讲。企业营销人员要利用各种场合和机会，介绍企业和产品，或发表演讲、回答问题，以提高企业知名度。

第三，参与社会活动。例如，赞助西安市每年举行的万人越野赛；在西安市一些知名高校设立“本香励志奖学金”，资助品学兼优的贫困大学生。

第四，策划专门性公关活动。例如，通过每年在杨凌举办的“中国农高会”，积极宣传本香集团。

第五，适时开展对顾客的回访活动。对顾客开展定期回访、跟踪服务，以了解其需求。这样，既可以较早发现问题，同时也是对顾客进行调研和营销的最好机会，可以提高新产品推荐的成功率，增强顾客的品牌忠诚度。

二、种业终端促销策略①

(一)广告拦截促销策略

广告拦截是指利用电视、报纸等媒体在相应区域发布终端促销广告，使促销信息比竞争者更先一步传输给更多的消费者(农民)。一方面，广告促销能充分起到品种信息先入为主的效应，在消费者未到终端之前对其进行诱导和品牌灌输，另一方面也能避开终端竞争激烈、信息庞杂、消费者容易迷失选购方向的缺点，更容易、更清晰地记住该品牌的相关信息。

(二)源头拦截促销策略

源头拦截是指在农民的生活区域(一般是指行政村)所进行的品种、技术宣传和促销拦截。有些营销专家称该方式为终端的进一步延伸，也有人称之为“后终端”，因其更直接、更明确、更有针对性，便于现场解答农民提出的疑难问题，较受农民欢迎，效果也比较明显，部分种业公司采取的村级直销、科技下乡等均属于此。

(三)阵前拦截促销策略

阵前拦截是指农民从终端销售店门口到柜台前的促销指引及宣传说服活动。这个过程是农民进店购买的过程，也是影响其购买意向的重要阶段，因而必不可少。阵前拦截

---

① 王海洋，张向忠，郭军伟．种业终端促销策略初探．中国种业，2008，(8)：32.

主要体现为终端店门口的宣传板、门口的促销活动、店内的宣传材料等。例如，大家经常会看到，有些种子店门口放满五颜六色的宣传展板，墙上挂着耀眼的横幅等，往往给农民以强烈的视觉冲击力，对农民的购买意向产生很大影响。

(四)人员拦截促销策略

人员拦截是一项最基本的促销方式，即通过促销员(一般是指终端零售商)的认真观察、细心劝说来强化农民的购买意向。作为种业公司要重视对终端零售商的培训，包括品种知识、促销技能和沟通技巧等，同时要制定合理的激励制度，经常加强与零售商的沟通，确保终端零售商将本公司品种作为店内主推品种销售，从而加强拦截效果。

(五)人气拦截促销策略

如果终端柜台前经常人头攒动，人气较旺，那么会有更多顾客受到吸引与感染，使人气更旺，成交率更高。如何营造这样良好的气氛实现人气拦截呢？除了品种的堆头、扎眼位置陈列外，一方面要从终端零售商着手，想办法吸引农民在店内逗留尽可能多的时间，而不是一闪而过，能留住人，人气肯定会好；另一方面要策划一些调节气氛的小活动，如播放一些电视片来吸引农民观看等。

(六)攻心拦截促销策略

终端促销员的业务水平、推荐功底和高度亲和力可以把简单的种子销售提升至情感销售的高级状态：对品种特点、卖点的准确阐述和耐心讲解，处处为农民着想却又能巧妙灵活地回避种子促销之嫌的艺术，准确把握农民的心理状态，在种子介绍中成为农民值得信赖的朋友，不知不觉中达到自己的目的——销售种子。

种业公司终端促销过程中不应孤立地运用单个策略，要综合起来，充分利用终端广告、人员、经销商等各种资源，结合市场竞争情况和自身情况，量体定做灵活的、创造性的终端促销策略，从而使促销效果最大化。

➢案例讨论

本来生活网的另类推广模式：线上故事线下促销

就像许多会讲故事的产品最终成了热销货一样，本来生活网用一个励志的故事让自己声名鹊起。如果要在2012年寻找出一个电商经典产品营销案例，“褚橙”当之无愧。

这小小的橙子，曾在2012年冬天掀起一股励志风，让沉寂多年的褚时健重归大众面前。而借着“褚橙”的成功，本来生活网也开创了一个借单品带全网的“以点带面”式的商业营销模式。而至2013年，“褚橙”的预订已然开始，这颗小小的橙子还能像以前那样给大家带来惊喜吗？

赠尝预热功不可没

2012年11月，一个名叫“褚橙”的橙子突然成了媒体的宠儿，关于它的报道，一度占据了可观的版面，之所以这个橙子被热捧，在于种橙子的褚时健那大起大落的人生经历，以及极富励志情怀的生活态度。而受橙子热卖的影响，它在北京的销售方本来生活网脱颖而出，在生鲜电商领域获得了一定的知名度。“褚橙”和本来生活网都成了其后媒体研究的营销案例，公认的观点是：这是一个会讲故事、能出奇制胜的成功案例。

“褚橙”的成功，让本来生活网在选择食材时看重其背后的故事及人情味儿。会讲故事是一个产品引发热销的诱因，就像战争的故事成就了 Zippo 一样。但对于生鲜产品而言，光有故事显然是不够的。

回顾本来生活网成立以来推出的明星产品可以看出，讲故事和线下促销活动的结合是产品走红的两大因素。

例如，2012 年 11 月 5 日“褚橙”正式到达北京，而从 11 月 6 日开始，本来生活网即联合品致生活管理平台太美集团，向其黑卡会会员——百名财智人群、知名企业家发起“传橙・传承”赠尝品鉴活动。按照本来生活网此前的叙述，之所以选择这样的人群进行赠尝，是因为这类企业家最能理解创业艰辛、人生起落，能够理解“传橙”的深意，也会将“褚橙”背后的含义传播开来。

而后来的事例证明，这些先期得到赠尝的人士对“褚橙”的推崇，成了“励志橙”广为传播的重要一环：通过名人品尝后的推荐，“褚橙”获得了更多的话题，而这些话题又再次推动更多人加入到品尝的队伍中来，由此引发狂热的销售。

以赠带卖

无独有偶，2013 年 3 月草莓上市的季节，从本来生活网推出的“四大美莓”的营销方式来看，也与“褚橙”有相似之处。根据草莓的形状、大小、口感将其分为“红颜”、“章姬”、“弥生姬”、“枥乙女”，上市之初，本来生活网参与《南都娱乐周刊》的年度评选，推出“选四小花旦赠四大美莓”活动，并联合电视栏目、微博达人、下厨房等美食网站进行推广，促成了“四大美莓”在网络的热卖。此外，在一些门户网站的论坛中，也推出了投票活动赠送活动。

以赠送来拉升销售，成为了生鲜电商在营销上的共识，这有点像卖场的试吃。而线下赠送也一度引发了“战争”。至荔枝销售季节，几家生鲜电商都盯上了这个单品，线下的赠送带动销售的背后，迎来了企业冷链配送把控能力的大考。

业内人士认为，在食品安全、口感等特殊要求下，生鲜电商的线下促销或许将出现更多“撞车”现象，若能在线下推出更好的服务及体验，无疑将为未来的竞争加分不少。

（资料来源：桂小笋．本来生活网的另类推广模式：线上故事线下促销．证券日报，2013-10-16，第 C01 版．）

讨论题：

1. “线上故事、线下促销”推广模式成功的背景是什么？

2. 互联网从哪些方面改变了传统的农产品促销模式？

第九章

农产品国际营销

第一节　农产品国际营销的环境

农产品国际营销是超越本国国界的农产品市场营销活动。世界上任何一个国家或地区的农产品市场，都可被看做世界农产品市场的一个组成部分，而农产品国际市场则是各国开展农产品贸易的国际化平台。

国际市场营销的产生与发展的原因可归结为以下几点。

(1)信息技术的进步。随着科学技术的发展，人类的生活习惯和行为方式发生了重大的变化，农产品经营企业的运作模式也发生了改变，互联网技术使得企业与世界各国的企业进行沟通与协调，能够向国际消费者宣传本企业及其农产品的信息，对于消费者而言，无论何时、何地，都可以与相关的企业取得联系并购买其农产品。因此，信息技术的进步使农产品经营企业开展国际业务成为可能。

(2)国际经济活动的频繁。农产品经营企业进行国际经济活动可以通过多种方式展开，如出口、承包经营、跨国公司等。这些日益频繁的国际经济活动推动了全球化的进程，也促进了国际营销活动的发展。

(3)国内市场饱和及全球市场的形成。随着社会的进步与发展，一些国家的某些农产品市场已经趋于饱和，而另一些国家和地区则表现出社会农产品需求不断增长的趋势，因而许多公司和企业开始转向关注其所在国以外的国际市场。由于信息技术的发展，国家之间、地区之间、国家与地区之间的经济、文化、政治交流不断扩大，使人们在很多方面有着一致的需求和认知。共同的需求加速了全球化市场的形成。所谓全球农产品市场，即各国消费者具有相近或相似偏好的农产品市场。在这个市场中，可以存在多个细分市场，此时国界的概念被逐步淡化。

目前，我国的农产品生产已经实现总量平衡、丰年有余的状态。虽然我国以扩大内需为主，但是也应该抓住加入世界贸易组织的机遇，扩大优势农产品出口。我国的优势农产品主要是劳动密集型农产品，如蔬菜、水果、花卉和畜产品等。这些农产品在出口方面都有明显的生产成本和价格优势。

由于农产品国际市场营销把市场营销活动放大到国际，因此与国内市场营销相比，国际市场营销的环境具有差异性和复杂性。差异性是指世界上有众多的国家，各国都有其特定的政治、法律制度，有不同的经济发展状况、文化和风俗习惯等，开展营销活动时要区别对待。复杂性是指开展营销活动时要受到多层次的环境影响，如受到世界经济、政治等的影响，这些因素极易变动，难以估测。其具体特点包括以下几个方面。

(1)政治法律环境复杂，营销难度大。当今国际市场，随着科技进步和生产力的高速发展，农产品竞争激烈。一方面，发达国家为维护其在国际市场中的垄断地位，通过实行贸易保护，采取关税壁垒等方法争夺市场，同时凭借其雄厚的技术和资本，组织跨国公司，企图继续垄断国家市场。而发展中国家发挥其劳动力资源丰富、自然资源丰厚和价廉的优势，积极采用新技术，利用国外资金，力争以物美价廉的农产品进入国际市场。因此，农产品经营企业进入国际市场营销将面临巨大的困难。

(2)国际农产品市场情况复杂，营销技术须全面。国际农产品市场情况复杂且存在许多障碍，如语言障碍。世界各国语言差异极大，为使国际市场农产品市场营销得以顺利进行，一般采用通用语言如英语，但是英文并非畅通无阻，有些国家和地区还没有普遍使用，在进行国际营销时，通晓对方语言是首要工作。同时，国际农产品市场还存在一些情况如许多国家采用各种壁垒鼓励出口、限制进口，以及货币与度量衡制度的复杂性、商业习惯的复杂性等，这就要求农产品经营企业能够拥有较为全面的营销技术以应对各种复杂情况。

(3)农产品国际营销风险大。在国际市场营销中有可能发生很多风险，如商业风险，即进口商以各种理由拒收货物，对于出口商而言就是商业风险。拒收的理由是多样的，如货样不符、交货期晚等。这些理由是农产品遭到拒收前难以预测的。还有如运输风险，由于国际营销的农产品需要根据是否保鲜决定采用何种方式运输，但无论是空运、海运抑或邮寄，由于距离越长，运输途中发生风险的可能性就越高。有些风险可由保险公司来承担，但有些风险如天灾人祸，保险公司无责承担，从而使买方利益受损。除此之外，还有信用风险、汇兑风险、价格风险等。

因此，要做好农产品国际市场营销，首先要了解农产品国际市场营销的环境。

一、文化环境

世界各国社会文化的差异，决定了各国消费者的购买方式、消费偏好、需求指向具有很大的差别。在一个国家行之有效的营销策略，放在另一个国家未必可行，这其中就有各国文化背景差异的原因。

1. 语言

语言是不同文化反映其所代表文化的集合，是市场信息在人类行为上的重要载体。为了改善农产品国际营销状况，有必要先了解当地语言从而扩大在当地的产品销售。如果不熟悉目标国家的语言或不能够准确表达自己的农产品及意愿，会容易产生沟通障碍，导致销售宣传无法进行，难以达到营销的目标。

2. 传统消费习惯

各种不同的文化风俗，造成人们差异很大的消费习惯。例如，东方人以米饭为主食，西方以面包为主食；在中国不登大雅之堂的泡菜，在韩国却是餐餐必备的佳品；日本人对鱼的偏好也使其他国家的人吃惊。要做好国际市场营销，必须要了解和适应目标市场国的传统习俗。

3. 价值观和态度

人类的大多数行为都是由价值观和态度决定的，人们的价值观和态度令人能判定哪些是正确的和错误的，哪些是理想的和重要的。消费行为和商业行为都是与价值观有直接联系的。例如，对待时间的态度也很具有文化特色，在不同文化之间，甚至同一文化内部也互相不同。而时间观念不同，也会使同类产品在不同市场有不同的命运。又如，快餐速溶营养食品在一些时间观念很强的国家很受欢迎，而在一些不重视时间的国家，这些产品就不那么畅销。

4. 宗教信仰

宗教信仰是一种重要的意识形态。在当今国际，各宗派及其教派有着不同的教义、禁忌、节日等，对信徒的价值观念和消费需求造成较大的约束力。在宗教色彩浓重的国家与地区，若不考虑宗教因素，营销将难以进行。有些宗教禁忌还会制约人们的消费选择，如印度人不吃牛肉。

二、经济环境

1. 各国的经济发展水平

一国的经济发展水平和农业发展水平对农产品营销有很大的影响。例如，经济发展水平高的国家和地区的居民进行农产品消费时注重产品质量、营养安全，且讲究品牌和精美包装，对绿色食品和快餐食品有较大的需求，对广告与营业推广手段运用较高，品质竞争多于价格竞争。而经济不发达的国家和地区则偏重于消费品的实用性，产品以人际传播居多，消费者对价格敏感。一般情况下，食物支出会随收入的增加而增长，收入水平提高后，消费者对食品的购买量虽然不会随收入而增长，但是对食品的质量要求会越来越高，消费的档次也越来越高。

2. 各国的农业发展水平

各国的农业发展水平在一定程度上也会影响农产品营销。对于农业发达的国家，如美国，传统农产品可能很难进入，只有品质好的有机食品及土特产品才有可能进入。而自然资源不丰富的中东地区某些国家以及日本等，则需要大量进口农产品。

3. 国家的经济状况

一个国家的国际贸易状况、外汇兑换率的变动、税率制度、消费者信贷等在国际营销中也是不容忽视的因素。

三、政治环境

国际市场营销中的政治环境，主要是指目标市场国和地区那些对企业的国际营销有直接影响的政治因素。

1. 政治的稳定性

由于有稳定的制度，因此企业可使其制订的业务计划更有确定性。如果政治不稳定，企业就会产生经营的政治风险、政治困扰。所有东道国都会在其国内控制外商的利润和借贷，控制外商对本国公司的冲击，控制外资对本国国内拥有企业的投资。因此，国际市场营销人员必须密切注意东道国的政局，以便及时趋利避害。

2. 政治风险

政治风险是指企业在目标市场国和地区从事营销活动时，因该国政府的各种政治行动而使公司的收入下降甚至全部或部分资产所有权丧失。企业在国外的资产所有权可能遭受没收、征用、国有化、本国化等损失。此外，政治阻力、关税壁垒、非关税壁垒及外汇管制等都会对外资企业的利益造成一些或大或小的损害。

四、法律环境

如果企业要进入国际市场，必然会受到国内法律和国际法律环境的约束，包括本国法律、国际法、介入国法律。不同国家的法规不同，企业只有熟悉和遵守该国法律，才能进入该国市场。

1. 关税壁垒

关税壁垒是指提高关税的办法，以阻止、限制外国商品进口，削减其竞争力，从而保护国内市场。

2. 非关税壁垒

非关税壁垒就是在法律上和行政上采取限制进口的各种措施，如进口许可证制度，进口配额，复杂的海关手续，过严的卫生、安全、质量标准等。

3. 外汇管制

外汇管制就是一些国家由于国际收支逆差严重，外汇、黄金储备短缺，政府采取实行外汇管制的方式限制进口。

4. 经济立法

经济立法就是为了保护竞争、保护社会利益或者保护消费者利益而制定的法律法规，如商标法、广告法、投资法、专利法、竞争法、反倾销法、商品检验法、环境保护法、海关税收法等。

五、竞争环境

现代市场竞争日趋激烈，各国力量的消长使竞争日趋加剧，新产品、新技术作为国际竞争的物质基础和手段不断涌现。一般情况下，当一个国家在一个产品质量、成本和生产要素等方面具有较大优势时，该国将成为这一产品市场的主要生产国，其产品也会很快进入其他国家市场。国际市场竞争主要包括以下三种类型：一是成本型，即主要依靠降低成本来进行竞争；二是品种型，即主要依靠提高产品的质量，增加品种，翻新花样，改进服务进行竞争；三是专业型，即着重于市场上某一类产品的开发和大规模的专业化生产进行竞争。

第二节　农产品国际营销的策略

农产品国际营销与国内营销一样，也必须制定适应特定市场营销环境的产品策略、渠道策略、价格策略和促销策略。但由于国际市场营销环境有自身的特点，因此国际市场营销又不完全等同于国内市场营销。

一、农产品进入国际市场的方式

农产品进入国际市场的方式主要是通过出口。出口是指产品在国内生产，而后通过适当的渠道销往国际市场。这是一种传统的进入市场的方式。采用这种方式进入国际市场，生产地点不变，生产设备仍在国内，劳动力没有出现国际间流动，出口的产品与内销产品相同，或根据国际市场做出适当的变动，产品在国际市场遇到阻力时，还可以及时转向国内市场，经营风险较小。出口分为两种，一种是间接出口，另一种是直接出口。

(一)间接出口

间接出口是指企业将农产品生产出来之后卖给中间商，如外贸公司，然后再由中间商销售到国外。这种方式的优点主要包括：①投资少。农产品经营企业不需要建立国外销售机构，甚至不需要聘请专门的国际营销人才。②风险小。通过国内专门的外销机构将农产品向国际推广，其经验较为丰富可减少风险，同时由于不需要设立专门的国际营销机构，也能减少部门的损失。③农产品经营企业可以集中人力、物力进行生产，不必为外销渠道分心。但其缺点也是明显的，主要包括：①农产品经营企业不能直接了解国际市场的需求，难以根据其需求展开营销。②由于过分依赖国内中间商，容易造成外销失控，甚至面临被中间商抛弃的风险。

(二)直接出口

直接出口是指企业生产出产品后，不经过中间商，直接卖给国外的客户。随着农业高科技龙头企业的兴起，农产品进入国际市场的方式也变得多样化，如补偿贸易和加工贸易。补偿贸易是指买方以贷款的形式购进机器设备、技术和专利等进行生产，其贷款可以不用现汇支付给对方，而是等项目的产品投产后，以项目的产品或其他产品清偿贷款。加工贸易包括进料加工、来料加工和来样定制，是国际经济合作的重要方式。该方式的优点在于：①可以节省国内中间环节的费用；②可以直接面对国际市场的消费群体，获取国际市场需求的变动信息，能够及时调整生产经营活动；③农产品经营企业可以在一定程度上自主决策，控制产品外销。当然，其也存在一定的缺点：①成本比间接出口要高，需要大量的原始投资和持续的间接费用；②需要聘请专门的国际营销人才及设置专门的国际营销机构，增加了一定的费用；③需要自己承担由直接出口带来的经营风险。

二、农产品国际营销产品策略

(一)产品差异化策略

农产品差异化策略是指向国际市场提供不同于其他国家和地区的差异产品，以适应不同国家或地区市场的特殊需求，并获得相应区域的市场优势。产品差异化策略的优点是：能更好地满足消费者的个性需求，赢得国际消费者的喜爱；有利于开拓国际市场，增加产品销售量；有利于树立产品良好的国际形象。集中精力发展特色农业，培育具有国际比较优势的农产品是农产品差异化策略的主要运用方式。

(1)结合资源条件，发展精细农业。我国地域辽阔、物种丰富，各地有不同的自然地理环境和独特的经济作物，因此在参与市场竞争中，一定要充分发挥各地的特色优势，寻求各地的最大比较优势，定位农产品的最佳发展品种，把资源优势变为市场优势。因此，在参与市场竞争中，一定要围绕资源作文章，充分发挥各地的特色优势，切实把农业办精、办特、办活，要站在国际国内统一大市场的高度，寻求各地的最大比较优势，定位农产品的最佳发展品种，切实把资源优势变为市场优势。

(2)大力发展劳动密集型的特色种养业。目前，我国的优势农产品主要是劳动密集型农产品，如蔬菜、水果、花卉和畜产品等。这些农产品在出口方面具有明显的价格优势，特别是畜产品出口占农产品出口总量的40%，具有明显的优势，种粮食的农民可以部分地转入畜产品的生产。发展劳动密集型农业要突出重点，要注重培育具有明显竞争优势的名优茶、瘦肉型猪、蔬菜、花卉、畜禽、淡水产品等劳动密集型的特色种养业。

(3)开发同一产品的不同用途，满足差异化的需求。目前，我国的粮食生产(如玉米、小麦等)各具优势，要针对各种用途而生产不同的农产品，经合理调配就可拥有广阔的市场。例如，不同品种的柑橘，有专门用来榨果汁的，有专门供应水果市场的；不同的玉米品种，有的只能作饲料，有的则可以提取生物保健品。合理开发同一产品的不同用途，既可以相对分流一般品种，缓解品种单一的压力，又可以更好地满足国际市场的差异化需求。

(二)品牌营销策略

品牌代表着销售者对交付给买者的产品特征、利益和服务的一贯性的承诺。久负盛名的品牌就是优等质量的保证。品牌的有益作用表现为：有助于促进产品销售，树立产品形象；有利于保护品牌所有者的合法权益；有利于督促经营者着眼于长远利益、消费者利益和社会利益，规范自己的营销行为；有利于带动新产品的销售，扩大产品组合。农产品品牌营销的实施方式包括以下几种。

(1)改善和提高农产品品质，是品牌营销的基础。要坚持以优良的品种、优秀的品质去拓展市场；要搞好优质农产品的规划和布局，实现区域化种植，规模化生产；要鼓励生产经营者争创农产品的质量品牌。

(2)发展龙头企业，培育知名品牌。要大力发展具有品牌效应、规模效益的农产品加工龙头企业，以农产品加工业的发展促进种养业的提高；要优先培育农产品精深加工特别是外向型深加工企业，提高产品附加值，增强国际竞争力。

(3)注重科技进步，发展绿色农业。要加快形成与农业产业链相适应的农业科技链，加强对农产品精深加工和现代流通技术的研究、开发和应用，促进农业产业层次的提升和知名品牌群的形成；要大力推行农产品全程的标准化生产，着力提高农产品的质量和安全水平，积极按国际惯例开展产品认证和质量管理认证，按照安全、优质、环保和高效的要求，发展无公害、绿色和有机农产品生产基地。

(4)加大开放力度，拓展农业发展空间。要注意外引资源，积极与外商合资合作、引进国际先进的农产品生产技术和管理经验，同时鼓励有实力的企业、农民走出国门，到国外兴办种养业基地和初级加工项目，拓展进入国际市场的方式。

三、农产品国际营销定价策略

影响国际农产品营销定价的因素包括以下几方面。

(1)成本。成本竞争是价格竞争的基础，是农产品市场竞争的基本形式。根据成本类型不同，分为生产成本竞争、储运成本竞争和营销成本竞争。第一，生产成本竞争，即进行农产品生产全过程所需要的物质投入的价值形态。产品生产成本的高低取决于产品生产的技术效率、劳动生产率和资源禀赋状况。第二，储运成本的国际竞争。储运成本的高低，很大程度上影响和决定着出口农产品的成本和价格竞争能力。不同国家农产品储运成本的差异加剧了国际农产品贸易中成本竞争的复杂性。不同国家适合于出口的农产品种类不同，使得保鲜和储运要求不同，相应的价值储运比和成本竞争能力也各不相同。第三，营销成本的国际竞争主要是指以农产品国际促销为目标所花费的成本，如国际广告成本、国际包装成本、国际市场进入成本等。如果目标市场国家或地区经济水平低于出口国，则有利于降低国际营销成本；反之则难以降低国际营销成本，但有利于突出产品的成本竞争优势。

(2)国外法规。关税和非关税壁垒、反倾销法、价格控制法等对农产品定价有诸多影响。

(3)国际市场供给及竞争。国际市场基本属于卖方市场，竞争激励，企业在制定国际营销农产品价格时要充分考虑市场供给及竞争状况。

(4)经济周期与通货膨胀。国外市场经济的周期变动会导致不同农产品的价格升降，通货膨胀会增加产品成本，引起产品价格上升。

(5)汇率变动。国际市场营销活动中使用的计价货币是可以选择的，在实行浮动汇率时，汇率变动使农产品价格相对发生变动，从而极大地影响营销的收益。

企业可采用的定价策略包括以下两类。

(1)分级分等，差别定价。我国许多农产品缺乏细分，结果导致好坏一个价，不利于产品价值的实现。对同类产品实行分级、分等，按照不同等级分别定价，能使消费者产生货真价实、按质论价的感觉，比较容易为消费者所接受，从而有利于扩大产品的销量。在对产品分级、分等时，除考虑产品的内在品质即提供给消费者的基本效用外，还应考虑产品的包装、装饰、附加服务等能给消费者带来的延伸效用的因素。许多国际农产品经销商注重产品延伸效用的创造，为购买者提供比同类产品更多的购买利益，而从产品高位定价中获取更高的附加收益。例如，美国水果在中国市场备受青睐，价格比国内产品高得多，其产品的内在品质与国内产品差异并不大，主要是美国经营者注重在产品色泽、包装和品牌上创造价值，使消费者获得更多的延伸利益。

(2)国际市场细分，区域差别定价。农产品国际营销者应对全球市场进行细分，根据不同国家和地区的消费者的收入水平、消费习惯、消费心理等因素，实行区域差别定价。例如，西欧的消费者购买力强，消费心理特点是喜新厌旧、追求时髦，他们对食品饮料的消费心理可以概括为营养化和方便化，要求消费品种类多、有营养，能开胃、健脾、强身，又不会使人发胖，同时要求食用方便、节省时间。因此，在西欧市场，高热量产品和普通蔬菜的消费比重下降，而新鲜水果、肉、蛋、水产品、奶制品、植物油等产品的消费比重则相对上升，方便食品、小包装产品和饮料、具有异国风味的菜肴和调味品颇受欢迎。根据这些特点，销往西欧的农产品就应采用高品质配以高价格的策略，相反，销往南亚、东欧等地的农产品则只能采取适当的低价策略。

四、农产品国际营销分销策略

（一）联合分销策略

由于我国农产品进入国际市场时间不长，对国际营销不熟悉，农产品的国际市场占有率低，因此要迅速打开国际市场，可取的办法是与国际农产品经营企业开展联合分销。外联国际市场，内联国内生产基地，努力参与国际市场经营。当前，跨国公司已成为推动全球经济增长的一种动力，都在努力寻找合作伙伴。例如，设立在上海的沃尔玛、家乐福等，就通过采购、联销等手段把我国的大批农产品推向国际市场。在联合分销中，还可以通过联销伙伴引进国际先进技术改造和提高我国的农产品品质。例如，安徽种子公司与美国岱子棉公司、孟山都公司共同组建生产、加工销售棉种的合资公司，引进美国保铃棉、抗虫棉种，就是运用转基因生产工程技术培育而成的高科技产品。

（二）代理分销策略

利用经纪人和代理商，也是开拓国际农产品市场的有效途径。经纪人和代理商是从事购买、销售或二者兼备的洽商工作，但不取得产品所有权的商业单位。他们对其经营的产品没有所有权，其主要职能在于促成产品的交易，借此赚取佣金作为报酬。国际农产品经纪人和代理商主要分为以下几种。

（1）产品经纪人。经纪人的主要作用是为买卖双方牵线搭桥，协助他们进行谈判，在买卖达成后向雇佣方收取费用。

（2）销售代理商。销售代理商是在签订合同的基础上，为委托人销售某些特定产品或全部产品的代理商，对价格、条款及其他交易条件可全权处理。

（3）佣金商。在西方，大多数佣金商从事农产品的代销业务。农场主将其生产的农产品委托佣金商代销，付给一定佣金。此外，佣金商还执行替委托人发现潜在买主、获得最好价格、分等、再打包、送货、给委托人和购买者以商业信用、提供市场信息等职能。

（4）拍卖行。拍卖行是为卖主和买主提供交易场所和各项服务，以公开拍卖方式决定成交价格，并收取规定手续费和佣金的中间商。在批发贸易中拍卖的商品主要是蔬菜、水果、茶叶、烟草和羊毛等农副产品，因为这类农产品的质量、规格不够标准，不易分等。在新鲜蔬菜和水果等农产品的批发贸易中，拍卖行通常设在大城市的中央批发市场。在牲畜、烟草、羊毛等农产原料的批发贸易中，拍卖行一般设在主要产区和交通运输枢纽点。鱼、虾等水产品则在口岸设拍卖行，通过拍卖行把鱼、虾等水产品卖给口岸的批发商，再转卖给内地批发商或直接卖给零售商。

五、农产品国际营销促销策略

(一)传统促销方式

传统的国际营销促销方式有人员推销、广告、公共关系和营业推广。在农产品的国际营销中，促销策略的重点应放在国际公共关系和广告宣传上。

(1)在国际公共关系方面，应利用中国加入WTO，与世界各国政治、经济关系日益密切的大好时机，充分利用WTO规则提供的有利条件，积极寻求与主要农产品进口国签订贸易协定，为农产品长期稳定地进入国际市场铺平道路。同时，农产品公共关系要特别重视这些工作：一是与当地政府保持良好的关系，以期得到当地政府的支持；二是建立多种沟通渠道，尽可能地搜集到消费者和社会公众对本企业及其农产品的意见，及时消除疑惑与误解；三是利用有关的媒体正面宣传农产品经营活动，树立良好的企业形象。

(2)在广告宣传上，要突出宣传中国产品的特点，同时可配合宣传中国的民族文化和风俗习惯，激发消费者的购买欲望。但国际广告促销需要注意一些问题：一是广告限制因素。在国际市场上进行广告活动存在很多限制因素，农产品经营企业应该认真分析加以选择：①不同的国家对广告有不同的法律法规，企业的广告宣传切记遵守。②媒体限制。不同国家广告媒体的可利用性、质量、成本各不同，要依据各方面情况选择合适的媒体。③观众限制。不同国家的消费者有不同的价值观、宗教信仰等，广告需要符合当地消费者的文化背景和需求动机。二是广告标准化及差异化。广告标准化是指在不同的目标市场对同样产品使用同样的广告，一方面节约了广告费用，另一方面突出了国际市场一致的基本需求，但针对性较弱。广告的差异化则充分体现了企业关注国际市场需求的差异化，对于不同目标市场的同一产品采用不同的广告，但广告成本过高。三是广告管理。其主要包括集中管理、分散管理及两者的结合管理。集中管理有利于总公司控制成本；分散管理则有利于开展差异化广告促销；集中管理与分散管理相结合则能根据市场的具体情况，分情形采取不同的管理方式，使国际广告更加有效。

由于我国农产品主要以农户经营为主，很难独立进行促销宣传，这就需要政府扶持和农户间的组织。政府可以以官方或半官方的方式发起由农产品经销商组团，向各国政府官员、工商界和消费者宣传中国的改革开放，宣传中国的产品及营销政策，扩大影响。例如，福建省平和县由政府牵头农户集体出资利用中央电视台的公益广告将传统优质农产品玉官溪蜜柚创立为名牌，形成平和县支柱产业。该县还利用福建乌龙茶品质鉴评会的机会，利用拍卖白芽奇兰茶王的方式，向市场推介白芽奇兰，使上等白芽奇兰由每斤20元上升到每斤600元，既扩大了销量，又提高了效益。

(二)现代促销方式

在信息技术快速发展的条件下，贸易全球化将会大大扩展消费者的选择空间，这就要求营销者要及时运用现代信息技术将自己的产品信息传送给消费者，而网络促销就是最典型的现代促销方式。营销者可以用多种方式通过网络向国际消费者提供农产品信息和服务。

第一，发布电子广告。营销者通过网络将农产品信息和服务的方式提供给客户，顾客要了解更详细的信息可以访问公司页面。

第二，建立信息反馈中心。网络促销的一个重要作用是能为企业收集到广泛的信息。它可以通过在网络上发布的调查表来询问经销商或消费者对本(企业)产品的意见，然后进行有针对性的改进，从而保证本(企业)产品在市场中的竞争地位。

第三，开展网络服务。网络服务的内容主要是进行顾客管理，包括顾客存货水平的管理、什么时候需要补充产品、销售情况如何等。

六、农产品国际营销的步骤

1. 根据市场需求组织生产

目前，国际市场上粮食等大宗农产品市场基本上被发达国家占据，而需要大量劳动力的农产品还有很大的市场空间。国内市场上，低质、大众化、无特色的农产品已经饱和，经常出现“卖难”现象。因此，农产品生产应该向劳动力密集型农业靠拢，即花卉、蔬菜、水产品、水果、畜产品等。

2. 依靠科技提高农产品质量

农产品国内、国际两大市场是朝品质好、无污染、富营养的趋势发展。农业生产者必须充分利用现代农业技术，借助科技推广和科技下乡的机会或其他机会认真学习和掌握新的农业科技，提高农产品质量。

3. 通过规模生产降低成本

加入WTO后，相对发达国家而言，我国农产品成本普遍偏高。因此，有必要扩大生产规模或组织产业化经营降低生产经营成本，使产品在国际市场上具备一定的竞争力。

4. 借助龙头企业快速销售产品

单个的农户在市场上没有谈判力，而且单个的农业生产者及时掌握市场信息、精通市场营销的能力有限。专门从事农产品贸易的龙头企业熟悉市场，资金雄厚，懂营销、善管理，这些龙头企业既可以提高产品销售的速度，又可以指导农户生产。加盟龙头企业可以实现双赢。

第三节 WTO与农产品国际营销

一、WTO农产品贸易规则

WTO是一个独立于联合国的永久性国际组织，1995年开始运作，负责管理世界经济和贸易秩序，在调解成员争端方面具有很高的权威性。WTO与世界货币基金组织、世界银行被称为三大全球性国际经济组织，有“经济联合国”之称。2001年12月11日，中国正式加入WTO，成为其第143个成员。加入WTO，将使我国在国际经济舞台上拥有更大的发言权，可以为建立公平合理的国际经济新秩序、维护包括我国在内的发展中国家的利益做出更大的贡献。

WTO 的规则是一把双刃剑。加入 WTO 有利于减少对我国农产品出口的不公平待遇，赋予我国参与制定国际贸易等规则的主动权，与其他成员方建立广泛、稳定的农产品贸易关系。但同时也要求我国敞开大门，特别是中美农业合作协议规定，对于美国的初级产品平均关税下降到 14.5%，而我国的农业属于弱势产业，而且我国大宗农产品在国际市场上也不具有竞争优势，这给我国农产品国际营销带来很多困难。

WTO 农产品贸易规则主要由三部分构成：一是 1994 年《关税与贸易总协定》(General Agreement on Tariffs and Trade，GATT)对货物贸易基本规则的规定，农产品贸易是货物贸易的一部分，自然应当遵守货物贸易协定确定的基本法律规则；二是有关农产品贸易的协议，包括《农业协议》、《实施动植物卫生检疫措施协议》(Sanitary and Phytosanitary，即 SPS 协议)、《技术性贸易壁垒协议》等；三是《乌拉圭回合议定书》后所附的各成员国减让表。各国减让表有关农产品的市场准入、国内支持和出口补贴的具体承诺，是各成员在农产品贸易方面必须履行的法定义务。

(一)GATT 有关农产品贸易的规定

1947 年签订的 GATT 并未区分农产品和工业品，因此从原则上说，GATT 规则应适用于农产品贸易。但是，GATT 对农产品贸易的例外规定却导致了农产品贸易长期游离在 GATT 规则之外。此类规定包括以下几方面。

(1)GATT 第 6 条第 7 款有关初级产品的例外规定。由此，各缔约方为稳定初级产品(大多数农产品被认定为初级产品)国内价格或初级产品生产者的收入而建立的制度，如为稳定农民的收入及农产品价格而实施农业补贴措施，在 GATT 法律框架下就具有了合法性。

(2)GATT 第 11 条的例外，即取消数量限制不适用于以下情况：第一，为防止或缓和输出缔约方的粮食或其他必需品的严重缺乏而临时实施的禁止出口或限制出口。第二，为实施国际贸易中商品分类、分级和销售的标准及条例，而必须实施的禁止进出口或限制进出口。这里的“商品”为天然形态的农、林、渔、矿产品，或者习惯上在国际贸易中要经过加工才能销售的上述产品。第三，为执行国内销售或生产限制或消除暂时的国内过剩而对农渔产品实施的进口限制。此规定为缔约方以实施农业计划为由进行数量限制开了绿灯。

(3)GATT 第 16 条“补贴”第 3 款规定“缔约方应力求避免对初级产品的出口实施补贴”，“只要该补贴的实施不得使自己在该产品的世界出口贸易中占有不合理的份额”。这种“力求避免”、“不合理的份额”是模糊不清的，因此，此条规定在农产品贸易中没有得到适用。

(4)GATT 第 20 条“一般例外”规定。缔约方以此为由，实施动植物卫生检疫等贸易壁垒措施，以达到限制农产品进口的目的。

GATT 第 25 条第 5 款规定，“在特殊情况下，缔约方全体得解除协定所规定给一个缔约方的 GATT 义务”，即“解除义务条款”。1955 年缔约方全体被迫按第 25 条给予美国农产品以无限期的“解除义务”。自此，欧洲共同体、日本纷纷躲避 GATT 义务，农产品贸易游离于 GATT 规则之外。GATT 缔约方对农产品贸易实施进口配额和出口补贴等非关税措施，严重扭曲了农产品贸易。

(二)WTO《农业协议》及相关规则

为了抑制日益增长的农业贸易保护主义，1986～1994年的乌拉圭回合谈判确定了农业贸易多边谈判的主要议题：通过削减进口壁垒改善农产品贸易市场准入条件；改善竞争环境，减少农产品补贴及检疫措施对农产品产生的消极影响，从而实现农产品贸易更大程度的自由化，把影响市场准入和出口竞争的措施置于WTO规则约束之下。经过艰苦的谈判，乌拉圭回合谈判达成了旨在实现农产品贸易自由化的《农业协议》，成为WTO法律框架的有机组成部分之一。《农业协议》的主要内容涉及市场准入、国内支持、出口竞争规则及动植物卫生检疫措施的规定。

(1)市场准入法律规则。《农业协议》确立了“关税化”(tariffication)原则，规定各成员必须取消全部非关税措施，将所有非关税措施转化为等值关税，通过关税提供的保护水平等于以前的保护水平。某种农产品使用的非关税措施的关税等值(以1986～1988年为基期)等于该产品的国内市场平均价格减去该产品或相近产品的国际市场价格。

(2)国内支持法律规则。《农业协议》要求各成员以综合支持总量(aggregate measurement of support，AMS)为尺度做出削减承诺，实质是对影响农产品贸易的各国国内农业政策措施规定了一个总体标准。发达国家承诺在6年内将年度综合支持量削减20%；发展中国家在10年内削减13%，最不发达国家免于削减。

《农业协议》以对生产的影响为依据，将国内支持措施区分为直接影响生产和对生产无直接影响的支持措施。对生产和贸易有直接影响的政策措施必须削减，被称为“黄箱”措施。《农业协议》第6条和附录2对免除削减的支持措施做了详细规定，此类措施包括特殊及差别待遇、“绿箱”、“蓝箱”和微量补贴政策。对贸易无扭曲影响和对生产无直接影响的措施是“绿箱”政策措施，此类措施免于削减承诺，包括：第一，一般服务，主要情形有研究、病虫害控制和基础设施服务等；第二，用于粮食安全目的的公共储备；第三，与生产不挂钩的对生产者的直接支付，如帮助农民进行农业结构调整的收入支持、环境计划和地区援助计划下的支付等。“蓝箱”政策是指在限产计划下给予的直接支付。这种支付基于：第一，固定面积和产量；第二，基期生产水平的85%或85%以下；第三，牲畜的固定头数。例如，欧盟将其1995年补偿支付(compensation payments)政策、美国将其差价补贴(deficiency payments)纳入“蓝箱”政策捐施免于减让。

(3)出口补贴的规定。在出口补贴方面，以1986～1990年的平均水平为基础，发达成员实施期内必须将出口补贴预算开支削减36%，将有补贴的农产品出口数量削减21%；发展中成员在1995～2004年的10年中，必须将出口补贴预算开支减少24%。

(4)关于动植物检疫措施的规定。在乌拉圭回合谈判中，动植物卫生检疫措施谈判一直与农业谈判联系在一起，并以一项决议的形式作为农业协议的组成部分，最终该决议是以独立法律文件的形式出现，成为多边货物贸易之一，即《实施动植物卫生检疫措施协议》。协议规定，各成员动植物卫生检疫措施符合国际标准、准则或建议，则该措施被视为保护人类、动植物的生命或健康所必需的措施，各成员应保证以科学原理为依据，在风险评估的基础上实施检疫措施。

二、多哈回合农业谈判中的利益集团与未决议题

(一)利益集团

多边贸易体制框架下的谈判，主体利益多元是其基本特征。在谈判中，利益相同或者相近的国家往往会结成利益集团，由此形成的集团之间的矛盾构成了多哈回合农业谈判中的主要矛盾。在多哈回合农业谈判中，围绕出口竞争、国内支持和市场准入这三大谈判焦点，谈判各方形成了若干利益集团，其主要立场各不相同。

第一，美国和凯恩斯集团(包括阿根廷、澳大利亚、巴西、加拿大等 19 个国家)。它们的主要农产品自给率高、关税水平低，其农产品具有较强的国际竞争力，代表了世界上对农产品出口依赖程度最深的国家。因此，其主张加快农业自由化，大幅削减关税、农业补贴和国内支持。

第二，欧盟和十国集团(包括日本、韩国、以色列等 10 个国家)。其中，欧盟主要农产品自给率高、农产品进出口总额占世界比重大、关税水平不高、市场自由化程度高。欧盟国家有农业国内支持的传统，其国内支持水平较高，只主张部分消除农业保护。以日本为首的十国集团属农产品进口国，进口总额占世界比重较大、关税水平高、自由化程度低。上述两方均为农产品竞争力较弱的国家，主张农业保护，要求逐步减少农业补贴和国内支持，分阶段实现农业自由化。

第三，20 国集团、33 国集团、90 国集团等发展中国家。以巴西、印度和中国为代表的 20 国集团，主要由发展中国家组成，发展中国家农业人口占世界的 60%以上，其农业产品竞争力较弱，主张维护发展中成员的特殊和差别待遇，要求发达国家在农业谈判中大力削减国内支持，取消出口补贴和削减关税。33 国集团由印度尼西亚、韩国、印度等国家组成，强烈要求把与国民经济发展密切相关的“战略农产品”和“特殊保障机制”纳入农业问题谈判，要求建立只有发展中成员国家才能享受的特殊产品(special product，SP)和特殊保障机制(special safe-guard mechanism，SSM)。90 国集团由孟加拉国等非洲、加勒比和太平洋地区国家组成。它们强调谈判应充分考虑世界最贫困成员国的现实困难，采取必要措施帮助他们融入世界贸易体系，主张最不发达国家的削减例外、特惠安排及特殊产品和特殊保障机制等。由于集团利益是集团内部成员经过多次的协调而形成的，集团间的利益矛盾突出且不易改变，因此集团间利益权衡的难度要大大高于成员国之间利益权衡的难度，这种已经基本固化的集团利益决定了谈判进程的长期性。

(二)谈判的复杂性

在多哈回合农业谈判中，各主要成员国态度强硬，很重要的原因在于农业在成员国中具有重要地位。纵观世界经济的发展历史和现状，不论是发达国家，还是发展中国家，以农业为基础的规律在所有国家和国民经济发展中普遍发生作用。早在 19 世纪初，欧洲就有了农业保护政策。英国于 1815 年颁布《谷物法》，规定只有当英国国内粮价超过法定水平时，才允许国外谷物的输入。德国在 1834 年开始征收谷物关税，法国于 1819 年开始对谷物征收进口税，以限制或禁止谷物的进口。目前法国是欧盟最大的农业国，每年享受大量的农业补贴。在美国，农场主在农业中居统治地位，成为农业独一

无二的代表，因此美国在农业谈判时要充分考虑农场主的意见。加拿大在第二次世界大战后就开始了农业保护。日本早在1904年就有了贸易壁垒，第二次世界大战后，尽管工业产品贸易保护壁垒不断消解，但农产品的保护却居高不下。

多数发达国家都把稳定和增加农民收入并减缓农业部门的人口外流作为政策重点，而这一目标倾向又是以稳定粮食供应和粮食自给自足这类社会、政治目标为基础的。农业能够在大多数发达国家具有这种特殊重要地位，其深层的政治社会根源在于农业利益集团的巨大政治影响力，与诸多其他利益集团相比，农业利益集团广泛地被认为是西方经济中组织得最好且影响最大的利益集团。例如，在英国，超过80%的农场主属于全国农民联合会。该会在地方和全国层次上拥有一支熟练的工作队伍，并在英国农业政策讨论中享有特殊的地位。像希腊、法国、西班牙等农业产值比重较大的国家，农民的政治倾向在大选中至关重要。大多数政党为了争取农民的选票，非但不敢轻易得罪农民，而且在重大农业决策上处处为农民说话，竭力用行动证明它们是农民利益的坚定捍卫者。

农业在发展中国家具有基础性地位，20世纪60年代之后，随着“唯工业化论”思想在发展中国家影响的大大减弱，农业的重要性得到了极大的强调，无论是从在国内生产总值中所占的比重还是从就业总人数所占的份额，农业都居于举足轻重的地位。根据联合国粮农组织2011年《食品与农业状况》的数据，发展中国家农业人口平均占总人口的57%。其中，中国与印度农业人口比重仍分别高达66%和52%。印度近年来虽然工业发展迅速，但农业人口仍超过总人口的50%，2009年农业占国内生产总值的比重为14.6%。农业收成的丰歉对国民经济的发展有极其重大的影响，特别是2008年，粮食安全的警钟在全世界敲响，全球粮价上涨在30多个国家引起粮食危机，甚至导致一些国家的政局动荡，印度、埃及、俄罗斯、越南等国相继宣布控制粮食出口，农业的基础性地位愈显重要。

（三）未决议题

2001年11月，WTO第四次部长级会议启动“多哈发展议程”贸易谈判，历经十余年的多次起伏波折，至今仍不能达成实质性的协议。WTO第八次部长级会议于2011年12月15日到17日在日内瓦召开，WTO总干事拉米(Pascal Lamy)在闭幕辞中无奈地宣布：多哈回合谈判陷入僵局。WTO第九次部长级会议于2013年12月在巴厘岛召开。

目前，多哈回合农业谈判未决议题体现在2008年12月WTO农业谈判委员会公布的“第四版农业谈判模式修正草案”中。该草案除总结了所取得的共识之外，还指出了分歧所在，对未决议题在案文中以括号或注释的形式详细说明。未决议题包括十项，按照在草案中出现的顺序为新蓝箱措施、棉花、敏感产品指定、关税上限、新增关税配额、关税简化、特殊产品、特殊保障机制、热带和多样化产品、长期特惠和特惠减损。按农业谈判委员会主席大卫·沃克(David Walker)的说法，“这些问题既没有实质解决，也无显著进展”。

(1)新蓝箱措施。新蓝箱措施属于国内支持议题范畴。发达国家和发展中国家在国内支持方面存在严重不平衡，蓝箱措施实际上对农产品自由贸易极不公平且产生扭曲作用，严重影响到发展中国家与最不发达国家的权益，也是被要求取消的一项措施。但为了协调各方利益，草案就美国“蓝箱——特定产品的指定”做出了例外规定，即以美国《2002年农业法案》的支持水平为基础，美国可指定特定产品，按110%或120%归入蓝箱支持。这一方案遭到发展中成员的强烈反对。

(2)棉花。根据“2004年七月套案”的规定，应非洲棉业四国(贝宁、布基纳法索、乍得和马里)的倡导，WTO于2004年11月19日成立了“棉花小组委员会”专门负责棉花补贴谈判，并在2005年12月的香港部长级会议中取得实质性进展，一致同意“2006年以前，发达国家取消所有形式的棉花出口补贴；在市场准入方面，对来自最不发达国家的棉花进口从新农业协议实施开始，发达国家给予免关税和免配额限制；敦促主要争议方(美国与非洲棉花四国)加强协调，增强执行”。但由于草案涉及美国必须大幅削减棉花补贴，因此美国以新兴发展中国家农产品市场进一步开放为要价，不承诺削减任何棉花补贴，实质性的进展仍须相关成员国高层政治决策。

(3)敏感产品指定。根据模式草案的规定，发达成员可指定其农产品关税税目的4%作为敏感产品，对于有30%以上税目处于关税顶层的发达国家，可以增加2%。发展中国家敏感产品的比例可以比发达国家多1/3。日本和加拿大希望寻求更大的灵活性，宣布不同意敏感产品的数量限制，分别要求8%和6%的敏感产品数量。尽管WTO农业委员会为弥合分歧做了各种努力，但最后仍未能达成合意，只能留待以后政治决议。另外，美国赞同发达国家指定更高比例(如高于4%)关税税目数量作为敏感产品，只要其同意相应地大量提高市场准入，虽然其在谈判初期主张尽量压缩敏感产品数量并扩大敏感产品的关税配额。

(4)关税上限。关税上限方面的主要分歧在于，发达国家在“敏感产品”以外，高于从价税100%以上的税目是否设定关税上限作为例外，以及对于给予特定成员(冰岛、日本、挪威、瑞士)授予关税上限例外的适当性。

(5)新增关税配额。与敏感产品的指定相应的是，各成员方可以按国内消费量的一定比例增加配额量，例如，规定发达国家在分层削减模式的基础上，可选择1/3、1/2和2/3的偏离，偏离程度越大，所应承担的国内消费配额量越多。但敏感产品关税配额的产生对各成员来说极为敏感，对这种灵活性的选择各成员方存在分歧，且这种灵活性的实施对“透明度”的要求极高，其执行标准的可行性也是导致各成员方持谨慎态度的重要原因。

(6)关税简化。在关税简化方面，成员方一致同意停止使用复杂的关税，使大多数或所有关税直接以从价税来表示。关税简化的分歧在于技术层面上，涉及如何实施的问题，以及如何处理草案104段到108段和附录N(关税简化的方法)之间的关系，特别是涉及二者术语表述上的不同。农业谈判小组还建议一些成员方研究一种可能的替代方案以实施关税简化，但鉴于关税问题的敏感性，目前，试图在这方面达成多边协议仍有待时日。

(7)特殊产品。草案规定，发展中成员国可以基于食品安全、生计安全、农村发展等原因，指定高达12%的税目作为特殊产品，其中5%的税目无须削减，但总体平均削减应达到11%，新加入成员允许更大的比例。对于这条规定，一些发展中成员国对数量的规定持保留意见，一些成员认为这种规定会对出口带来潜在的影响，但另一些成员则认为这种规定是稳妥的。

(8)特殊保障机制。农产品特殊保障机制是发展中成员用来针对农产品进口激增可能带来的冲击所采取的临时保护措施，其在WTO中的法律地位直到2005年12月香港会议才得以确定，也是发展中国家与发达国家之间存在争议较多的问题之一。直到2008年12月的修正草案中，该机制才第一次整体性地在WTO文件中做出系统的规定，但依然是“不稳定、脆弱，甚至没有统一的结构”。分歧主要体现在关于特殊保障机制适用于特定成员(小型、脆弱经济体)的灵活性问题、数量触发机制及由于数量触发而引起的临时关税水平等问题上。

(9)热带和多样化产品、长期特惠和特惠减损。热带产品和多样化产品大都分布在发展中成员国，为了加快热带产品自由化，有助于热带产品生产国的产品流通，草案中的附录G和附录H分别以列表的形式列出了热带产品及特惠减损产品的清单。对于附录G中规定的热带和多样化产品，有两种减税方式可适用，否则，适用分层削减公式。根据这个规定，对于长期优惠产品推迟至10年后开始削减关税并在之后分5个相等年度分期执行，即特惠待遇分期减损。

(四)谈判的可期性

尽管金融危机重创了世界经济发展，致使全球贸易保护主义开始抬头，但贸易自由化毕竟是大势所趋。根据WTO的模拟测算，如果多哈回合农业谈判成功，每年将为全球经济带来500亿～1 000亿美元的收益。仅从关税来评估，多哈回合的成功将会帮助成员每年减少1 300亿美元的关税支出，其中农业领域350亿美元。经过十余年的谈判，多哈回合农业谈判的框架已基本确定，一些相对容易的问题也得到解决，下一阶段谈判的主要任务是解决悬而未决的议题。2009年6月8日，第三十三届凯恩斯集团部长级会议在印度尼西亚的巴厘岛落幕。会议呼吁在全球经济陷入衰退的大背景下，各国政府应信守承诺，消除投资和贸易障碍，努力推动多哈回合谈判取得成功，巩固全球多边贸易体系，从而抵制日益上升的贸易保护主义势头。根据香港会议在削减农产品出口补贴等方面达成协议的经验，主要谈判方的妥协和让步是新回合谈判达成协议的关键，而发达国家特别是美国的妥协和让步又是关键中的关键。当今世界多边贸易体制是在以美国为代表的发达国家主导下制定的，以美国为首的发达国家也在这种体制中获得了最大的好处，这种多边贸易体制的宗旨在于实现贸易自由化，而美国等发达国家在克服贸易自由化的影响方面也比发展中国家有更多的回旋余地。与此同时，以中国、印度、巴西和俄罗斯为代表的新兴经济体将伴随其贸易地位和经济地位的上升，成为全球贸易治理不可或缺的力量。在世界经济格局和贸易格局急剧变化的形势下，充分尊重新兴经济体的利益、提升新兴经济体在国际组织的话语权是任何一个全球贸易治理机构必须重视的问题。

尽管各国在对待农业的问题上呈现出很大的灵活性，高水平的支持和保护也成为农业贸易的一个重要特征，但毋庸置疑，一个更加开放的多边贸易体制对全球真正走出危机的意义重大。正如欧盟贸易委员曼德尔森在关于多哈回合的谈话中所警告的，“如果多哈谈判失败，现有国际贸易体系将受到威胁。各国在民众压力下将出现更多的贸易保护，目前世界经济的开发度将难以维持，新的市场准入机会难以创造并将面临关税上升风险”。无论是对发达国家而言还是对发展中国家而言，自由贸易的潜在经济收益巨大，如同世界银行专家报告所指出的，“各国应以一种强烈的政治意愿来推动多哈回合的成功。政治意愿的强弱是决定农产品关税削减公式的性质、削减的幅度、敏感产品和特殊产品的范围、是否进行关税封顶以及发展中国家在多大程度上享受特殊和差别待遇等问题的关键。有了对贸易保护主义政策，特别是对农业领域的贸易保护主义政策进行改革的政治意愿，多哈回合最终取得较大收获还是有可能的”。

三、我国农业的应对策略

(一)调整农产品市场准入政策

从目前的情况看，虽然我国一些资源密集型农产品的价格偏高，已经超过国际市场价格，但随着农产品贸易扭曲的减少，世界农产品价格将有所回升。这是因为当前约97%的出口补贴集中在欧盟、瑞士、美国和挪威，它们使用出口补贴向世界市场倾销农产品，压低了世界市场价格。取消出口补贴后，世界农产品价格将出现恢复性回升。另外，我国作为重要的消费大国，农产品进口往往可能引起国际价格的相应上升，这样农产品的国内外价格比例就会发生反向变动，从而自动调节进口程度。此外，不同农产品的市场开放程度可以存在差别，因此，我们在农产品市场准入方面可以放开一些具有竞争性的农产品市场，加强对重要农产品(如粮食)一定程度的市场保护。

(二)加大对农业的国内支持

改革开放以来，我国农业政策发生了根本性的转变，即从低价获取变为高价保护。但是这种转变面临着新的问题，即以价格和补贴为核心的农业直接保护方式和力度必须受到 WTO 规则的制约。我国已经承诺不再增加并且减少扭曲贸易的国内补贴，但不等于不能使用补贴。事实上，我国对农业进行补贴的空间还很大。WTO 新的绿箱和蓝箱规定更有利于我国财政支农工作的开展，我们必须研究相关的最新规定，加大对农业的国内支持力度。自 2004 年开始连续 6 年党中央 1 号文件都是专门解决“三农”问题的政策纲领。2009 年党中央 1 号文件更明确地强调加大对农业的支持保护力度，包括加大良种补贴力度，大规模增加农机具购置补贴，完善农资综合补贴动态调整机制；完善农业补贴办法，逐步加大对专业大户、家庭农场种粮补贴力度；继续提高粮食最低收购价，扩大国家粮食、棉花、食用植物油、猪肉储备；扩大政策性农业保险试点范围和增加险种；加大对农业的国内支持，中央财政应采取措施大力支持农业科技推广、农业产业化、农村扶贫开发、林业生态建设，还要积极探索采用投资参股、专项贴息等形式发挥财政农业综合开发资金的引导、示范和带动作用；运用关税政策鼓励进口国内短缺的农业生产资料，进一步强化惠农政策，加大投入力度，最大限度地安置好农民工，促进农民收入持续增长等，全方位推动解决“三农”问题。

(三)调整农产品的贸易支持结构

首先，政府应采取更加灵活的政策扶持我国优势农产品的出口，加大财政支持力度，从生产投入到运输成本再到出口退税等各个方面出台优惠措施，降低农民负担，提高出口产品竞争力。根据比较优势原则，我国在蔬菜、水果、花卉、畜产品、水产品等劳动密集型农产品上具有竞争优势。政府应该大力扶持这些领域的农业生产，加大农业基础设施建设的投入，加强相关产区的交通设施建设，提高相关产品的出口退税率，提高农民的生产积极性，让这类产品优势更加突出，能在更大程度上占领国际市场。其次，鼓励相关的农业企业建立出口基地和农产品种植养殖基地，从政策、投入、信贷、用地等方面支持这些农业企业的发展。扩大农产品出口信用保险承保范围，探索出口信用保险与农业保险、出口信贷相结合的风险防范机制，对劳动密集型和技术密集型农产品出口实行优惠信贷政策。最后，要大力培育我国农产品在国外的知名品牌，支持龙头企业积极开拓国际市场，培育农业跨国经营企业。相反，对于一些缺乏竞争优势的土地密集型农产品，如小麦、玉米、棉花、大豆等，在保证国内安全供给的条件下，可以适当减少生产。

（四）重视粮食安全、缓冲粮食储备

农产品贸易自由化之后，按照比较优势的原则，粮食进口将大幅度增加，我国粮食产业将受到严重的冲击。但加强粮食生产、坚持粮食基本自给仍然是我国粮食安全的关键。事实上，如果我国不重视粮食生产、过于依赖进口，一旦国内粮食失收，将会给世界粮食市场带来巨大的压力，也会严重地影响到国内的粮食安全。我国历来高度重视粮食生产、粮食安全。2009年党中央1号文件强调指出：要稳定粮食播种面积，优化品种结构，提高单产水平，不断增强综合生产能力；加快取消主产区粮食风险基金资金配套；进一步强化“米袋子”省长负责制，逐级建立有效的粮食安全监督检查和绩效考核机制；发挥国有农场在建设现代农业、保障国家粮食安全等方面的积极作用。另外，我国已经建立了国家、地方和农户三个层次组成的粮食储备体系。当前，我国粮食储备政策必须解决两个基本问题：①储备规模。考虑到近几年我国粮食产量波动一般在200亿千克左右，应尽可能适当限制储粮水平，大致控制在200亿～250亿千克。②储备方式。一是规范农民自有储备，使农民自有储备发挥更大的积极作用。二是加强商业的自由储备，使一部分原来由政府承担的储备转由社会承担。三要重视政府储备的市场化。

（五）完善农业法律支持体系

在多哈回合农业谈判中，我国力争公平的农产品贸易环境及发展中国家享有的特殊和差别待遇，为我国的农业发展争取到了良好的外部环境。借鉴国外的经验，我们需要进一步完善农业法，在立法上确立国家对农业的扶持，保证农业的健康发展。世界各国基本都从法律上对农业发展相关方面做出规定，同时在法律上确立国家对农业的扶持。例如，美国2002年颁布的《新农业法》，在旧法的基础上增加对农业的投入和补贴，并增加了补贴的形式和范围。日本在1999年出台了《粮食、农业、农村基本法》，比1961年的基本法涵盖面更广，不仅强调农业的经济功能，同时强调农业的政治、社会和生态功能。因此，我国的《农业法》应根据国际、国内情况的变化进行修订完善，而对于一些需要重点发展的领域可以及时出台相关法规予以扶持，切实用法律法规的手段保证农民增收、农业发展。例如，对于滥用耕地的现象，除了贯彻落实《国务院关于深化改革严格土地管理的决定》，还要尽快出台基本农田保护补偿具体办法，从严控制城乡建设用地总规模，从规划、标准、市场配置、评价考核等方面全面建立和落实节约用地制度。

（六）增加农民就业，提高农民收入

逐步取消出口补贴，有利于纠正国际农产品市场扭曲、减少发达国家农业不公平的竞争，将带动新一轮国际农产品生产与市场结构的调整，有利于我国农业发挥比较优势，积极参与国际农业资源配置和市场分配，形成有利于农民就业、增收的国际农产品贸易环境。这在当前国际金融危机持续蔓延，对我国经济的负面影响日益加深的条件下显得尤为重要。当前，我们要大力发展优势农产品的生产，扩大优势农产品的出口，以增加农民的就业，提高农民的收入。同时，针对当前农民工就业困难和工资下降等问题，政府要采取有力措施，最大限度地安置好农民工，努力增加农民的务工收入；要引导企业履行社会责任，支持企业多留用农民工，督促企业及时足额发放工资，妥善解决劳资纠纷；城乡基础设施建设和新增公益性就业岗位要优先考虑农民工；采取以工代赈等方式引导农民参与农业农村基础设施建设；政府和企业都要加大投入，大规模开展有针对性、实用性强的农民工技能培训；要落实农民工返乡创业扶持政策，在贷款发放、税费减免、工商登记、信息咨询等方面提供支持；保障返乡农民工的合法土地承包权益，充分挖掘农业内部就业潜力，拓展农村非农就业空间，鼓励农民就近就地创业。

☞策略介绍

一、我国农产品国际营销策略政策①

(一)改变传统观念，树立现代化国际营销理念

一是要有全球意识。经济全球化背景下，我国农业企业要想发展壮大，就必须以全球化的眼光去考虑问题、处理问题，积极融入全球市场，逐步在全球市场中树立中国农产品的市场美誉度与知名度。二是要密切关注国际农产品市场需求变化。国际农产品市场竞争日益激烈，与国际农产品企业巨头和跨国公司的知名农产品品牌营销相比，我国农产品营销显然处于起步阶段，紧跟国际农产品市场需求变化，可以为我国农产品生产与营销提供更加科学的决策依据。三是要加强农产品国际营销数据信息库建设，不断提高企业的国际市场调研与判断水平，一方面要加强企业内部的信息平台建设，为企业准确、快速制定营销战略提供保证，另一方面要加强行业信息交流与反馈。

(二)开展农产品国际营销品牌战略，提升农产品国际竞争力

一是结合农产品属性特征及企业文化创立品牌，有内涵、符合农产品属性的品牌往往容易被消费者所接受。同时，在农产品品牌及其表述中，避免使用当地民众忌讳的词语。二是结合农产品特点进行准确的品牌定位，过窄、过宽或者错位的品牌定位，都无法对农产品营销起到促进作用，会给消费者带来迷惑，导致产品品牌与企业营销目标偏离。三是坚持品牌创建阶段性目标，已有一定市场知名度与美誉度的农产品品牌应在整合优势资源、推动品牌走向国际市场方面下功夫，不断扩大品牌的国际市场影响力，对进入国际市场还比较困难的农产品品牌而言，应通过与具有实力的中间营销商合作，尽可能做到产品到达什么市场，就在什么市场进行品牌营销。四是注重品牌的法律维护，提高自我保护意识，依法应对一切可能发生的品牌侵权行为。五是实施品牌差别化战略，提高品牌培育效

① 金莹．我国农产品国际营销策略研究．价格月刊，2014，(8)：55～57.

率，从产品品质差异化视角发展农产品龙头企业，注重产品科技水平提升，形成覆盖全面的、具有差异化的全系列农产品，提高我国农产品品牌的国际竞争力。

（三）应用科学营销策略，开拓农产品国际市场

一是产品策略。应坚持特色化产品策略，有自身特点的农产品才能有竞争优势。如我国的非转基因大豆、天然蜂蜜、绿色大米等，都是我国农产品在国际营销市场上的竞争利器，应通过采取品质分类、精细包装等措施，使我国这类农产品的国际竞争优势更加凸显。二是价格策略。要摒弃低价策略，在采取产品品质分类、区别包装等措施的基础上，实施差别定价策略。例如，即使同样是大米，普通大米、绿色大米、有机大米等也完全可以制定不同的价格，以满足不同层次消费者的需求，进而提升我国农产品品牌地位。三是渠道策略。通过选择合适的国际销售终端，与家乐福、沃尔玛等大型超市合作，迅速打开市场。同时，选择合适的国际采购商，积极参加农产品国际展销会，逐步形成品牌与销售渠道齐头并进的局面，提高我国农产品国际市场占有率。四是促销策略。农产品促销是我国农产品营销中最弱的一个环节。针对这一实际情况，可将农产品国际促销重点集中在国际公共关系与广告宣传上，充分利用互联网、社交媒体等开展宣传，迅速扩大我国农产品的国际影响力。

（四）开展绿色营销，应对绿色贸易壁垒

一是开展绿色营销。从产品入手，掀起非转基因、绿色、无害、无污染等农产品攻势，树立我国农产品的健康形象，避免低价竞争，制定符合绿色农产品的绿色价格，提高消费者对我国农产品的接受度。二是提高农产品生产、包装技术标准和农产品农药残留检验标准，破解发达国家农产品绿色贸易壁垒。三是政府要加强与发达国家政府的谈判与合作，营造更有利于我国农产品参与国际市场竞争的外部环境，实行多元化目标市场战略，开辟农产品出口新渠道，加大对中东、南美、大洋洲等新兴市场的开发力度，规避农产品出口市场风险。

二、中药材国际市场营销的包装策略①

（一）销售包装

（1）等级包装策略，即将同种中药材产品分成若干等级，高档优质品采用优等包装，一般品质采用普通包装。这样可以让国外的消费者在不了解中药材品质的情况下，通过包装的档次很直观地判断出产品的质量，使包装的价值和质量相称。

（2）附赠品包装策略。这是目前国外市场上比较流行的包装策略。附赠奖券或实物，或包装本身可以换取礼品，吸引顾客的惠顾效应，引导消费者重复购买。例如，名贵的中药材大包装可以附赠一个小包装产品或者是加工用具等。

（3）复用包装策略，又叫多用途包装策略，即包装内的核心产品经消费者使用后，其包装物可以再次使用或移作他用。这样的包装物上刻有企业的标记，可增强消费者对该商品的印象，刺激消费者重复购买，无形中起到了一定的促销作用。这种包装策略是

① 邱蕾，崔潇，周世彬．中药材国际市场营销的包装策略研究．辽宁中医药大学学报，2009，(11)：82～83.

通过形式产品给消费者某种额外利益而扩大商品销售，但不能使包装的功能超过用户的需要而成为过分包装。例如，驴胶补血冲剂的瓷碗式包装，在补血冲剂饮完后，剩下的瓷碗既可盛装其他物品，也可作为儿童的玩具碗用来玩耍。

(4)绿色包装策略。绿色包装策略又叫生态包装策略，是指包装材料可重复使用或可再生、再循环，包装废物容易处理或对环境影响无害化的包装。随着环境保护浪潮的冲击，消费者的环保意识日益增强，伴随绿色技术、绿色产业、绿色消费而产生的绿色营销，已经成为当今企业营销的新主流。与绿色营销相适应的绿色包装已成为当今世界包装发展的潮流，因为实施绿色包装策略，有利于环境保护和与国际包装接轨，易于被消费者认同，从而产生促销作用。中药材本身就是来自于大自然的产品，和绿色营销有共同点，这对那些追求“回归自然”的消费者来说是最大的吸引力。

(二)运输包装

(1)标准化包装策略，是指同一类中药产品包装的类型、容积、质量、检验及印刷标志等实行统一规定的技术规则。采用这个方法，可以解决中药材在出口时出现的包装混乱、检验难过关等问题，便于保证包装质量和产品的安全。

(2)系列包装策略，即将质量相似的不同中药材产品设计成一个品牌系列，在包装上都采用相同的材料、图案、颜色及企业文化等。这一策略能把产品与企业形象紧密联系在一起，既提高了企业的产品形象，又提高了企业的声誉。

(3)适度包装策略。适度包装是谋求包装所应有的恰如其分，选择包装时应考虑包装的整个过程，对包装进行科学设计，实施标准化，不能为了节约成本而过于简单地包装，也不能为了提高中药材档次而过度地包装，要根据出口国家对进口中药材包装的要求进行包装，在保证包装功能的同时，尽量降低包装成本，从而降低整体产品的成本。

除了上述策略，还有改变包装策略、方便包装策略、类似包装策略等，无论选用哪种策略，都要根据中药材的产品、价格、分销渠道、品牌、促销方式等因素，对中药材产品进行系列化、个性化和独特化的包装。只有全面把握产品的特点，有针对性地采用包装策略，这名“沉默的推销员”才会对产品的销售起到重要的作用。

➢案例讨论

突破中药出口4大障碍　国家营销亟待建立

近年来，我国中药企业积极探索走出去的道路，从传统市场到欧美市场，从边缘食品到跻身药品，从产品输出到文化传播，加速着中药走向世界的步伐。然而，由于面临着文化差异、技术法规、人为排挤、劣药冲击等重重障碍，中药产业走出国门步履维艰。业内人士强烈呼吁，应由国家整体包装营销推广中药，主动自建世界标准，并积极输出传播中医药文化，从而尽快改变中药企业在海外市场散兵游勇、势单力薄的被动局面。

药企试水国际掘金　市场显示三大信号

近年来，随着我国国力的日渐强盛及全球对健康保健的日益重视，我国中药行业面临着巨大的世界市场机遇，我国部分中药企业积极探索，主动出击，进军国际市场，显现出几大积极信号。

一是从传统市场向欧美市场挺进。天津天士力集团有限公司就是其中的典型代表。

该公司一年的海外销售收入占全国中成药制剂出口的1/3，不仅挺进了海外20多个国家，还正在谋划在南非建立中药材种植基地。而且，更让人振奋的是，该公司生产的治疗心血管病的复方丹参滴丸正在通过美国食品药品监督管理局(U.S. Food and Drug Administration，FDA)二期认证。

二是从边缘食品向跻身药品跨越。广州奇星药业有限公司生产的华佗再造丸对治疗卒中后遗症有显著疗效，叶利钦、艾丰等国内外知名人士服用后都留下良好的口碑。该公司在20世纪90年代就着手高起点地开拓海外市场，坚持力争以药品的合法身份进入海外市场，1999年进军俄罗斯，获得药品永久性注册身份。到目前为止，该单一品种药品已为奇星药业带来3亿元人民币的销售额，撑起了企业1/10的收入来源。

三是从产品输出向文化传播推进。近年来，中药企业走出去已不再局限于单一药品出口，而是更加注重产品—渠道—生产—研发—文化链式输出。北京同仁堂集团连续5年蝉联中成药出口全国第一，遵循的就是这条路径。20世纪50年代同仁堂药品通过进出口公司走出去，第二步在海外自建销售渠道，从香港建立第一家门店到2010年已在全球16个国家和地区建立了47家零售终端；2005年又在香港建立生产研发基地，成为香港规模最大、条件最好的中药生产企业；2010年，同仁堂还建成了海外电子商务平台；如今，同仁堂正致力于将中医药文化输出去，他们在海外门店推广医生坐诊的模式，在国外城市社区进行养生讲座，并与孔子学院进行合作。

药企海外散兵作战　出口面临四大障碍

调研发现，虽然中药出口实现了诸多可喜的突破，但整体仍是散兵作战、势单力薄的状态，面临着重重障碍。

首先，是文化差异的障碍。广州中医药大学中药学院院长赖小平指出，中西方文化差异是中药走出去的最大障碍，如中医讲究辨证施治、复合配方，西医则注重定向锁定、集中治疗；西药注重量化研究，中药则不能清晰地说明组分构成等。这些中西方文化的差异使中药文化很难得到理解和应用，中药在海外长期徘徊在边缘状态，难以进入主流市场。

其次，在于技术法规的障碍。中药成分复杂，不像西药容易鉴定，国外对中药的进口都有严格的质检标准，有的甚至近乎苛刻，很多国家对中药成分有很多禁忌，各种技术法规层出不穷，往往成为我国中药出口的盲区。据统计，2010年中国对欧盟中成药出口金额为1 252.38万美元，同比增长仅为15%，远低于前几年中国对欧盟中成药出口额年均25%的增长幅度。另外，近年来，国际上对重金属和农药残留等要求愈加严格，也对中药出口造成了较大的障碍。

再次，是人为排挤的障碍。部分亚洲国家和地区的激烈竞争阻碍中药出口。由于历史传统，日本、韩国、印度等亚洲国家和中国台湾、中国香港也是较大的传统医药市场，它们凭借科技和资金的优势，积极开发中成药，抢占国际市场。而一旦中国大陆出口中药在某个市场威胁到它们的地位时，它们会成为人为排挤中药的很大阻力。

最后，是劣药冲击的障碍。近年来，一些假冒伪劣的“山寨中药”蒙混出口，不仅质量低下，而且价格低廉，“人参被卖成萝卜干”，极大地损害了中药形象，也影响了国家的海外形象。戴标指出，中药出口实行“落地式管理”，导致部分中药出口质量无人把关，出口质量良莠不齐，不仅挤占了合格中药的市场，而且还损坏了中药的名誉。例如，尼日利亚当地政府就强烈反映，因为实行落地式管理，许多劣质中药也涌了进来，可当地也没有完善的中药检测机构，无法鉴别管理。“我国政府要在出口时，在源头上把好质量关。”戴标说。

推行国家营销战略　打造中华国粹名片

中药作为我国的国粹，应成为一张国家名片向世界展示。要跨越“走出去”的重重障碍，业内人士强烈呼吁，应推行国家公关营销、联合技术研发、自建世界标准、中药文化输出等战略措施。

第一，国家公关营销，发力海外推介。业内人士呼吁，中药出口应上升为国家战略，借助国家整体力量大力向海外推介中药。广州白云山和记黄埔中药有限公司副总经理王德勤建议，我国政府营销中药应学习韩国经验，为把高丽参推广到中国，韩国商务部带队进行谈判。我国应与中药出口国建立对话协商的沟通机制，形成双边信息传递渠道，发生贸易摩擦时国家出面进行危机公关，甚至国家领导人可带一些中药名师、名企、名药出访，由国家力量来强力推广中药。

第二，联合技术研发，中外技术接轨。赖小平认为，中药要坚实地走出国门，最根本的出路在于在传承中创新，提高技术含量，用高科技手段改造现有中药产品的生产工艺和品种，以符合国外医药法规的要求。企业可通过联合技术开发，利用和吸收国外对中药化学、药理等方面的基础研究成果，提升我国中药产业的总体水平，从而扩大中药产品在欧美发达国家的消费市场和消费群体。

第三，主动抱团出击，自建世界标准。广州奇星药业有限公司总经理李光亮认为，中药自建世界标准是摆脱目前中药困境的重要出路。“我们总是按照西方国家标准来研发生产，但中西方文化和中医药理论体系差异较大，这种适应很难使中药赢得主动地位。国家应组织专业权威人士研究制订中药的世界标准，保留中药的完整精髓，让世界来接受中药体系和标准。”

与此同时，业内人士认为，企业应主动改变散兵游勇的状态，抱团出击。天士力集团在此方面进行了积极的探索，他们利用企业多年来开拓海外市场的经验，组织业内出口企业，搭建了一个行业出口联盟，扶持其他优秀企业优势品种少走弯路走出国门。

第四，销售教育并重，中西文化对接。业内人士共同建议，中药走出去，文化要先行，积极将中药店铺、中医诊所、教育培训机构开到海外，实现从中药出口到文化传播的延伸，让中药国粹文化在异国固化下来，中医药才能在海外生根发芽。

（资料来源：陈冀，等．突破中药出口4大障碍　国家营销亟待建立．中国中医药报，2011-07-15，第007版．）

讨论题：

1. 中药出口为什么要推行国家营销战略？
2. “中药走出去，文化要先行”有什么好处？

参考文献

安玉发，臧日宏．2007. 农产品市场营销理论与实践．北京：中国轻工业出版社．

常平凡．2004. 农产品出口的国际市场定位与营销对策．农业经济问题，(2)：72～74.

陈松洲．2009. 多哈回合农业谈判最新成果对我国农业的影响及应对．农业经济，(3)：86～89.

陈锡文．2000. 农业问题根在体制．中国改革，(8)：37.

池泽新．2004. 中介组织主导型市场农业体制探索．北京：中国农业出版社．

过建春．2007. 农产品营销学．北京：中国农业出版社．

郭红东．2005. 农业龙头企业与农户订单安排及履约机制研究．北京：中国农业出版社．

郭锦墉．2007. 农产品营销中影响农户合作伙伴选择的因素分析——基于江西省农户的实证．农业经济问题，(1)：86～93.

何燕华．2013. 多哈回合农业谈判未决议题及前景展望．时代法学，(6)：109～116.

黄祖辉，刘东英．2007. 我国生鲜蔬菜物流体系研究：制度、组织与交易效率．杭州：浙江大学出版社．

贾莉莉．2013. WTO 农产品贸易规则与中国农业发展策略．世界农业，(11)：8～11.

贾汝广．2005. 绿色农产品的价格歧视策略分析．当代生态农业，(1)：61～63.

康俊．2005. AMA 新时期的市场营销定义．现代营销(学苑版)，(6)：64～66.

雷银生．2005. 浅淡农产品的国际营销策略．粮食问题研究，(3)：44～47.

李崇光．2004. 农产品营销学．北京：高等教育出版社．

卢锋华．2008. 水果市场中的蓝海——高档水果的营销之道．中国市场，(4)：53～54.

罗必良，温思美，林家宏．1999. 市场化进程中的组织制度创新．广州：广东经济出版社．

马慧敏，王启万．2012. 市场营销学．北京：北京大学出版社．

毛志贵．2007. 推销蜂产品，先得自己吃．蜜蜂杂志，(7)：9.

孙杭生．1996. 市场营销学．北京：中国农业科技出版社．

谭向勇，等．2001. 中国主要农产品市场行为分析．北京：中国农业出版社．

王琢成．2001. 农民卖菜要揣测消费者心理．上海蔬菜，(1)：6.

文信连，陈壬生，朱光华．2007. 新形势下种子企业面临的市场环境及竞争对策．种子世界，(2)：23～24.

夏英，牛若峰．2004. 农业企业经营机制转换和战略管理．北京：中国农业科学技术出版社．

许文富．1997. 农产运销学．台北：正中书局．

姚今观，等．1999. 中国农产品流通体制与价格制度．北京：中国物价出版社．

查金祥．2006. 当前农产品网络营销的系统架构研究．农业经济问题，(3)：72～74.

周发明，曾福生．2005. 大力推进我国农产品营销渠道建设．中国流通经济，(11)：45～48.

周应恒．2006. 农产品运销学．北京：中国农业出版社．